GW00871147

Les règles du jeu

30 jours pour séduire

Du même auteur
aux Éditions J'ai lu

THE GAME
N° 8967

Neil
STRAUSS

Les règles du jeu

30 jours pour séduire

Traduit de l'anglais (États-Unis)
par Christophe Rosson

J'ai lu

Titre original
THE RULES OF THE GAME

Achevé d'imprimer en France
par MAURY IMPRIMEUR *le 13 mars 2011.*

Dépôt légal mars 2011. EAN 9782290022269

ÉDITIONS J'AI LU
87, quai Panhard-et-Levassor, 75013 Paris

Diffusion France et étranger : Flammarion

LISEZ-MOI

Ah, d'accord. Vous êtes vraiment un faible, alors.

On vous dit « lisez-moi », et vous, hop ! vous vous exécutez.

C'est un bouquin, je lis – c'est ça, le trip ?

Sauf que le livre n'est même pas commencé, là. Et la page de copyrights, vous l'avez lue aussi ? Sans doute que non. Mais si oui, alors bienvenue au club. Je vous rassure, il existe des traitements pour les mecs comme nous.

Je profite de la situation pour vous apprendre une première leçon : pensez par vous-même. Ne vous contentez pas de tourner les pages bêtement.

Ce livre n'est pas un bouquin comme les autres, vous n'avez pas forcément à le lire dans l'ordre, du début à la fin.

Vous avez le choix.

Exemple : si vous cherchez de la lecture, passez directement aux *Confessions d'un Virtuose de la Drague* – tout n'y est que drague, amour, désir et fiascos.

Vous voulez apprendre ? Alors rendez-vous à la partie *30 jours pour séduire*, où je vous aide à faire des progrès socialement et sentimentalement. Si vous voyez ce que je veux dire. Et là, libre à vous de piocher, à tout moment, dans les anecdotes des *Confessions d'un Virtuose de la Drague* – pour voir un peu à quoi mes enseignements vous exposent.

Vous cherchez juste un ou deux trucs pour draguer ? Mon conseil : déchirez cette page, et faites-en un avion en papier que vous jetterez ensuite à l'autre bout de la librairie. Passez aux pages suivantes, et renouvelez l'opération jusqu'à intervention du vigile.

Plus sérieusement, je reviens sur ce que je disais tout à l'heure : vous n'êtes pas un faible. Je voulais juste attirer votre attention. Ça marche à tous les coups.

Bref, leçon n°2 : arrêtez la parano. Ce que les gens disent, ou ce qu'ils font, ça en dit généralement plus sur leurs peurs à eux que sur vous.

Merci de me lire...

30 JOURS POUR SÉDUIRE

LE CÔTÉ LUMINEUX DU JEU

À vos parents.
Si vous leur reprochez tous vos défauts,
n'oubliez pas de les remercier
pour toutes vos qualités.

INSTRUCTIONS DE LECTURE

NORMALEMENT, UN LIVRE SE LIT DU DÉBUT À LA FIN, EN QUELQUES SÉANCES.

PAS DE ÇA ICI.

SURTOUT PAS.

SUIVEZ LES INSTRUCTIONS AU JOUR LE JOUR.
ÉTUDIEZ LES BRIEFINGS.
EFFECTUEZ LES MISSIONS SUR LE TERRAIN.

NE SAUTEZ PAS DE PAGES.

RATEZ UNE SEULE LEÇON, UNE SEULE EXPÉRIENCE, ET VOS RÉSULTATS, VOTRE NIVEAU DE JEU ET VOTRE VIE EN PÂTIRONT.

JE VOUS AURAI PRÉVENUS.

INTRODUCTION

POURQUOI TOUT ÇA ?

Je ne voulais pas écrire ce livre.

Je n'aurais jamais cru que j'y viendrais un jour.

Ça me gêne autant de l'écrire que ça doit vous gêner de le lire. Quelque part : tant mieux. Ça nous fait déjà ça en commun.

Je vais d'abord vous dire ce qui me met mal à l'aise. Puis on verra pourquoi vous êtes mal à l'aise. Et peut-être qu'alors on comprendra ce qui nous rapproche.

Toute mon adolescence, et jusque vers mes trente ans, j'ai été un pauvre gars solitaire, un peu désespéré, sans grande expérience. Je restais là, comme un con, à regarder des nanas flasher pour des mecs auxquels, franchement, je ne trouvais pas le moindre charme.

À l'époque où je galérais, un jour, après deux ans de calme plat, j'ai décidé de surfer sur ces sites qui proposent des filles à épouser. Des Russes, des Latinos, des Asiatiques. J'essayais de voir avec lesquelles je pourrais faire ma vie. Oui, j'en étais là.

C'est alors que j'ai vécu une expérience qui a bouleversé ma vie. J'ai découvert, sur le Net, une communauté secrète dont les membres, les meilleurs dragueurs du monde, partageaient leurs techniques, anecdotes et trouvailles en ligne : leur expérience acquise en boîte, dans la rue ou au lit, aux quatre coins du monde.

Je me suis dit que j'allais prendre un pseudo et voir tout ça de plus près. Aussitôt, je suis tombé en admiration devant les grands maîtres : j'étais sûr qu'ils sauraient me libérer de mes frustrations, de mes peurs et de mon sentiment d'insécurité.

Erreur. Cela dit, cette expérience m'a appris une chose dont je n'aurais jamais pris conscience tout seul : à savoir que j'avais en moi les ressources pour me libérer. Il me restait juste à les dénicher, et à les maîtriser.

En consignant mes souvenirs de cette période dans *The Game*, je pensais en terminer avec le sujet. Tirer ma révérence. Certes, j'étais devenu très pointu sur la question de la drague, mais je me considère davantage comme un élève de la vie que comme un professeur. Si j'écris, c'est moins pour enseigner que parce que j'aime raconter des histoires.

Cela dit, dans *30 jours pour séduire*, je ne vais pas vous raconter d'histoire. Du moins, pas au sens strict. L'histoire, ce n'est pas à moi de l'écrire... mais à vous de la vivre. C'est votre motivation seule qui vous fera tourner les pages, et non l'envie de découvrir la suite.

Le business de la santé et de la remise en forme vous propose des kyrielles de programmes censés vous aider à atteindre vos objectifs. Et je ne m'étendrai pas sur cette cible privilégiée que sont les femmes : les pages de *Cosmo*, les personnages de *Sex and the City*, des quantités de livres, des masses de talk shows et d'entreprises sont là pour les aider à relever les défis de la féminité moderne.

Pour les hommes, l'offre n'a rien à voir. C'est comme si la société était aux petits soins pour leur sexualité : pensez aux magazines de type *Maximal*, aux pubs aguicheuses ou à l'industrie porno. On les matraque d'images de femmes qu'ils sont censés désirer. Mais par ailleurs, on leur explique très rarement comment séduire ces femmes, comment les comprendre. Pas plus qu'on aide ces hommes à se perfectionner en termes de style de vie et d'aptitudes sociales. Or, comme ces aptitudes déterminent le cours de notre existence – boulot, potes, famille, enfants, bonheur –, ça fait un sacré vide à combler.

Du coup, après la parution de *The Game*, je me suis mis à prendre sur mon temps libre pour aider les mecs qui se tournaient vers moi. À jouer les coachs pour des ados frustrés, des trentenaires puceaux, des hommes d'affaires tout juste divorcés, et même des rocks stars et des milliardaires. Rançon de la gloire, plus j'aidais de monde, plus je recevais de demandes. Des centaines, puis des milliers, puis des dizaines de milliers et jusqu'à des centaines de milliers d'e-mails. La plupart de ces types n'étaient ni des monstres ni des connards, mais bien des mecs sympas : ceux-là mêmes que les femmes disent rechercher, mais qui ne les séduisent bizarrement jamais.

J'ai donc pris les choses en main.

30 jours est un guide qui vous permettra d'aborder et de séduire des femmes de qualité. Bien que conçu à la base pour les cas les plus sérieux, il s'adresse également aux hommes qui ont déjà du succès auprès de ces dames.

Le challenge en 30 jours que je vous propose ici ne repose sur aucune méthode, aucun système, aucune philosophie. Il ne répond qu'à des critères de rapidité et d'efficacité. Voilà cinq ans que je réunis les données que vous allez découvrir dans ce livre. Cinq ans que je les mets en application et les partage avec d'autres. Ces données, je les ai testées sur plus de treize mille hommes de tous âges, de toutes nationalités et de toutes origines.

Le résultat ? Un programme de travail visant à développer, en un mois, vos aptitudes sociales, vos techniques de séduction et votre charme.

Je l'ai intitulé *30 jours pour séduire* car je vous propose ce challenge : devenir un virtuose de la drague en 30 jours.

Rien que d'écrire cette phrase, j'ai l'impression d'être un charlatan qui vend des bouquins de « développement personnel ».

Remarquez, si je peux vous aider, moi, ça me va. Et dans 30 jours, on pourra passer à autre chose.

Mais pour l'instant...

TÉMOIGNAGES

« Un mot pour décrire le Challenge ? Je dirais “waouh”. Avant de me lancer dans l’aventure, je n’étais jamais sorti avec une meuf, je n’en avais même jamais abordé une seule. Là, en trois jours, je viens d’avoir trois rancards. Et c’est que le début ! »

– PSEUDO : DIABOLICAL

« Je ne suis plus le même depuis que j’ai participé au Challenge. J’ai le sentiment d’avoir fait d’énormes progrès. Tout ce qui m’est arrivé en à peine 30 jours... Honnêtement, les femmes, c’était le dernier grand obstacle qu’il me restait à franchir ! »

– PSEUDO : TONY23

« Depuis le Challenge, les nanas me trouvent dément, parfait, unique. Certaines m’ont même appelé leur âme sœur, d’autres disent que je suis un winner ! Alors de tout mon cœur : merci à toi, Neil ! »

– PSEUDO : GODROCK73

« C’est l’une des meilleures choses que j’aie faites depuis... Une vraie révolution. »

– PSEUDO : MAIDENMAN

« En une semaine, j’ai branché plus de nanas que depuis le collège. Mes potes trouvent que j’ai changé, que j’ai plus de charisme. »

– PSEUDO : SAMX

« J’avais une copine et zéro problème niveau meufs. Pourquoi me lancer dans le Challenge ? Pour faire des progrès sur moi-même. Et de ce côté-là, ça m’a boosté grave. Déjà pour ma confiance en moi, et aussi pour la façon dont les autres me regardent. Je suis serveur, et depuis le Challenge, les clients me demandent, des nanas m'abordent non-stop, les pourboires j'en parle même pas, et j'ai été invité à je sais plus combien de teufs. Ils veulent tous être avec moi, entrer dans mon cercle d'amis – parce qu'ils voient que je suis bien dans ma peau. Et ça, oui, c'est un changement. »

– PSEUDO : RACEHORSE

« Elle est là à me rouler une pelle, et elle propose qu'on se revoie mardi. Un peu qu'on va se revoir ! Non seulement cette fille est canon, mais en plus elle est gentille et c'est pas une conne. Jamais on se serait rencontrés sans Neil Strauss et le Challenge. »

– PSEUDO : APOLLO

« Neil Strauss m'a fait un cadeau de sa race. Mec, juste merci. »

– PSEUDO : LIZARD

« Depuis que je me suis inscrit pour le Challenge, j'ai la pêche dès le réveil. Je suis comme un môme le matin de Noël quand je découvre la mission du jour. Inoubliable. »

– PSEUDO : REIGN STORM

« Un vrai truc de malade. Neil Strauss, tu m'as retourné ma vie ! »

– PSEUDO : BOY

« Un des trucs les plus renversants que j'aie faits dans ma vie ! Je suis à 10 000 années-lumière de ma zone de confort et je m'éclate tous les jours un peu plus. Ça se décrit pas. »

– PSEUDO : GRINDER 73

« Les expériences intenses, ça me connaît. Mais là, j'en reviens pas. Le Challenge a carrément modifié ma perception de la réalité, et de ce qui est dans mes cordes. Faudrait pouvoir recommencer tous les mois ! »

– PSEUDO : LPIE

« Neil, merci... Tu as gagné le droit à l'immortalité. Le Challenge, ça va bien au-delà du bouquin ou du séminaire sur la drague. Là, c'est du sérieux ! J'espère pouvoir te serrer la main un jour, et trouver comment te remercier ! »

– PSEUDO : GRAND

« Merci, Neil, le Challenge a fait de moi un homme nouveau. T'imagines même pas l'influence que tu as eue sur ma vie. Et pas seulement niveau drague, pour tout le reste aussi. »

– PSEUDO : BYRON

« Honnêtement, j'aurais jamais cru que Neil arriverait à diviser le processus de séduction en 30 étapes. Chapeau, l'artiste ! Techniques, participants, résultats : que de la balle. »

– PSEUDO : VELOS

« J'ai dévoré des montagnes de livres et de manuels sur la drague. Et les techniques décrites dans le Challenge, c'est top de chez top. Neil Strauss, t'es trop fort. »

– PSEUDO : ALBINO

« Moi je dis, si vous voulez vraiment faire des progrès, question drague, et si vous zappez volontairement le Challenge, alors c'est que vous en avez rien à foutre des meufs. Neil nous offre le sésame ultime. »

– PSEUDO : BIG SEND

RÈGLES DU JEU

Oubliez tout ce que vous savez sur la drague.

Vous ne liriez pas ce livre si tout roulait dans votre vie. Or, quand un appareil ne fonctionne plus, il ne reste qu'à le démonter et à le reconstruire une pièce après l'autre. C'est le seul moyen de s'assurer que chaque composante fonctionne à la perfection et qu'elle est de la meilleure qualité possible.

Donc, si vous êtes trop timide pour aborder les filles qui vous attirent, si vous êtes puceau, si vous n'avez jamais eu de copine digne de ce nom, si vous êtes coincé à mort, si vous sortez d'une rupture ou d'un divorce, si vous n'avez pas fini de traverser le désert, si vous en avez marre de laisser les autres mecs s'éclater à votre place, si vous voulez séduire des filles un peu plus classe, ou si vous voulez juste passer au niveau supérieur question drague, *30 jours pour séduire* est fait pour vous.

Je vous rappelle le défi : décrocher un rancard en 30 jours.

Durant cette période, quel que soit votre niveau d'expérience actuel, je vais vous transmettre les techniques, les outils, la confiance et les connaissances qui vous permettront d'aborder et de séduire à peu près n'importe quelle femme, à n'importe quel moment.

Comme je tiens à ce que vous maîtrisiez cette partie-là de votre vie, je vais vous accompagner, pas à pas, jusqu'à la destination finale.

Et pourquoi ? Parce qu'après être passé du rang de pauvre gars solitaire à celui de surbooké du sexe, puis être revenu à un niveau « normal », j'ai résumé mes années d'apprentissage en un programme d'application de 30 jours. Ça n'a pas marché que pour moi : des milliers de mecs en ont bénéficié, non seulement dans leur vie amoureuse, mais aussi dans leur vie tout court.

Vue d'ensemble

■ **Objectif :** décrocher un rancard en 30 jours maxi.

■ **Candidat :** quiconque veut avoir plus de succès auprès des femmes.

■ **Coût :** le prix de ce livre – et l'envie de s'essayer à de nouveaux comportements.

■ **Récompense :** la compagnie de femmes de qualité, la jalousie des hommes, le style de vie que vous méritez.

■ **Comment jouer :** le présent ouvrage contient trente jours d'exercices. Consacrez au moins une heure par jour – les jours ne doivent pas nécessairement se suivre – aux missions, ainsi qu'à la lecture des documents fournis.

Conseils

Les instructions sont simples : chaque matin, au saut du lit, vous découvrez les missions du jour. Il peut s'agir de lire un document, de remplir un questionnaire, de faire des exercices d'amélioration personnelle ou d'aller jouer sur le terrain – sortir aborder des filles. Le niveau d'exigence augmente avec le Challenge.

Pour profiter à fond de cette expérience – de sorte que vos proches remarquent instantanément que vous avez changé –, il est capital d'effectuer les missions dans l'ordre indiqué. Ne sautez pas de pages. Certains exercices vous paraîtront simplistes, d'autres totalement déplacés, mais c'est l'enchaînement qui est essentiel.

Dans plusieurs cas, les missions consistent à lire des guides et des articles : ces documents figurent en briefing à la fin de chaque journée. Veillez bien à lire chaque texte avant de passer à la mission sur le terrain correspondante.

Aucun autre matériel ne sera nécessaire, à part, à l'occasion, un miroir, une connexion internet ou un magnéto. N'hésitez pas à tenir un journal de l'aventure si l'envie vous prend.

Vous n'aurez pas un centime à débourser. Par contre, il vous faudra consacrer un peu de temps chaque jour aux petites activités qui, au final, transformeront votre existence. Cela ne vous prendra jamais plus d'une heure. Au pire, plutôt que de passer du temps à fantasmer sur des nanas virtuelles (magazines, télé, Internet, etc.), dites-vous qu'il vaut mieux s'employer à maîtriser les techniques qui vous permettront de les séduire dans la réalité.

À la base, le Challenge est conçu sur le mode individuel. Cela dit, si vous avez besoin de communiquer avec d'autres participants, inscrivez-vous sur les forums de discussion de www.stylelife.com/challenge. Vous pourrez y poster des questions, des anecdotes, vos soucis et vos succès. Mes coachs, vos collègues et moi-même serons là pour vous aider. Vous y trouverez également des vidéos et des enregistrements des exercices et des approches, à titre d'exemple. Tous ces suppléments sont gratuits, ça va sans dire.

Pour gagner

Si vous réussissez, entre le jour 1 et le jour 30 à décrocher un rancard, c'est bon, vous avez gagné.

Définition du rancard : rendez-vous décidé avec une fille que vous venez de rencontrer.

Exemple : vous rencontrez une fille au supermarché, vous décidez de vous revoir le soir même dans un bar, et elle vient dans le seul but de vous voir. Peu importe que vous échangiez ou non vos numéros de portable.

En résumé, un rancard, c'est n'importe quel cas de figure dans lequel vous abordez une fille, elle accepte de vous revoir et elle se pointe à l'heure dite.

Quand vous aurez obtenu un rancard, vous pourrez vous inscrire dans la liste des vainqueurs sur www.stylelife.com/challenge et nous raconter votre histoire. Si vous décrochez le gros lot avant la fin des trente jours, n'hésitez pas à poursuivre le Challenge jusqu'au bout. Les missions restantes vous aideront à devenir un meilleur joueur.

Dès que vous vous sentez prêt à passer à la première mission, allez-y.

Enfin, n'oubliez pas : on s'éclate, mais on reste correct.

JOUR 1

MISSION 1 : Autoévaluation

Dans la plupart des régimes, le premier jour, on vous demande de vous peser. Moi, je vous demande de vous livrer à un petit examen.

Votre première mission consiste à remplir le questionnaire suivant. Ce que vos proches pourraient penser de vos réponses, on s'en moque. L'important est d'être le plus honnête possible avec vous-même.

1. Décrivez, en une ou deux phrases, la perception que, d'après vous, les gens ont de vous.

2. Décrivez, en une ou deux phrases, la perception que vous aimeriez qu'ils aient de vous.

3. Indiquez trois types de comportement ou traits de votre personnalité que vous souhaiteriez modifier.

4. Indiquez trois types de comportement ou traits de personnalité que vous souhaiteriez adopter.

____

____

____

MISSION 2 : Lecture

Avant de passer à votre première mission sur le terrain, vous devez éliminer certaines croyances négatives qui polluent votre rapport à la drague. Votre nouvelle mission consiste à lire le document intitulé « Les Chaînes Invisibles », à la fin de cette section.

MISSION 3 : Opération Gazouillage

Première mission sur le terrain : aujourd'hui, vous devez parler de la pluie et du beau temps avec cinq inconnus.

Peu importe leur âge, leur sexe ou leur réaction. Il peut s'agir d'un homme d'affaires que vous croisez dans la rue, d'une personne âgée au supermarché, d'une serveuse de restau, d'un SDF.

Le but du jeu est uniquement d'engager une conversation, de rompre le silence par une question ou une blague. La conversation n'a pas forcément à se poursuivre.

Si l'inspiration a du mal à vous venir, parcourez le journal avant de sortir :

- Météo : « Avec le temps qu'il fait, c'est vraiment dommage d'être coincés ici. »
- Sport : « Quel match, hier soir ! Moi ça m'a bluffé. »
- Actualité : « Vous avez vu que ______________ ? Franchement, on se demande... »
- Loisirs : « Vous avez vu le dernier ______________ ? Pas fameux, hein ? »

N'oubliez pas : la réponse est sans importance. Tout ce qui compte, c'est que vous ayez osé parler à un inconnu.

JOUR 1 – BRIEFING
LES CHAÎNES INVISIBLES

Pour ce qui était d'aborder des filles, mon plus grand ennemi, c'était moi-même.

Quand je me regardais dans le miroir – 1m67, maigrichon, chauve, gros pif –, je voyais mal comment concurrencer un beau gosse ou une armoire à glace. J'en étais même à envisager la chirurgie esthétique.

Mais, du jour où je me suis mis à aborder des femmes dans la rue, dans des bars, en boîte et dans des cafés, j'ai découvert que l'apparence comptait moins que je le croyais. Du moment que j'étais habillé correctement, il me suffisait d'adopter la personnalité adéquate pour séduire à peu près n'importe qui.

Devenir le plus grand dragueur du monde (d'après les médias) m'aura au moins appris une chose : je n'avais pas besoin de changer d'apparence. Je me débrouillais très bien comme ça. En fait, ma silhouette chétive représentait même un atout par rapport aux montagnes de muscles : j'avais l'air moins intimidant, moins effrayant. On me voyait moins venir. Au bout du compte, le problème n'était pas mon apparence, mais les pensées négatives que j'y attachais.

Par « pensée négative », comprenez une idée que l'on a sur soi-même, sur les autres ou sur le monde. Elle a beau être erronée, il suffit de l'avoir en tête pour se retrouver bloqué. Chaque fois que vous croyez ne pas « pouvoir » faire une chose qu'il est humainement possible de faire, vous êtes victime d'une pensée négative.

Pour s'en débarrasser, rien de plus simple. Posez-vous cette question : « Est-il déjà arrivé que... ? » et songez à une pensée négative. Par exemple, si vous pensez vous sentir mal à l'aise auprès des femmes, demandez-vous : « Me suis-je déjà senti à l'aise auprès d'une belle femme ? » Il suffira de vous souvenir d'une seule fois pour désamorcer votre pensée négative.

Nous sommes tous, ou presque, victimes de ces pensées. De façon consciente ou non. Par conséquent, avant de vous envoyer aborder des inconnus dans la rue, je préfère en dissiper quelques-unes parmi les plus courantes.

PENSÉE NÉGATIVE : **Si je lui adresse la parole, elle va m'ignorer – ou pire, me jeter un vent**.

EN FAIT : Au risque de vous surprendre, plus il vous est pénible d'aborder une fille, moins vous avez de chances de vous prendre un vent.

Tout simplement parce que la plupart des gens se montrent généralement courtois et polis – sauf s'ils se sentent menacés. Et depuis quand M. Timide constitue-t-il une menace ? Le pire qui puisse vous arriver, c'est que la fille réponde « Je parle avec une copine, là... » ou bien « Il faut que j'aille aux toilettes ». Il n'y a rien de pire que de se passer en boucle dans sa tête des scénarios catastrophe. Allez plutôt aborder des filles, vous verrez que la réalité n'est pas si noire.

PENSÉE NÉGATIVE : **Les gens me regardent, me jugent, ou se payent ma tronche.**

EN FAIT : Pas faux. Mais ce n'est pas parce qu'on vous remarque qu'on vous juge. De plus, la plupart des gens préfèrent se demander ce que les autres pensent d'eux. Quand vous aurez compris que la quasi-totalité de vos congénères sont comme vous – et qu'ils recherchent votre approbation –, vous perdrez pas mal de vos peurs sociales.

Par ailleurs, ceux qui vous verront aborder une fille ou un groupe penseront que vous les connaissez. Faites comme si c'était le cas. Vous stresserez moins par rapport à ce qu'on pense de vous et votre approche gagnera en efficacité.

PENSÉE NÉGATIVE : Les filles n'aiment pas les mecs sympas. Elles préfèrent les connards.

EN FAIT : C'est un des plus vieux mythes. Coup de bol, il ne tient pas debout. La différence ne se fait pas entre mecs gentils ou méchants, mais entre faibles et forts. Les filles sont attirées par les gars qui dégagent de la force. Pas nécessairement au sens physique : plutôt la capacité de leur assurer un sentiment de sécurité. Conclusion : si vous êtes sympa, restez sympa. Mais soyez fort.

Précision : ne nous trompons pas sur le sens de « gentil ». En général, les mecs qui se définissent comme « trop gentils » cherchent, en fait, à se faire aimer de leur entourage, à s'assurer que personne n'a une mauvaise opinion d'eux. Si vous vous reconnaissez dans ce portrait, ne confondez pas « gentil » avec « craintif et faible ».

PENSÉE NÉGATIVE : Je ne suis pas assez beau, riche ou célèbre pour sortir avec un canon.

EN FAIT : Si vous saviez combien de rock stars et de multimillionnaires j'ai aidé à se sortir de cette situation. Ce faisant, j'ai compris que l'argent, l'apparence et la célébrité, bien qu'ils facilitent les choses, n'ont rien d'indispensable. Par chance pour nous – les hommes –, la présentation compte plus que l'apparence. Il suffit d'être bien habillé et de porter des vêtements qui traduisent une personnalité attirante. Pour ce qui est de la richesse et de la gloire, on n'a souvent qu'à manifester le désir et la capacité de les atteindre. La plupart des femmes sont attirées par les hommes qui se sont fixé des buts et qui possèdent un bon potentiel. Au cours des dix jours qui vont suivre, nous allons travailler votre apparence, vos buts et le potentiel que vous dégagez.

PENSÉE NÉGATIVE : Cette fille, là, franchement...

EN FAIT : Les nanas géniales, c'est pas ce qui manque. Si vous êtes accro à une fille, sans qu'elle ait laissé paraître la moindre réciprocité, ce n'est pas de l'amour mais de l'obsession. Une obsession qui a toutes les chances de la faire fuir. Le mieux, pour vous comme pour elle, c'est d'aller aborder un maximum de filles, histoire de bien comprendre qu'il n'y avait pas que votre perle sur terre. Certaines sauront même vous reconnaître à votre juste valeur et partageront vos sentiments.

PENSÉE NÉGATIVE : **Chez certains, la faculté de séduire est innée. Pour d'autres, c'est sans espoir.**

EN FAIT : Mais pas pour tous ! À commencer par moi. Quand vous aurez compris comment fonctionne la séduction, et quand vous aurez réussi quelques approches, vous serez de mon avis. Les problèmes que vous rencontrez actuellement ne tiennent pas à votre personnalité, mais à vos actes et à la façon dont vous vous présentez. Avec un peu de pratique et quelques leçons, vous les résoudrez facilement. Si vous suivez à la lettre le programme du Challenge, une fois les 30 jours écoulés, vous finirez même par surpasser les dragueurs-nés.

PENSÉE NÉGATIVE : **Je n'ai qu'à « être moi-même », je finirai bien par rencontrer une femme qui m'aimera pour ce que je suis.**

EN FAIT : Cela ne fonctionne que si vous vous connaissez à fond, si vous connaissez vos points forts et savez les mettre en valeur. En général, les gens n'utilisent cette pensée que pour justifier leur paresse. Pour la plupart, nous n'affichons pas forcément les meilleurs aspects de notre personnalité, mais plutôt un mélange de mauvaises habitudes et de comportements dictés par la peur. Notre vrai moi est étouffé par toutes nos craintes et inhibitions. Alors, plutôt que d'être simplement vous-même, essayez de découvrir et de mettre en évidence ce que vous avez de meilleur en vous.

PENSÉE NÉGATIVE : **Pour savoir ce que veulent les femmes, il n'y a qu'à leur demander.**

EN FAIT : Parfois, oui, ça marche comme ça, mais ça reste rare. Je l'ai compris quand je me suis mis à adopter des comportements apparemment absurdes : ce qu'une femme veut n'est pas nécessairement ce qui la fait réagir. De plus, ce qu'elle *dit* vouloir correspond peut-être à ce qu'elle attend d'une relation, mais pas forcément à ce qui la séduit. Cela dit, la plupart des femmes vous fourniront tous les détails nécessaires pour les séduire – à condition de savoir lire entre les lignes.

PENSÉE NÉGATIVE : Si j'aborde une fille, elle va voir que je cherche à la draguer et elle va me trouver naze.

EN FAIT : C'est en partie vrai. Mais uniquement si l'approche est ratée : si l'homme la met mal à l'aise, lui fait peur ou semble avoir quelque chose derrière la tête. La plus grande erreur qu'un mec puisse commettre est de draguer une fille avant qu'elle ne soit attirée par lui. Or c'est ce que la plupart des dragueurs appellent leur « technique ». *30 jours pour séduire* devrait vous aider à éviter cet écueil. Rares sont les femmes qui n'aiment pas faire la connaissance d'un homme chaleureux, marrant, sincère, intéressant, rassurant et qui ne va pas les assommer de paroles.

PENSÉE NÉGATIVE : Les femmes n'aiment pas autant le sexe que nous. Elles cherchent plutôt une relation.

EN FAIT : Alors là, c'est que vous ne les fréquentez pas assez. Lisez plutôt : ce sont les femmes, et pas les hommes, qui disposent d'un organe exclusivement consacré au plaisir sexuel (le clitoris, qui possède deux fois plus de terminaisons nerveuses qu'un pénis entier). Ce sont elles, et pas nous, dont l'orgasme peut durer plusieurs minutes, voire davantage. La plupart des hommes perdent leur excitation au bout du premier orgasme ; la plupart des femmes peuvent en avoir plusieurs d'affilée (clitoridien, vaginal, mixte, intégral).

Résumé : quand c'est bien fait, elles prennent encore plus leur pied que nous. Et vous voudriez qu'elles en aient moins envie que nous ?

JOUR 2

MISSION 1 : Fixez-vous des objectifs

Félicitations ! Vous avez survécu à la première journée.

Que vous vous soyez déjà fixé des objectifs ou non, le premier exercice du jour va vous aider à mettre les choses au point.

J.C. Penney a dit un jour, « Donnez-moi un responsable des stocks animé d'un but et j'en ferai un homme qui déplacera des montagnes. Donnez-moi un homme sans but et j'en ferai un responsable des stocks. »

Votre mission consiste à lire le questionnaire ci-dessous puis à y réfléchir sérieusement et, enfin, à répondre à chaque question. N'ayez pas peur d'être précis, ni ambitieux. (Exemples : monter un groupe, acheter une maison, retrouver la forme, créer une entreprise, devenir président, etc.)

1. Citez trois objectifs que vous souhaiteriez atteindre pour trouver le bonheur.

2. Pourquoi cela vous rendrait-il heureux ?

3. Quelle est votre mission personnelle ?

Je vais devenir ______________________________

MON RÔLE EN QUATRE MOTS MAXIMUM

qui ______________________________

ACTE EN QUATRE MOTS MAXIMUM

d'ici ______________________ jours/semaines/années.

NOMBRE

4. Citez trois résultats qui indiqueront que votre mission est réussie. (Exemples : « Quand j'aurai gagné 250 000 €/perdu 10 kg/remporté 5 oscars ».)

- Quand j'aurai __________ __________ __________.
  VERBE D'ACTION CHIFFRE ASPECT.
- Quand j'aurai __________ __________ __________.
  VERBE D'ACTION CHIFFRE ASPECT.
- Quand j'aurai __________ __________ __________.
  VERBE D'ACTION CHIFFRE ASPECT.

5. Qu'est-ce qui vous motive à accomplir votre mission ?

Si je ne la remplis pas maintenant, je vais encore souffrir pendant des années et

- mon/ma ______________ va décroître/s'aggraver/échouer.
  ÉLÉMENT/QUALITÉ DE VIE
- mon/ma ______________ va décroître/s'aggraver/échouer.
  ÉLÉMENT/QUALITÉ DE VIE
- mon/ma ______________ va décroître/s'aggraver/échouer.
  ÉLÉMENT/QUALITÉ DE VIE

Par contre, si je m'y attelle tout de suite, je me prépare des années de bonheur, et

- mon/ma ______________ va croître/s'arranger/se réaliser.
  ÉLÉMENT/QUALITÉ DE VIE
- mon/ma ______________ va croître/s'arranger/se réaliser.
  ÉLÉMENT/QUALITÉ DE VIE
- mon/ma ______________ va croître/s'arranger/se réaliser.
  ÉLÉMENT/QUALITÉ DE VIE

MISSION 2 : Regardez-vous dans les yeux (facultatif)

Nouvelle étape vous permettant de renforcer votre engagement vis-à-vis de votre mission personnelle et de développer votre détermination inconsciente : l'auto-hypnose. Sur www.stylelife.com/challenge, vous trouverez un exercice spécialement conçu pour le Challenge.

Quand vous l'aurez téléchargé, installez-vous dans une pièce confortable et tranquille. Baissez les lumières, retirez vos chaussures, asseyez-vous ou allongez-vous. Détendez-vous. Vous pourrez alors mettre votre casque et écouter le document sonore. Préparez-vous à voyager.

Faites en sorte d'écouter tout le document en une traite. Il est plus important de *ressentir* cette expérience que de la voir. Par la suite, débrouillez-vous pour réécouter ce fichier son un jour sur deux jusqu'à la fin du Challenge : vous multiplierez ainsi les chances de succès.

MISSION 3 : Regardez les autres dans les yeux

Aujourd'hui, la mission sur le terrain consiste à sortir parler de la pluie et du beau temps à cinq nouveaux inconnus.

En plus, cette fois, vous devrez regarder la personne dans les yeux. Indiquez ci-dessous la couleur constatée :

1. ___________
2. ___________
3. ___________
4. ___________
5. ___________

Le but du précédent exercice de gazouillage était de vous entraîner à adresser la parole à n'importe qui sans trembler. En ajoutant le contact visuel (attention à ne pas les dévisager non plus !), on augmente les possibilités de réponses et on établit une relation plus personnelle avec l'interlocuteur/-trice.

Variante : essayez d'appeler un taxi, d'attirer l'attention d'un barman, ou de faire venir un serveur à votre table sans faire le moindre geste ni dire le moindre mot – rien qu'en établissant un contact visuel.

MISSION 4 : Préparation Jour 3

Demain, veillez bien à lire vos instructions du jour dès le réveil : avant même de vous laver, de vous raser ou de consulter vos e-mails.

JOUR 3

MISSION 1 : Adoptez la méthode Cro-Magnon

La prochaine mission risque de vous mettre un poil mal à l'aise. Et c'est tant mieux. Vous comprendrez mieux demain. Pour le moment :

Ne vous lavez pas de toute la journée.

Ne vous rasez pas de toute la journée.

Il y a de grandes chances pour que personne ne s'en aperçoive (en général, les gens préfèrent se concentrer sur l'impression qu'eux-mêmes donnent). Dans le cas contraire, dites-leur que vous avez fait un pari, ou que vous participez à une étude pour une marque de déodorants.

MISSION 2 : Parlez avec assurance

Les premiers temps, j'avais du mal à aborder des inconnus parce que je parlais trop vite, pas assez fort et que je n'articulais pas. En boîte, avec la musique à fond, c'était perdu d'avance. J'ai donc contacté Arthur Joseph, un coach vocal.

« Ta voix, m'a-t-il expliqué, c'est ton identité. Elle explique aux autres qui tu es, ce que tu penses de toi et ce en quoi tu crois. »

Aujourd'hui, on va travailler la voix.

Dans le briefing, découvrez les cinq erreurs les plus fréquentes en matière de diction, ainsi que des exercices visant à les corriger.

Votre mission consiste à lire l'article et à effectuer au moins trois exercices, même si vous n'en avez pas besoin. Vous risquez d'être surpris.

MISSION 3 : Jouez à M. Cinéma

La mission sur le terrain, aujourd'hui, c'est de rester à la maison et de faire travailler le vocal.

Je vous demande de composer un numéro de téléphone au hasard et d'essayer de convaincre votre correspondant de vous recommander un film à voir. C'est tout.

Le but n'est pas de parler à des inconnus, mais d'apprendre à modifier le cours d'une interaction sans mettre votre interlocuteur mal à l'aise.

Par la suite, vous pourrez prendre le contrôle de « vraies » conversations et les diriger à votre guise.

Quelques conseils :

Au lieu de composer un numéro au hasard, modifiez simplement les quatre derniers chiffres du vôtre.

Exemple de scénario utilisé quand je testais le Challenge :

« Bonjour, je pourrais parler à Katie, s'il vous plaît ? Elle n'est pas là ? Tant pis, vous allez peut-être pouvoir me renseigner. » Enchaînez aussitôt, sans laisser à votre correspondant la possibilité de dire « non ». « J'ai envie d'aller au ciné ce soir et je me demandais si vous auriez un film à me recommander ? Un qui vous aurait plu, dernièrement. »

Autre idée :

« Bonjour ? Je suis bien au vidéo club ? Non ? Pas grave, vous n'auriez pas un film à me recommander, pour ce soir ? Un qui vous aurait plu, dernièrement. »

Si votre interlocuteur hésite ou vous demande si vous le faites marcher, affirmez-lui que vous êtes sérieux. Pour ça, il y a un mot magique : « parce que ». En donnant une explication, même la plus farfelue (« Je vous assure, c'est sérieux, parce que je suis pressé »), on incite psychologiquement les gens à accepter une attitude inattendue.

Une fois que trois personnes vous auront conseillé un film, vous pourrez considérer cette mission comme remplie.

MISSION 4 : Hypnose (facultatif)

Réécoutez l'exercice d'hypnose d'hier. Efforcez-vous d'intégrer vos nouveaux attributs, votre nouvelle image personnelle.

JOUR 3 – BRIEFING

ENTRAÎNEMENT VOCAL

Avec l'aide de plusieurs coachs vocaux, j'ai mis au point cinq exercices qui devraient vous permettre d'éliminer vos défauts d'élocution et vous donner une belle voix puissante, pleine d'autorité.

Avant tout, munissez-vous des « accessoires » suivants :

- un miroir (en pied, de préférence) ;
- un magnétophone, ou un ordi équipé d'un micro ;
- un grand espace où parler fort.

Les fondamentaux

Qu'est-ce qui distingue un bon orateur d'un mauvais orateur ? Le souffle et la posture.

Inspirez à fond avant de prendre la parole : vous remplirez vos poumons et votre voix s'en trouvera plus puissante. Petit exercice : prenez une grande inspiration. Si votre poitrine se gonfle, c'est que vous vous y prenez mal.

Faites plutôt jouer votre diaphragme : mettez une main sur votre ventre pour vérifier s'il se gonfle à chaque inspiration.

Une posture mal étudiée peut vous gêner au niveau du diaphragme, perturber votre respiration et donc limiter votre puissance vocale. Chaque fois que vous parlez, veillez à avoir le torse bien droit. Si nécessaire, imaginez que vous avez une corde le long de la colonne vertébrale et tirez-la vers le haut. Attention cependant à ne pas vous raidir : gardez toujours une posture confortable. Mais bon, pas de panique, nous y reviendrons en détail demain.

PROBLÈME : Voix trop basse ou trop douce.

SOLUTION : Installez-vous dans un grand espace, à l'intérieur ou en extérieur. Munissez-vous d'un magnéto, ou invitez un pote.

Éloignez-vous de trois bons mètres de votre magnéto ou de votre ami.

Inspirez à fond, en dilatant votre diaphragme. Retenez votre respiration, puis expirez lentement. Répétez deux fois. Puis inspirez une quatrième fois et, en expirant, prononcez de votre voix normale la phrase suivante : « Je dis ces mots sans crier et me fais entendre malgré tout. »

Écoutez l'enregistrement ou demandez à votre ami son avis.

Reprenez votre position initiale et récitez la même phrase. Cette fois, au lieu de vous adresser à votre magnéto ou à votre pote, dirigez votre voix 1,5 à 3 mètres au-dessus d'eux. Imaginez que votre voix est un ballon de foot et que vous tentez un lob. Étudiez les résultats pour progresser.

Reculez de trois pas et répétez : « Je dis ces mots sans crier et me fais entendre malgré tout. » Essayez d'augmenter le volume sans crier ni changer de ton.

Reculez encore de trois grands pas. Pensez à projeter votre voix au-delà de votre interlocuteur. Écoutez ensuite l'enregistrement (ou la réaction de votre ami) et analysez votre performance. Testez vos limites : sur quelle distance vous faites-vous entendre sans avoir à hurler. Répétez cet exercice jusqu'à pouvoir parler confortablement à voix haute sans modifier le ton de votre voix. Ce faisant, vous devriez vous exprimer de façon plus claire.

Si vous avez toujours parlé bas, il est presque sûr que le volume auquel vous entendez votre voix dans votre tête n'est pas celui auquel les autres vous perçoivent. Conclusion : si vous avez l'habitude de parler à 5, passez à 7. N'ayez pas peur de parler trop fort. Au contraire, vos amis devraient apprécier vos progrès et vous le faire savoir.

PROBLÈME : Débit mitraillette.

SOLUTION : Ce défaut est à la fois l'un des plus répandus et l'un des plus handicapants. Non seulement il vous empêche de vous faire comprendre, mais il vous fait passer aux yeux de vos interlocuteurs pour un grand stressé absolument pas sûr de lui et dont les paroles sont sans importance.

A contrario, une voix calme et posée est un signe d'autorité naturelle.

Pour ce nouvel exercice, tenez-vous face à votre magnéto ou au micro de votre ordinateur. Inspirez à fond. Puis, sans jamais ralentir ni reprendre votre souffle, prononcez la phrase suivante : « Plus jamais je ne parlerai comme une mitraillette en essayant de balancer toutes les idées que j'ai en tête dans un seul et même souffle de peur que mes interlocuteurs passent à autre chose si je fais une pause. »

Passez-vous l'enregistrement. Vous risquez d'avoir rogné sur l'articulation pour arriver à caser toute la phrase en un seul souffle.

À présent, inspirez et répétez la phrase. Mais cette fois, prenez un débit exagérément lent ; faites de longues pauses entre les propositions ; prononcez chaque mot en articulant bien ; et reprenez votre souffle plus souvent qu'il vous semble nécessaire. Puis écoutez l'enregistrement.

Répétez l'exercice cinq à dix fois : accélérez progressivement le débit, prenez peu à peu une respiration normale, raccourcissez les pauses entre les mots. Attention toutefois à ne pas parler trop vite et à ne pas avaler de syllabes. Au départ, ça vous paraîtra bizarre, mais n'abandonnez pas avant de trouver une certaine aisance.

Prononcez ensuite votre texte devant un miroir le temps de vous habituer à votre nouveau débit.

Une fois cet exercice maîtrisé, il se peut, malgré tout, que votre débit s'accélère dans certaines situations. À vous d'être vigilant : quand vous sentez que la mitraillette reprend le dessus, inspirez à fond et levez le pied.

Comme pour l'exercice précédent, celui du volume, il vous faudra peut-être du temps pour habituer votre cerveau à votre nouveau débit. Vous risquez d'avoir l'impression d'ennuyer vos auditeurs.

C'est faux ! En général, les vraies mitraillettes se rendent compte que, même en ralentissant au maximum, elles parlent toujours plus vite que n'importe qui.

PROBLÈME : Pollution verbale.

SOLUTION : C'est l'ennemi numéro 1 de la confiance.

Je vais vous demander de commencer par enregistrer une conversation entre vous-même et un de vos potes. Emportez un magnéto avec vous quand vous sortirez ou enregistrez votre voix au téléphone.

Ensuite, vous vous passerez la bande pour transcrire scrupuleusement vos paroles, sur quelques phrases. Notez bien tout ce que vous dites. N'omettez rien.

Après cela, soulignez les mots de type « euh », toutes les marques d'hésitation, les formules creuses comme « tu vois », « genre » ou « bref ». Voilà ce qu'on appelle « pollution verbale ».

Ces béquilles ont plusieurs utilités : conserver l'attention de notre interlocuteur le temps de réfléchir à ce qu'on va dire, s'assurer que l'interlocuteur comprend ce qu'on lui dit ou qu'il est d'accord avec nous.

Mais elles font toutes passer le même message : celui de votre insécurité.

On peut s'interrompre deux secondes sans forcément perdre l'attention de celui qui nous écoute. Quand vous parlez, faites comme si vos paroles étaient toujours cohérentes, même quand ce n'est pas le cas. Votre façon de communiquer compte davantage que ce que vous dites.

À présent, écoutez dix minutes de conversation enregistrée. Notez toutes les marques d'hésitation, puis lisez-les à voix haute. Répétez-les jusqu'à les graver dans votre cerveau et à pouvoir les repérer lors de vos prochaines conversations. À partir de maintenant, je veux que vous ralentissiez votre débit et que vous choisissiez avec soin les mots que vous allez employer.

Tout réside dans votre faculté à vous corriger. Autrement dit, à vous écouter parler. Vous repérez de la pollution verbale ? Stop ! Correction immédiate et reprise de la phrase sans pollution. Si ça peut vous aider, gardez sur vous la liste de vos polluants, vous les traquerez d'autant plus facilement.

PROBLÈME : Voix monocorde.

SOLUTION : Votre voix pétille autant que celle d'un vieil instit de campagne ? Vos potes ferment les yeux quand vous racontez une histoire ? Vos collègues perdent pied au beau milieu de vos présentations ? C'est peut-être que vous parlez d'une voix monocorde.

Enregistrez-vous en train de lire cet extrait d'un texte pour enfants :

Un jour, Sigurd et Gullveig apprirent que le père de Sigurd allait mourir, et ils embarquèrent en toute hâte sur le navire du jeune prince. Sigurd fit déployer les voiles pour aller encore plus vite et ne prit aucun repos, restant sur le pont pour encourager les marins. Mais vint le moment où il ne put rester éveillé une seconde de plus. Alors, il alla en bas et s'allongea, laissant Gullveig et Agnar sur le pont avant. Il venait de descendre lorsque Gullveig vit un bateau noir apparaître à l'horizon. Il s'approchait rapidement. C'était une barque en pierre, et il n'y avait qu'une seule personne à bord.

Passez-vous l'enregistrement. Si possible, faites-le également écouter à un ami ou à un proche pour plus d'objectivité.

Votre voix est-elle dynamique ? De celles qui entraînent le public dans un monde imaginaire ? Ou bien parlez-vous comme ces raseurs dont tout le monde se déconnecte en 30 secondes ?

Si vous appartenez à la seconde catégorie, allumez la télé. Trouvez un journaliste, un comique ou un animateur dont vous appréciez la voix. Écoutez-le parler. Notez bien tous les petits détails qui rendent sa voix si captivante. Voyez comme il s'investit dans ce qu'il raconte, toute l'énergie que véhicule sa voix, son côté chaleureux, proche du public.

Ensuite, essayez de répéter un passage de son texte, avec les mêmes mots, le même ton, le même style.

Quand vous vous estimez capable de faire passer quelques-unes des qualités de votre modèle, reprenez le texte pour enfants.

Enregistrez-vous et n'oubliez pas d'appliquer les techniques que vous venez d'apprendre : faites varier le volume, le ton, le débit, le rythme et le timbre de votre voix ; faites ressortir certains mots ; laissez des pauses à des moments inattendus ; raccourcissez ou allongez certains mots ; changez votre voix ; prenez un accent différent. Lisez plusieurs fois le texte sans craindre de passer pour un crétin – du moment que vous surmontez vos difficultés.

Enregistrez-vous une dernière fois en imaginant que des enfants vous écoutent. Comparez cette nouvelle version à la première : la différence devrait se faire sentir.

PROBLÈME : Mes affirmations sonnent comme des questions.

SOLUTION : Asseyez-vous face à votre cher magnéto. Aujourd'hui, il va vous servir d'ami. Un ami qui n'aime pas le poisson et que vous devrez convaincre d'aller manger des sushis avec vous ce soir.

Quand vous estimez avoir terminé, écoutez l'enregistrement. Faites bien attention : votre intonation ne monte-t-elle pas à la fin des phrases déclaratives ?

Si c'est le cas, alors vos affirmations sonnent comme des questions. Et vous passez pour quelqu'un d'hésitant.

Quand on est sûr de soi et persuasif, on termine chaque phrase – et la discussion – de façon conclusive.

Si vos affirmations se terminent sur une note plus aiguë qu'elles ne commencent, réenregistrez le même discours. Mais cette fois, soyez ferme ! Au lieu de poser des questions qui quémandent une réponse affirmative, énoncez des affirmations qui expriment votre conviction. Et veillez bien à ne pas vous perdre dans d'inutiles digressions : allez au but, concluez avec force. Votre interlocuteur doit comprendre que vous savez de quoi vous parlez, que vous pensez tout ce que vous dites. Même si vous êtes allergique aux sushis.

L'obstacle est franchi ? Félicitations !

Cela dit, résoudre ces cinq grands problèmes ne signifie pas que vous soyez tiré d'affaire. Revenez-y deux fois par semaine. À chaque conversation, surveillez votre posture, votre respiration et votre discours, et reprenez-vous au moindre relâchement.

JOUR 4

MISSION 1 : À la douche !

Dès le saut du lit, mettez la musique à fond et prenez une bonne douche complète. Deux douches, si vous le souhaitez ! Et ne vous masturbez pas.

Parfumez-vous, faites un bain de bouche, n'importe quoi, du moment que ça vous donne la pêche et que vous sentez bon.

Rasez-vous (ne touchez pas à votre moustache/barbe/bouc si vous en portez une/un). Éliminez toute pilosité au niveau des narines, des oreilles et de la nuque.

Enfilez des vêtements propres qui vous mettent en valeur.

Regardez-vous dans le miroir et lisez le texte suivant :

« Tu déchires. Tout le monde t'aime et te respecte. Tu dégages du charisme, du charme et de la grâce. Franchement, tu sors du lot. C'est un privilège que de t'adresser la parole. Tu mérites ce que le monde a de mieux à offrir. Et le meilleur n'attend que toi. »

Relisez ce texte autant de fois que nécessaire, jusqu'à en être entièrement imprégné.

Surtout, ne perdez pas le feeling...

MISSION 2 : Trouvez une experte

La mission précédente avait pour but de vous donner un sentiment d'assurance accrue et d'invincibilité. À vous de mettre au point un petit rituel qui vous fasse entrer dans une « transe positive » avant de sortir aborder des filles : faire de la muscu, se laver, répéter des affirmations, lire un texte qui vous motive, repenser à vos premiers succès, jouer votre morceau préféré à fond, chanter, danser, appeler un pote qui vous fait délirer, etc.

Aujourd'hui, pour la première fois, vous allez aborder des filles avec lesquelles vous risquez de sortir. Ne tardez pas, une fois sorti de chez vous, afin que les bonnes vibrations se s'éteignent pas.

La mission : demander à trois filles de vous conseiller une boutique de vêtements pour hommes dans le quartier. La mission sera réussie quand vous aurez approché trois filles *et* obtenu une recommandation (traduction : vous abordez trois filles, l'une d'elles vous recommande une boutique, ça marche ; vous abordez trois filles, aucune ne vous donne de conseil, cherchez-en une quatrième).

Une fois la recommandation obtenue, notez-la et mettez-la de côté.

Trois conseils :

- n'abordez pas des touristes, et tournez-vous vers des filles qui savent se fringuer ;
- dans la rue, n'abordez personne par derrière, vous risqueriez de leur faire peur. Préférez l'approche frontale, ou bien dépassez-les et adressez-leur la parole au moment où vous les doublez, en tournant la tête. Elles se sentiront d'autant plus à l'aise que vous vous éloignerez d'elles, comme si vous n'aviez pas le temps. Abordez dans un environnement qui vous convient (café, centre commercial, etc.) ;
- seule une femme sur trois environ sera capable de vous citer un magasin sur-le-champ. Certaines personnes ont un blanc dans cette situation.

Sitôt que la fille répond, même si elle dit qu'elle n'en sait rien, considérez que vous l'avez abordée. Remerciez-la pour son aide (ou remerciez-la tout court si elle ne vous a pas vraiment aidé) et partez. Ou poursuivez l'échange. À vous de voir !

Et bonne chance.

MISSION 3 : Tenez-vous droit

Avant même que vous ayez ouvert la bouche, la fille s'est déjà fait une opinion de vous, en se basant uniquement sur votre langage corporel. Aujourd'hui, vous allez apprendre à dégager de l'assurance, et ce, grâce à un exercice tout simple.

Tenez-vous debout, le dos contre un mur. Vos talons, vos fesses et vos épaules doivent toucher le mur, de même que votre nuque, un peu au-dessus du menton.

Gardez cette position une minute. Attention à ne pas laisser trop d'espace entre le bas de votre dos et le mur. Si c'est le cas, corrigez cela en tendant les muscles du ventre.

Puis éloignez-vous du mur, marchez normalement pendant une minute sans changer votre posture. Mémorisez l'alignement de votre corps.

Répétez cet exercice une fois dans la journée et, si possible, une fois par jour jusqu'à la fin du Challenge. À compter d'aujourd'hui, vérifiez votre posture régulièrement et corrigez-vous chaque fois que vous vous relâchez.

Une bonne posture n'est pas bénéfique qu'en termes d'assurance et d'apparence, elle influe aussi sur la santé. Je vous ai donc concocté une petite vidéo sur www.stylelife.com/challenge, basée sur la technique Alexander, qui vous aidera à améliorer non seulement votre façon de vous tenir, de marcher et de vous asseoir, mais également votre façon de parler et l'opinion que vous avez de vous-même.

JOUR 5

MISSION 1 : N'ayons plus peur du look

Aujourd'hui, on mise tout sur l'apparence.

Quand des mecs discutent séduction, ils semblent, la plupart du temps, considérer que l'apparence relève de la génétique, qu'ils ne peuvent en rien l'influencer. Erreur !

Si les filles peuvent suivre un régime, se faire mettre des prothèses mammaires ou se teindre les cheveux, les mecs ont d'autres pistes à suivre s'ils veulent améliorer la perception que les autres ont d'eux.

Croyez-moi, j'ai métamorphosé des cas désespérés : des gros boutonneux à moitié chauves et affublés de lunettes de grand-mère. Par la grâce des UV, des lentilles de contact, de la boule à zéro, des soins dermato, des clubs de gym et des boutiques de vêtements, j'ai fait d'eux des gars plutôt cool, bien mis, et qui respirent l'assurance et le pouvoir.

À votre tour.

Je vous demande de vous reporter à la checklist figurant en briefing et de suivre au moins une des suggestions proposées. Toutes ne vous correspondent pas forcément, alors limitez-vous aux domaines où vous ramez le plus.

Si vous avez suffisamment confiance en l'une de vos copines, demandez-lui ce qu'elle aimerait que vous changiez dans votre apparence. Insistez pour qu'elle vous fasse une réponse honnête et constructive. Et surtout, si elle répond, ne le prenez pas mal !

MISSION 2 : Du changement !

Première étape : la garde-robe. Seconde étape : respecter son style.

L'idéal, c'est que votre style et vos vêtements indiquent que vous appartenez à l'une de ces trois catégories : la même « tribu » que la fille qui vous intéresse ; une tribu qu'elle veut intégrer ; une tribu qu'elle veut essayer. Exemple : les gars qui portent des t-shirts trop larges et crasseux et des bermudas kaki amples appartiennent à une tribu pas franchement attirante pour les nanas. Contrairement aux rock stars percées et tatouées.

Votre mission du jour consiste faire le point, niveau style.

Reprenez la liste des boutiques recommandées et sélectionnez la mieux notée. Si possible, préférez le petit magasin indépendant à la grande chaîne internationale.

Rendez-vous à la boutique – à une heure de faible affluence, c'est mieux – et adressez-vous à une vendeuse qui vous paraît sympa. Dites-lui que vous voulez changer de style et demandez-lui de vous proposer un ensemble complet. Si elle veut des précisions, racontez-lui que vous êtes invité à un défilé de mode, à la première d'un film, dans une boîte tendance ou ce qui vous plaira.

Enfilez ce qu'elle vous suggère et regardez-vous dans le miroir. Avant de vous intéresser au style, concentrez-vous sur la coupe.

Si ces habits vous débectent, expliquez vos raisons à la vendeuse et demandez-lui de vous proposer autre chose. Si elle réagit mal ou si elle vous pousse à acheter, changez de boutique.

Si la tenue vous plaît, achetez-la. En rentrant chez vous, prenez-en soin : les cintres sont faits pour ça, les placards aussi, les pressings également.

Si vous êtes trop juste, niveau finances, notez les références des vêtements pour pouvoir vous les offrir plus tard ou trouver des équivalents meilleur marché.

Si vous achetez la tenue, demandez à la vendeuse quel type de chaussures ira avec et où les trouver. Chez le marchand de chaussures, montrez vos nouveaux habits à un vendeur et demandez-lui quelle paire y associer.

MISSION 3 : Révisions

Essayez de travailler au moins un des différents exercices vus jusqu'à présent chaque jour d'ici la fin du Challenge : le fichier son sur l'hypnose, les exercices vocaux, le maintien, etc.

MISSION 4 : Garde-robe

Vous vous êtes acheté de nouveaux vêtements ou accessoires ? Parfait. Demain, vous les mettez.

JOUR 5 – BRIEFING

CHECKLIST

Sélectionnez au moins l'un des éléments listés ci-dessous et suivez la recommandation proposée. Tous les conseils ne conviennent pas à tout le monde. Certains sont d'ordre général, d'autres plus ciblés. Certains ne demandent que quelques minutes et quelques euros, d'autres sont plus gourmands. Évitez les recommandations qui vous paraissent trop faciles à suivre. Les changements qui vous « perturbent » vous seront plus profitables.

■ **Une nouvelle coupe.** Feuilletez des magazines musicaux, ou des revues de mode pour hommes, et trouvez une coupe qui vous plaise. Prenez rendez-vous chez le meilleur coiffeur du coin et montrez-lui une photo de la coupe en question. N'hésitez pas à lui demander conseil au niveau de l'entretien.

■ **Adieu les lunettes.** Mettez des lentilles ou faites-vous opérer au laser. Si vos lunettes font partie de votre style, optez pour un modèle de créateur.

■ **Bonjour les UV.** Ou, pour un résultat plus rapide, le *spray-tan* dans un établissement spécialisé. Préférez les traitements « réalistes ».

■ **Manucure et pédicure.** Sans aller jusqu'aux vernis colorés, faites-vous polir les ongles et demandez un vernis invisible. Vous passerez pour un homme très soigné et comprendrez que si une femme remarque ces petits détails chez vous, c'est parce qu'elle y est très attentive chez elle.

■ **Sus aux poils.** Et ce, au niveau des narines, entre les sourcils, dans les oreilles et sur la nuque. En cas de pilosité surdéveloppée, songez à la tondeuse ou au rasoir.

■ **Miroir, mon franc miroir.** Au besoin, utilisez un miroir grossissant. Faites la chasse au cérumen et aux poils solitaires. Coupez-vous les ongles des doigts et des orteils, et nettoyez-les. En cas de peau grasse, peau morte, cernes, etc., achetez les produits adéquats.

■ **Les sourcils, au peigne fin.** Faites-vous épiler les sourcils par un/une spécialiste. Le cas échéant, optez pour une teinte légèrement plus claire ou plus foncée.

■ **Des dents blanches.** Utilisez, dès ce soir, un produit qui blanchit les dents. Si vous n'êtes pas allé chez le dentiste depuis plus d'un an, prenez rendez-vous.

■ **Haleine irréprochable.** Mettez-vous au fil dentaire. Éventuellement, offrez-vous un gratte-langue. Ayez toujours sur vous des chewing-gums ou des cachous.

■ **Dermato.** Dans une pharmacie, demandez à une vendeuse quels soins elle vous conseille pour votre visage. N'hésitez pas à lui demander des échantillons ou à acheter des produits équivalents moins chers dans un supermarché. En cas de vrais problèmes de peau, consultez un spécialiste.

■ **Accessoires.** Achetez-vous un collier, un bracelet, des bagues ou autres accessoires originaux. Évitez tout ce qui paraît *cheap* ou produit en série. En cas de doute, commencez par quelque chose de simple.

■ **Soulevez de la fonte.** Faites le point sur votre niveau de forme et élaborez, à l'aide d'un coach, un programme d'exercice avec cardio-training, pour réduire les graisses, et endurance, pour accroître la masse musculaire. Faites du muscle !

■ **Mangez mieux.** Surveillez vos apports caloriques et faites la chasse aux graisses saturées, aux sucres raffinés, excès de sel et aliments riches en conservateurs et féculents. Mangez fruits et légumes frais ainsi que des protéines maigres. Si vous dépassez de 40 % votre poids de forme, consultez un médecin qui vous aidera à maigrir.

■ **Faites le tri.** Videz votre garde-robe et essayez toutes vos fringues. Toute veste trop large, tout pantalon fatigué ou chemisettes dont les manches vous chatouillent les coudes devront être retouchés ou donnés à des œuvres de charité. Idem pour tout ce qui ne vous met pas en valeur. Remplacez tout ça par des vêtements bien coupés, mieux adaptés à votre carrure.

Si après tout ça il vous reste un souci – aisselles véhémentes, pieds virulents, tache disgracieuse, prénom d'une ex tatoué sur le cou, que sais-je ? –, c'est le moment de vous y attaquer. Cherchez une solution sur le Net ; abordez le sujet sur le forum de www.stylelife.com ; le cas échéant, achetez les produits conseillés ou consultez un spécialiste.

JOUR 6

MISSION 1 : Maîtriser l'angoisse de l'approche

Aujourd'hui, nous allons traiter le plus gros obstacle que rencontrent les Casanova en herbe : l'angoisse de l'approche.

Comme son nom l'indique, cette angoisse saisit un mec au moment d'aborder une jolie fille. Parmi les symptômes : mains moites, cœur au galop, souffle court, boule dans la gorge. Du point de vue de la psycho, on est moins dans la peur de l'approche que dans la crainte du rejet.

Si vous avez hésité avant d'aller parler à quelqu'un durant une de vos précédentes missions sur le terrain, alors vous souffrez de cette angoisse. Si ce n'est pas le cas, ça risque de changer au cours des prochaines missions ou lorsque vous flasherez sur une nana. Ça arrive aux meilleurs.

L'heure est donc venue de lire le briefing du jour : Don Diego Garcia, coach senior à la Stylelife Academy, vous aide à guérir de cette angoisse.

MISSION 2 : Un mot gentil ne fait de mal à personne

Avant de sortir, prenez une douche, rasez-vous et gavez-vous de bonnes vibrations. Si vous vous êtes créé un rituel au jour 4, c'est le moment de le suivre. Si vous avez acheté des vêtements ou des accessoires hier, mettez-les.

Mission du jour : faire un compliment spontané à quatre filles. Deux d'entre elles pourront être des connaissances – copines, collègues de boulot, voire votre mère. Mais les deux autres devront impérativement être des inconnues.

Évitez les platitudes genre « Tu es belle ». Ou tout ce qui peut passer pour ouvertement sexuel. Attachez-vous aux détails : ses ongles, ses chaussures, son sac, sa façon de se tenir. Après les exercices d'hier, vous ne devriez pas avoir de mal à repérer ces petits riens.

Dans la plupart des cas, les filles vous répondront par un « merci » poli et sincère... ou dédaigneux. Ne vous attardez pas, sauf si la fille veut poursuivre la conversation.

L'idée, c'est qu'elle ne doit pas avoir l'impression que vous cherchez à la flatter ou à la draguer, mais plutôt que vous la complimentez sur un détail que vous avez remarqué spontanément.

Je ne recommanderais pas la technique du compliment pour toutes les approches, mais de toute façon, aujourd'hui, on ne cherche pas à séduire. Le but de cette mission est de vous débarrasser de l'angoisse de l'approche, tout en affinant vos qualités d'observation : sortez de votre coquille, intéressez-vous aux qualités d'autrui.

MISSION 3 : La règle des huit heures

Dormez bien ce soir, car demain on entre dans le vif du sujet.

JOUR 6 – BRIEFING

VAINCRE L'ANGOISSE DE L'APPROCHE

Par Don Diego Garcia

Les experts en relations vous sortiront des milliards de phrases toutes faites sur la recette du succès. Moi, je me limite à une seule : « Pour gagner, il faut jouer ».

Simplet mais tellement vrai. Vous n'avez aucune chance de bâtir une relation en restant chez vous. Il est impératif de sortir rencontrer des gens.

L'angoisse de l'approche est ce démon intérieur qui empêche les mecs d'adresser la parole à de jolies inconnues, alors même qu'aucun obstacle physique ne les retient. Avant de voir comment transformer cette angoisse en excitation, j'aimerais vous parler de deux concepts : l'autolimitation et l'autoémancipation.

L'autolimitation

À la naissance, la nature nous dote de deux grandes peurs instinctives : la peur du vide et la peur des gros bruits.

À petite dose, la peur est une bonne chose. Elle nous protège. Par exemple, la peur du vide nous empêche de tomber d'une falaise. Celle des gros bruits nous permet de réagir au quart de tour en cas de danger. Cela dit, la plupart des peurs qui nous hantent n'ont rien d'inné. Nous les acquérons au gré des expériences négatives de l'enfance et de l'influence des figures d'autorité.

L'autoémancipation

Au niveau biologique, c'est un principe qui nous envoie le signal de la faim pour que nous mangions, de la soif pour que nous buvions et du désir pour que nous procréions. Mais nous sommes également les jouets d'autres désirs – désir de pouvoir (au boulot), désir de plaisir (loisirs), désir de sens (pratique religieuse).

Quand l'autolimitation et l'autoémancipation cohabitent en harmonie, tout va bien : on gère les problèmes dès qu'ils surviennent. Quand l'équilibre se rompt, les vrais ennuis commencent.

Identifier l'autolimitation

Pour l'essentiel, l'autolimitation est le fruit de l'influence de vos parents, de votre famille, de vos profs, de vos amis et de tous les modèles que vous avez pu suivre étant plus jeune. Mais plutôt que de nous intéresser à ses sources, je préfère que nous nous penchions sur la structure de l'auto-limitation. Elle se nourrit d'elle-même dans un mouvement de spirale négative. Et on ne fera que la renforcer en cherchant à tout prix un coupable. Mieux vaut donc pardonner, oublier et passer à autre chose.

Le premier pas vers la guérison, c'est l'acceptation : admettre qu'on a un problème. Ensuite, il faut le prendre à bras le corps, en toute conscience. Le démonter pièce par pièce, comprendre son fonctionnement et voir comment le neutraliser.

Observons quelques exemples d'autolimitation, lorsque vous entendez une petite voix vous dire :

- **doute de soi :** « Tu ne sauras pas quoi lui dire » ou « La dernière fois, tu as bien merdé » ;
- **doute d'autrui :** « Elle est sûrement maquée », « Je ne vais pas l'intéresser » ou « Elle est occupée, je vais la déranger » ;
- **doute environnemental :** « Ils vont tous se foutre de ma gueule » ou « La musique est trop forte, elle ne m'entendra pas » ;
- **rationalisation existentielle :** « De toute façon, ça va foirer », « Là, je le sens pas » ou « Je m'éclate trop avec mes potes » ;
- **jugements erronés :** « Elle n'est pas assez belle » ou « Elle est trop cruche pour moi ».

L'autolimitation passe également par des images : on s'imagine être ignoré, se faire humilier, être abandonné, observé et jugé, se faire tabasser, être rejeté ou ne pas être à la hauteur de la concurrence.

Ce phénomène se traduit aussi au plan physique. Lorsque vous ressentez une menace potentielle, votre organisme réagit par une décharge d'adrénaline : votre rythme cardiaque et votre respiration s'accélèrent, vos vaisseaux sanguins se contractent, vos muscles se tendent, vos pupilles se dilatent, votre taux de sucre dans le sang augmente, votre système immunitaire s'affaiblit.

Développer l'autoémancipation

Pour vaincre l'angoisse de l'approche, vous devez d'abord démanteler l'autolimitation. Le briefing du jour 1 (Les Chaînes Invisibles) en a déjà détruit plusieurs aspects. À vous de vous en inspirer chaque fois que l'auto-limitation pointe le bout de son groin.

Exemple : si une petite voix vous dit « Elle ne va pas m'entendre », répondez-lui par l'autoémancipation « Si elle ne m'entend pas du premier coup, je souris et répète un peu plus fort, plus lentement et plus clairement. »

Si l'autolimitation vous raconte que vous allez bégayer, répliquez comme suit : « J'aurai peut-être une réaction naturelle de ce type puisque, après tout, la situation est stressante. Mais ça ne signifie pas que je ne m'en sortirai pas. Il est déjà arrivé que le stress m'aide à exprimer tout mon potentiel et à me mettre à l'aise. Allons-y ! »

Petit exercice : mettez par écrit tout ce que l'autolimitation vous murmure à l'oreille au sujet de l'approche. Ensuite, formulez des répliques d'autoémancipation. Rédigez les autolimitations à la deuxième personne du singulier, et les autoémancipations à la première : vous arriverez mieux à vous éloigner de l'autolimitation et à vous rapprocher de l'autoémancipation.

Au quotidien, vous devrez produire de nouveaux énoncés autoémancipateurs afin de réduire au maximum l'autolimitation. Pour commencer, sélectionnez trois énoncés – parmi vos créations ou les miennes – et recopiez-les sur une feuille. Vous les lirez chaque matin et chaque soir au cours d'un petit rituel autoémancipateur et n'hésiterez pas à revenir dessus durant la journée. Dès que les effets se feront sentir, vous pourrez passer à d'autres énoncés.

Modifiez vos sous-modalités

Par « sous-modalités », comprenez les modes de réception, de mémorisation et de traitement de l'information dont disposent vos sens. Parmi les sous-modalités auditives, on a le volume, la hauteur, le tempo et le timbre, par exemple.

Pour lutter encore plus efficacement contre tout dialogue intérieur négatif, efforcez-vous d'ajuster les sous-modalités de cette petite voix d'autolimitation. Baissez son volume, donnez-lui un ton ridicule, genre Mickey ou un type que vous haïssez.

Dans le même temps, affectez aux énoncés d'autoémancipation une voix calme, puissante, proche et grave. Celle d'une personne que vous respectez.

Vous avez l'impression de partir dans un trip new age ? C'est votre autolimitation qui vous le souffle à l'oreille ! Cette technique a fait ses preuves chez des athlètes de très haut niveau, ainsi que pour venir à bout de phobies.

Concernant les phénomènes visuels, combattez les images

d'échec par des images de succès. Ainsi, au lieu d'imaginer qu'on vous ignore, imaginez qu'on vous adore ; au lieu de vous voir rejeté, visualisez un canon en train de vous glisser discrètement son numéro.

Passons maintenant aux sous-modalités. Faites en sorte que les images d'autolimitation vous apparaissent en noir et blanc, mini format, ralenti, flou et cadrage lointain. Distancez-vous d'elles en imaginant que vous vous observez de loin, comme un acteur sur un écran de ciné.

Sitôt qu'une image d'autolimitation surgit, remplacez-la par des visions de succès, grand écran, technicolor, réglage parfait. Associez-vous à ces images en les regardant avec vos propres yeux.

Pratiquez ces exercices au réveil ou juste avant de vous coucher, quand votre subconscient est le plus ouvert au changement. Répétez-les régulièrement et, bientôt, vous rejetterez automatiquement les images négatives d'autolimitation.

Oubliez votre objectif

La plupart des mecs rencontrent ce problème quand ils abordent une nana : ils se font une montagne de leur objectif et se concentrent trop intensément dessus (obtenir son numéro, lui rouler une pelle, coucher avec elle ou se lancer dans une relation).

Si vous parvenez à vous détacher de votre objectif, au plan émotionnel, vous réduirez de beaucoup votre angoisse. Voilà pourquoi le Challenge préfère vous fixer de petits objectifs faciles à atteindre plutôt que de vous envoyer chercher le Graal direct.

Les gens peuvent être imprévisibles. Certains vous surprendront carrément. C'est tout le sel de l'approche. Avouez qu'il serait dommage de restreindre le potentiel d'une rencontre en se cantonnant à un objectif particulier.

« Échec » ? Connais plus !

On a tous une définition différente de l'échec. Mais en général, on l'associe au rejet, dès qu'il s'agit d'aborder une fille. Moi, je définirais plutôt l'échec comme l'abandon, le renoncement à aborder.

« Rejet » est un de ces mots que l'usage a galvaudés. Le dictionnaire le définit comme « refus d'accepter ». Donc, si vous proposez un chewing-gum à une fille et qu'elle répond « Non merci », vous vous faites rejeter. Ça vous blesse au niveau des sentiments ? Pas franchement, hein ?

Du coup, si vous invitez une fille à sortir et qu'elle vous répond « Non merci », pas de quoi se formaliser, si ? Et pourtant... Quand la fille rejette le chewing-gum, on pense qu'elle ne veut pas de chewing-gum. Mais quand elle refuse de sortir, on croit qu'elle ne veut pas de nous.

Franchement... ça se peut pas ! Elle ne nous connaît que depuis deux minutes. On est des inconnus l'un pour l'autre. Si elle nous connaissait comme nos proches, elle saurait qu'on est des mecs géniaux. Alors pourquoi accorder plus de valeur à son jugement qu'à celui de nos proches ? Pourquoi prendre de façon aussi personnelle l'opinion erronée d'une quasi-inconnue ? Parce que l'autolimitation est décidément coriace !

Appliquez la stratégie kamikaze

Si malgré tout ce que je viens de vous dire vous n'en avez pas fini avec votre peur du rejet, il ne reste qu'une solution : sortir subir des rejets.

Michael Jordan a dit un jour : « J'ai raté plus de neuf mille tirs dans ma carrière et perdu pas loin de trois cents matchs. Vingt-six fois on m'a passé la balle à deux secondes du buzzer pour que je tente le panier de la victoire et j'ai mis à côté. J'ai raté des quantités de choses dans ma vie. C'est la raison de mon succès. »

Au bout de quatre ou cinq rejets, vous finirez par comprendre que votre personnalité n'a rien à voir là-dedans. N'y accordez pas plus d'importance qu'à une pichenette : le genre de truc qui est plus gênant pour celui qui le fait.

Un soir, j'ai proposé à un de mes étudiants de s'exposer à des rejets pour surmonter sa peur. Et vous savez quoi ? Je me suis fait prendre à mon propre piège.

Moi : Salut, les filles ? Dites, vous pourriez pas nous jeter ? Vous nous rendriez service, là.

Elles : Hein ? De quoi ?

Moi : Vous savez, genre, deux mecs vous abordent, vous êtes pas dans le trip, alors vous la jouer vacharde, vous ne voulez pas parler, vous dites aux gars d'aller se –

Elles *(m'interrompant)* : Attends, tu déconnes, on n'est pas comme ça !

On est restés là à bavarder trois quarts d'heure, après quoi on a échangé nos numéros. Le but du jeu consistait à prouver qu'un rejet est inoffensif, et la conclusion de l'expérience c'est qu'avec un peu d'assurance, on peut aborder n'importe qui à peu près n'importe comment.

Essayez par vous-même ! La prochaine fois que vous voudrez aborder une fille, dites la première chose qui vous passe par la tête. Tant que vous restez correct, vous aurez du mal à vous faire rejeter de but en blanc.

En plus, comme les réactions varient avec les interlocuteurs, vous comprendrez vite qu'il vaut mieux ne s'attendre à rien, mais se préparer à tout.

STOP !

Avez-vous complimenté quatre filles ?
Vous êtes-vous acheté de nouvelles fringues ?
Vous êtes-vous créé un but ?
Avez-vous fait l'exercice de maintien et la mission « Cinéma » ?

Si vous répondez oui à toutes ces questions, vous pouvez passer à la suite.

Mais si vous n'avez fait que lire le livre, sans effectuer les missions, juste pour découvrir les trucs, alors n'allez pas plus loin avant de pouvoir répondre oui aux questions ci-dessus.

Lire ce manuel sans mettre en pratique ses enseignements revient à aller dans une salle de gym pour mater la télé.
Ce n'est pas comme ça que vous progresserez.

JOUR 7

MISSION 1 : Les intros

Première leçon : en drague, il n'y a pas de formule magique.

Si c'était le cas, tous les mecs l'utiliseraient. En revanche, il existe toute une série de phrases à peu près marrantes, mais que personne n'a jamais utilisées pour aborder une fille.

Enfin, il existe un processus bien spécifique permettant d'aboutir à une relation sérieuse ou sexuelle avec une femme.

Processus qui débute par l'intro – sans doute la clé de l'interaction.

Première mission : lisez le briefing du jour avant de passer à la mission n°2.

MISSION 2 : Mise au point

Votre mission consiste à créer une intro originale en vous basant sur le briefing du jour.

Le plus simple est de penser à tout ce qui vous intrigue, vous intéresse ou vous rend curieux. Choisissez un sujet qui saura aussi passionner le plus grand nombre. Vous pouvez aborder un thème sérieux autour d'une relation ou d'une crise spirituelle, ou bien préférer quelque chose de plus léger, axé sur la culture populaire, les voyages, la santé ou les pressions de la société.

Ensuite, au lieu de chercher des infos sur internet, sortez interroger des filles. Exemple : vous ne savez plus qui interprète telle chanson, votre mission sera d'interroger des inconnues jusqu'à obtenir la bonne réponse.

La copine d'un pote a essayé de vous embrasser et vous ne savez pas si vous devez le dire à son mec ? Courez en parler à la première inconnue.

Les questions les plus farfelues font l'affaire du moment qu'elles sont authentiques. Par exemple, l'autre soir, avec un ami, on essayait de se rappeler les noms des océans. Plutôt que de trouver la réponse en huit secondes sur Google, on s'en est servi comme intro le lendemain : « Salut, tu étais forte en géo, au lycée ? Super : alors dis-moi combien il existe de continents. Exact, sept. Combien d'océans ? C'est ça, cinq. Maintenant, est-ce que tu te souviens de leurs noms ? Avec mon copain, là, on cogite depuis ce matin et on bloque à quatre. »

Ridicule, peut-être, mais ça a marché à chaque fois.

En briefing, vous trouverez différentes sortes d'intro mais, pour l'instant, concentrez-vous sur les formules indirectes, sans équivoque sexuelle ou sentimentale. Adoptez une attitude positive par rapport au thème choisi et veillez à éviter les sujets peu reluisants, genre serial killers ou vos démons intérieurs.

MISSION 3 : Test

Mettez-vous en condition optimale (énergie, fringues, allure). Je vous demande aujourd'hui d'aborder trois filles – ou groupes mixtes – et de leur sortir une intro (reprise du briefing ou créée par vous). À vous de choisir l'endroit : rue, café, bar, centre commercial, salle d'attente, etc.

Vous n'êtes pas obligé de poursuivre la conversation, mais rien ne vous en empêche si le courant passe. Quand la discussion s'éteint d'elle-même, éclipsez-vous sur une formule simple de type « Merci. Ravi de t'avoir rencontrée ».

Il n'est pas nécessaire de réussir les trois interactions, du moment que vous *abordez*. Demain, nous ajouterons quelques ingrédients pour plus d'efficacité.

MISSION 4 : Évaluation

Dans les trois paragraphes ci-après, faites le bilan de vos trois approches.

Notez les raisons pour lesquelles, selon vous, ça s'est bien ou mal passé, suivant les circonstances.

Approche n° 1 :

Approche n° 2 :

Approche n° 3 :

Dans cette liste, vous arrive-t-il d'accuser autrui pour le ratage d'une approche (« Elle marchait trop vite », « Elle était coincée », « Pas mon genre », « Elle était avec un grand con ») ? Si oui, rayez cette phrase et remplacez-la par un reproche vous concernant, une erreur que vous avez commise. Puis imaginez une solution, une amélioration à apporter à votre prochaine approche.

JOUR 7 – BRIEFING

LES INTROS – LE GUIDE

« Vous vous appelez comment ? » « Vous faites quoi dans la vie ? » « C'est quoi le dernier film que vous avez vu ? »

Pitié !

Chaque fois qu'un mec parle à une fille qu'il vient de rencontrer, il l'assomme de questions de ce genre. Et vu que la nana répond, le gars se dit qu'il assure.

Alors, je vous le demande : combien de fois la fille a-t-elle déjà répondu à ces questions ?

Vous m'avez compris : des milliers de fois.

Conclusion de l'affaire, neuf fois sur dix, la nana se met à regarder ailleurs. En désespoir de cause, le gars lui demande son numéro. Elle répond poliment, « J'ai un copain » (même si c'est faux !).

Où est le problème ?

Le comique Chris Rock vous dirait que, quoi qu'un homme dise à une femme, celle-ci entend : « Quand est-ce qu'on couche ? »

Si vous bombardez une fille de questions génériques, elle entendra, « Quand est-ce qu'on couche ? » Vous lui offrez un verre ? Elle entend, « Quand est-ce qu'on couche ? » Vous vous présentez, vous trouvez qu'elle a un joli collier, autant lui dire, « Quand est-ce qu'on couche ? »

Le but, dans le Challenge, sera d'engager une conversation avec une fille sans lui dire « Quand est-ce qu'on couche ? »

Le secret ? L'intro indirecte : une technique permettant d'engager la conversation avec une inconnue ou un groupe d'inconnus sans draguer personne ni trahir vos objectifs. Si vous vous y prenez bien, c'est la fille qui se mettra à vous mitrailler de questions génériques.

Je vais à présent vous expliquer comment créer et utiliser ces intros. Demain, nous verrons deux autres techniques pour parfaire votre style.

Les différents types d'intro

Une intro réussie atteint quatre objectifs de base :

- ne menacer personne, ne mettre personne mal à l'aise ;
- attiser la curiosité, enflammer l'imagination de la fille ;
- constituer un tremplin pour une conversation future ;
- mettre en évidence votre personnalité.

Parmi les différents genres d'intro, on recense :

- l'intro directe : exprimer ouvertement ce qu'on recherche ;
- l'intro contextuelle : s'inspirer de l'environnement immédiat ;
- l'intro indirecte : lancer une conversation amusante et spontanée qui n'a pour thème ni votre interlocutrice ni votre environnement.

Les trois peuvent marcher, mais les deux premières tombent dans la catégorie « quand est-ce qu'on couche ? » À n'utiliser que si la fille est déjà intéressée, ou prédisposée à être séduite. Cela dit, même dans ces cas-là, ces intros ne sont pas infaillibles.

En ce qui me concerne, je préfère les intros indirectes. Bien négociées, elles assurent dans 95 % des situations.

En général, ces intros sont scénarisées. Bizarre, peut-être, mais au moins on n'a pas à hésiter ou à chercher ses mots.

Avec un peu de pratique, vous réussirez à engager une interaction en disant la première chose qui vous vient à l'esprit. Mais pour le moment, mieux vaut en rester aux intros indirectes.

Avant l'intro

Le jeu commence avant même que vous ayez ouvert la bouche.

La première approche est capitale, alors ne négligez rien : de votre langage corporel à votre niveau d'énergie, tout compte. Voici quelques points à ne pas oublier en phase d'approche :

- dès que vous fixez, jugez ou matez une fille devant vous, quand bien même elle ne vous voit pas, vous perdez toutes celles derrière vous. Non seulement parce que vous passez pour un pervers frustré, mais aussi parce que vous avez l'air chiant ;

■ tout le monde veut être avec le « roi de la salle ». Or, dans un lieu public, la plupart des groupes ne se connaissent pas les uns les autres. Par conséquent, vous n'avez qu'à leur faire croire que vous êtes populaire. Sitôt entré dans la salle, lancez une conversation animée avec vos potes. Souriez, riez, éclatez-vous, prenez un max de bon temps ensemble ;

■ puis, quand vous repérez une fille que vous souhaitez aborder, lancez-vous. Tout est dans la spontanéité. Si vous tardez trop, la nana risque de remarquer que vous la matez – et de flipper –, ou bien, à trop attendre, c'est vous qui allez flipper et renoncer à l'approche ;

■ au départ de l'approche, abordez la personne ou le groupe de profil. Faites comme si vous vous arrêtiez en chemin, juste pour leur poser une question rapide. Si le groupe ou la personne réagit bien, vous pouvez alors leur faire face ;

■ ne vous mettez pas à la portée de la fille ou du groupe. Si la musique est à fond ou si tout le monde est assis, restez debout et parlez plus fort. Si tout se passe bien, elles vous inviteront à vous asseoir, ou à passer ensemble dans un coin plus tranquille ;

■ arrivez souriant. Forcez-vous, au besoin. Ça mettra tout le monde dans de meilleures conditions. Au niveau du subconscient, vous passez pour un ami et non un ennemi ;

■ montrez-vous au moins aussi pêchu que la fille ou le groupe que vous abordez. En général, on sort pour s'éclater. Donc, si vous contribuez à l'éclate, vous serez le bienvenu. Dans le cas contraire, vous pourrez sortir une intro de folie, jamais ça ne marchera. Pour booster votre énergie, parlez fort, parlez avec les mains, cherchez à entrer en relation avec vos interlocutrices, souriez avec la bouche et les yeux. Attention quand même à ne pas surjouer ;

■ faites en sorte que tout le monde vous entende, vous écoute et participe à la conversation. Si vous perdez ne serait-ce qu'une personne, vous risquez de perdre tout le groupe. Conclusion, si vous sentez qu'une nana se déconnecte, reconnectez-la en vous adressant directement à elle ;

■ n'ayez pas peur d'aborder des groupes comprenant des hommes. Plus ils sont nombreux, plus ils découragent les approches éventuelles. Et vous serez surpris de constater qu'il s'agit rarement des copains ou des maris des filles présentes ;

■ ne snobez pas les mecs du groupe. S'ils sentent que vous ne les respectez pas, ou que vous les ignorez, ils chercheront à vous dégager. Si vous avez l'impression que l'un d'eux croit que vous le draguez, parlez d'une ex ou de votre actrice préférée ;

■ si vous vous attaquez à une fille ou à un groupe de filles qui ont déjà été pas mal draguées, jouez finaud. Abordez un groupe voisin puis, durant l'interaction, intégrez mine de rien la fille qui vous intéresse.

Que dire

Une bonne intro indirecte doit répondre à trois critères : paraître spontanée, être motivée par la curiosité et intéresser le plus grand nombre.

Et les subtilités sont légion. Ne commencez jamais par une question appelant un « oui » ou un « non ». Imaginez, vous demandez « Je peux vous poser une question ? », le groupe répond « Non », vous êtes foutu.

Commencez plutôt par une affirmation : une observation (« Vous m'avez l'air de vous y connaître... ») ou une demande d'aide (« Aidez-moi à régler une petite question » ou « Dites-moi un peu ce que vous pensez de ça... »). Assurez-vous que tout le monde vous écoute et poursuivez.

Ensuite, lorsque vous posez votre question, peu importe que vous obteniez une réponse. Laissez le silence s'installer : si personne ne le rompt, continuez votre baratin.

N'attaquez jamais une intro en disant « Je suis désolé », « Excusez-moi » ou « Sans vous déranger ». La politesse est une chose, mais passer pour un coincé ou un pot de colle en est une autre. Or les filles sont attirées par le statut social, et un homme de haut statut social ne s'excuse jamais d'être là.

La meilleure intro indirecte que j'aie conçue consiste à demander conseil à un groupe sur un détail perso. En manœuvrant bien, vous pouvez générer des réponses enthousiastes pendant une dizaine de minutes – au cours desquelles vous mettrez en valeur votre sens de l'humour et votre personnalité.

Petit exemple à l'attention des débutants : l'intro de la copine jalouse. Bonus gratuit, cette intro vous permet de voir si la fille que vous voulez draguer est jalouse.

Ci-dessous, le compte rendu fidèle d'une mise en pratique. Au départ, je l'ai créée pour les bars et les boîtes, mais si vous vous retrouvez seul, expliquez que vous venez de parler à un pote au téléphone.

VOUS : Salut, j'ai besoin de votre avis. Mon pote, là-bas, a un problème avec sa copine et vu qu'on est entre mecs, on est mal placés pour l'aider.

ELLES : C'est quoi, le problème ?

VOUS : Il y a deux parties. Imaginez : vous sortez avec un type depuis trois mois et il vous demande de ne plus revoir un de vos copains. Comment vous réagissez ? Le copain en question, c'est juste un pote, hein, aucun risque derrière.

ELLES : Je crois que je casserais avec le mec.

VOUS : Ok. Suite du problème : imaginez que le copain en question soit un ex. Ça change la donne ?

ELLES : Ça dépend des mecs. Je suis restée copine avec certains, pas tous.

VOUS : Ça se tient. Je vous demande tout ça parce que mon pote, là, a une copine depuis trois mois et elle veut qu'il coupe les ponts avec une ex. Cette fille, ça fait des années qu'ils ne sont plus ensemble, mais ils sont restés en bons termes. Le souci, c'est que s'il arrête de la voir, il ne va plus supporter sa copine, et que, s'il la voit toujours, c'est sa copine qui ne va plus le supporter.

ELLES : Ouais, j'ai connu ça, et justement...

Si vous vous adressez à un groupe, posez bien la question à tous les membres – mecs compris. N'en excluez aucun : ils pourraient le prendre mal et persuader le groupe de vous rejeter.

Dernier point : quand vous récitez une intro, n'oubliez jamais que c'est moins le texte qui compte que votre attitude. L'intro ne sert qu'à briser la glace et obtenir l'attention du groupe. Elle ne contient pas de formule magique. Son seul but est de vous faire parler assez longtemps pour exprimer votre personnalité.

Après l'intro

Une intro réussie débouche normalement sur d'autres questions et sujets de conversation.

En général, on vous demandera votre avis sur le dilemme que vous avez soulevé. Prévoyez d'en avoir un. Si vous êtes d'un naturel sarcastique ou négatif, vous risquez de tisser un lien avec certaines filles, mais vous aurez du mal à les séduire. Je l'ai appris à mes dépens : j'étais comme ça avant de comprendre qu'il est plus efficace de se montrer positif.

D'où l'intérêt d'aller puiser vos intros dans votre vécu. Si l'intro parle d'un copain de fac, soyez sûr de savoir de quelle fac il s'agit. Si elle parle d'un étranger, sachez de quel pays. Déterminez à l'avance l'âge, la profession, les rapports et autres détails de la vie des personnes dont vous parlez. Si vous menez bien votre barque, la fille va vous poser des questions. Mieux vaut savoir y répondre.

N'en faites pas trop non plus. Dans le feu de l'action, il vous viendra quantité de reparties marrantes, d'autres idées de conversations et de détails imparables. Exemple : l'intro de la copine jalouse donne lieu à une avalanche de réponses contrastées, et vous, un petit sourire aux lèvres, vous leur sortez : « On voit tout de suite pourquoi vous êtes copines ! »

Attention à ne pas lessiver une intro. C'est le gros défaut des débutants. Dès que l'énergie retombe, ou lorsque vous commencez à ramer pour entretenir la conversation, l'intro est finie. Passez à autre chose.

Nous verrons précisément comment faire plus tard, mais pour l'instant, dites-vous que si vous cherchez à entretenir une conversation qui se tasse, c'est comme si vous demandiez « Quand est-ce qu'on couche ? »

Le grand piège

Quoi qu'il arrive, votre interlocutrice ne doit pas vous démasquer.

Dès qu'elle vous surprend à vouloir l'impressionner, obtenir son approbation, la captiver, ou faire de trop gros efforts, en général, c'est fichu. Grand paradoxe de la drague, il faut pas mal d'efforts pour avoir l'air naturel.

À l'avenir, certaines techniques présentées dans ce livre risquent d'être éventées, mais les principes qui les régissent n'en demeurent pas moins valides pour autant. Sur www.stylelife.com/challenge, mes coachs et vos camarades de jeu vous proposent de nouvelles intros, testées et approuvées.

Plus vous gagnerez en confiance, moins vous aurez besoin d'intros scénarisées. Vous finirez même par jouer au concours de l'intro la plus tarte. Et pour peu que vous sachiez la présenter avec énergie et empathie, vous constaterez qu'elle a de grandes chances de fonctionner.

Derniers détails

Demain, nous verrons deux moyens d'éliminer les derniers risques en matière d'intro.

En attendant, dites-vous bien que tout ce qui se passe pendant l'intro vous aidera à progresser. Un rejet ne vise pas votre personnalité mais votre technique.

Si une fille vous dit, sans que vous lui ayez posé la question, qu'elle a un mec, c'est qu'elle croit que vous la draguez. Si elle s'excuse pour aller aux toilettes, c'est que vous la mettez mal à l'aise. Profitez de ces réactions pour peaufiner vos techniques. Par exemple, si la fille vous reproche de lui sortir un speech de dragueur, répondez-lui : « Tu as cru que je te draguais ? Marrant. Par contre, t'aurais du mal, avec moi ! »

Quoi qu'il arrive, n'oubliez pas la règle numéro un : vous devez aborder.

Si vous n'abordez personne, vous ne saurez jamais si telle inconnue aurait pu devenir une copine, un flirt, une amie ou une future collègue. La quasi-totalité de mes étudiants se reprochent de ne pas avoir abordé une fille. Mais aucun, ou presque, ne se mord les doigts d'avoir tenté une approche – quel qu'en ait été le résultat.

Vous souffrirez toujours plus en n'osant pas.

JOUR 8

MISSION 1 : On peaufine les intros

Vous avez testé vos premières intros ? Bien joué ! Après, la conversation qui a suivi, c'est autre chose. Vous avez eu l'impression de saouler vos interlocutrices ? Elles ne savaient pas sur quel pied danser ? Elles vous ont demandé si vous faisiez un sondage ? Rassurez-vous : vous ne vous êtes pas forcément planté. Vous êtes juste mûr pour la prochaine mission.

Aujourd'hui, nous allons étudier deux composantes essentielles d'une bonne intro. Quand vous les maîtriserez, vos approches gagneront en efficacité et les filles réagiront autrement.

Commencez donc par lire le briefing du jour.

MISSION 2 : Application

Abordez trois filles – ou groupes mixtes – avec la même intro qu'hier.

Cette fois-ci, ajoutez un élément de contexte et une contrainte horaire.

MISSION 3 : Évaluation

Une fois rentré chez vous, comparez les réponses du jour avec celles de la veille. Notez trois différences ci-dessous :

Si vous avez utilisé une intro de votre cru qui n'a pas fonctionné à fond, pensez à tester un des scénarios proposés dans ce livre (la copine jalouse ou les cinq océans). Autre solution : corrigez votre intro.

Si vous doutez de l'efficacité de votre intro, postez-la sur le forum de www.stylelife.com : vos camarades de jeu vous aideront à l'évaluer, voire à la perfectionner.

JOUR 8 – BRIEFING

LES DEUX CLÉS

Lorsqu'on aborde un groupe d'inconnus, ils se demandent en général : « Qu'est-ce qu'il me veut ? » ou « Il s'en va quand ? »

Une bonne stratégie consiste à désamorcer ces objections avant même qu'elles ne surgissent. Si vous y parvenez dans les deux premières minutes de l'intro, vous obtiendrez de meilleurs retours.

Contexte

Une fille qui ne voit pas pourquoi vous venez lui parler va se poser des questions jusqu'à découvrir ou imaginer vos raisons. Voilà pourquoi, quand vous testez l'intro d'opinion pour la première fois, on vous demande si c'est pour un sondage.

Pour anticiper la question « Qu'est-ce qu'il me veut ? », vous devez contextualiser votre intro.

Imaginez que vous basiez votre intro sur un événement qui vient de vous arriver et qui exige une réponse rapide.

Contextualisez la chose en expliquant, à un moment donné, le pourquoi de votre intervention : « Je vous pose la question parce que... »

Dans le cas de la copine jalouse, vous demandez leur avis aux filles parce que votre pote vient d'emménager avec sa copine et qu'elle refuse qu'il reste en relation avec une de ses amies. Vous cherchiez à lui faire voir plus clair, il n'accrochait pas, vous aviez besoin de soutien.

La contextualisation n'a pas à être très élaborée. Exemple : « Avec mon pote, on se pose une question et on voudrait savoir ce qu'en pensent les femmes ». Si vous êtes tout seul, précisez que vous venez d'avoir votre pote au téléphone. N'oubliez pas que le seul but de la contextualisation est d'expliquer à la fille ou au groupe la raison de votre présence et ce qui vous pousse à leur adresser la parole

Contrainte horaire

Les dragueurs débutants cherchent, le plus souvent, à entretenir la conversation jusqu'à ce que la fille les rejette ou accepte de coucher. Du coup, les nanas ont développé tout un attirail leur permettant de se débarrasser des pots de colle.

Conséquence : à partir d'aujourd'hui, vous vous démarquez de ces mecs. À moins que votre cible ne soit attirée par vous, dès que vous l'abordez elle se demande comment vous jeter. Elle peut prétexter un besoin urgent, prétendre être lesbienne, s'inventer un petit ami ou simplement dire qu'elle discute avec ses copines.

Pour anticiper la question « Il s'en va quand ? », on utilise une contrainte horaire.

Par ce procédé, vous annoncez de façon explicite à la fille ou au groupe que vous n'allez pas vous incruster. Et ce, dès la première minute de l'approche, avant même que le groupe ait pu se demander quand votre speech va se terminer. Donc, faites précéder l'intro d'un « Je retourne avec mes potes dans deux secondes mais dites-moi en vitesse... » Ou bien, en pleine intro, précisez « En fait, là, on sort entre mecs, je devrais même pas vous adresser la parole ».

La contrainte horaire peut aussi s'exprimer physiquement : restez en retrait, balancez-vous sur vos talons, reculez de quelques pas tout en parlant – tout ce qui laisse penser que vous êtes pressé, que vous avez autre chose à faire.

Les meilleures contraintes horaires allient éléments directs (verbaux) et indirects (physiques).

Dans ce cas, la fille ou le groupe ne se demandent plus ce que vous leur voulez, ni comment vous éjecter. Elles se détendent et vous écoutent.

Oui mais... Si vous leur dites que vous ne restez que deux minutes, comment faire pour poursuivre la conversation une fois l'intro épuisée ?

Bonne question !

L'étape suivante, c'est le « point d'accroche ». Cet instant où, du statut d'inconnu venu les importuner, vous accédez à celui de mec fascinant qu'elles ne veulent plus laisser filer. Vous, à ce moment-là, vous acceptez à contrecœur de leur offrir un peu de votre temps si précieux.

Cette semaine, le Challenge va vous apprendre à devenir un cador de ce calibre.

JOUR 9

MISSION 1 : Perfectionnement

Cette semaine, on passe la surmultipliée. Il est donc capital que vous maîtrisiez bien tout ce que nous avons vu jusqu'ici.

Première mission : reprendre les missions précédentes et vous demander :

- En ai-je zappé ?
- En ai-je tronqué ?
- En ai-je plus ou moins foiré ?
- Aimerais-je en retenter ?
- Me suis-je relâché niveau maintien, voix, fringues ou objectifs de vie ?

Profitez de l'occasion pour travailler tous vos points faibles.

MISSION 2 : Abordez des groupes mixtes

Si vous n'avez abordé que des filles ou des groupes féminins durant le Challenge, l'heure est venue de passer aux groupes mixtes.

Votre mission : aborder deux groupes mixtes de minimum trois personnes.

Ne vous laissez pas impressionner : en général, c'est plus simple qu'il n'y paraît. Plus les gens ont l'air intimidant, moins ils ont été abordés.

Et ne perdez pas de vue que pour réussir votre approche, il faut toujours intégrer les mecs à la conversation. Qu'ils se sentent respectés. Qu'ils comprennent que vous ne draguez pas leurs copines. Pas encore.

MISSION 3 : Intervention

Statistiquement, le neuvième jour d'un programme d'amélioration personnelle est celui où la plupart des participants jettent l'éponge. Ne me faites pas ça ! Lisez plutôt le briefing du jour, pour apprendre à apprendre.

JOUR 9 – BRIEFING

LES QUATORZE LOIS DE L'ÉTUDIANT

Quand je me suis lancé dans la drague, j'ai reçu un e-mail de Chad, en première année de fac. Il fréquentait la communauté depuis six mois et maîtrisait déjà les concepts de base. Ce qui ne l'empêchait pas d'être encore puceau.

Il avait pourtant tout du beau gosse : carrure d'athlète, mâchoire carrée, cheveux noirs soyeux. Mais un an plus tard, alors que je m'éclatais comme une bête, Chad, lui, n'avait toujours pas franchi le pas. Malgré tous ses efforts. On s'est donc retrouvés un soir, lui et moi, pour tenter d'analyser ses méthodes. Conclusion : tout venait de nos approches, radicalement différentes, de l'apprentissage.

Du coup, j'ai décidé de mettre au point les quatorze lois de l'étudiant. Quatorze lois qui s'appliquent non seulement à la drague, mais aussi aux études, au boulot et aux loisirs. Elles vous feront passer du rang de besogneux frustré à celui d'étudiant doué.

1. Apprenez et appliquez progressivement. À trop vouloir préparer, anticiper toute éventualité, peaufiner les moindres détails et ingérer toutes les infos disponibles, on s'épuise, on s'épuise et, au final, on ne fait que remettre l'essentiel au lendemain. En matière de séduction, mieux vaut franchir les étapes une à une. N'apprenez que le nécessaire pour passer au niveau supérieur. Si vous bloquez sur les approches, travaillez les intros. Une fois les intros maîtrisées, voyez comment poursuivre la conversation. Inutile de vous initier aux techniques sexuelles de pointe. La chose viendra en son temps, si vous progressez en fonction de vos besoins.

2. Elle ne vous rejette pas, elle critique. Pas mal de gens se découragent au premier revers, au premier rejet. Ils prennent cet échec trop à cœur et voient là une critique de leur personnalité alors qu'il s'agit d'une critique de leurs actes. Toute approche qui se passe mal vous offre l'occasion de comprendre ce qui, dans vos faits et gestes, a provoqué cette réaction négative. Si vous savez apprendre de vos erreurs, alors l'échec devient littéralement impossible car chaque rejet vous rapproche de la perfection.

3. Ce n'est jamais de sa faute. À qui faites-vous porter le chapeau quand une approche tourne mal ? Si vous estimez que la situation était injouable, les mecs des connards ou la fille une pétasse, vous faites fausse route. C'est toujours vous le coupable. Et c'est tant mieux : ça signifie que vous avez les choses en main. Conclusion : n'accusez jamais vos interlocuteurs/-trices ou la situation. Au contraire, faites votre autocritique et acceptez les critiques *sans le prendre pour vous*. Vous pourrez alors vous demander si le résultat de l'approche était inéluctable ou si vous auriez pu l'influencer en agissant différemment.

4. Soyez un étudiant actif. On ne devient pas footballeur en regardant des DVD de foot ni en s'inscrivant à des newsletters. De même, on ne devient pas un Virtuose de la Drague sans se frotter à la réalité. Assister à un séminaire ou visionner un DVD est à la portée de tout le monde. Mais seuls ceux qui mettent leurs enseignements en pratique deviendront un jour des V2D.

5. Soyez positif. L'un des plus grands obstacles que rencontrent les mecs qui veulent aborder des filles, c'est lorsqu'ils se mettent à ressasser des scénarios de fiasco dans leur tête. En général, ils s'en servent d'excuse pour ne pas tenter une nouvelle technique. Moi, je vous conseille plutôt de sortir aborder des filles, et si jamais un de ces scénarios catastrophe se réalise dans la vraie vie, alors tâchez d'identifier vos erreurs.

6. **Auto-analyse.** La programmation neuro-linguistique (PNL) distingue quatre modes de fonctionnement de l'esprit. À vous de voir où vous vous situez.

- *Incompétence inconsciente* : commettre des erreurs sans même savoir qu'on les commet.
- *Incompétence consciente* : commettre des erreurs, en avoir conscience, mais ne pas encore savoir résoudre le problème.
- *Compétence consciente* : connaître la marche à suivre et la suivre en se concentrant.
- *Compétence inconsciente* : suivre la bonne marche sans avoir à y penser, ni à s'efforcer de l'apprendre.

7. **Préparez-vous à souffrir.** La drague, c'est pas de la tarte. Vous allez devoir regarder en face à peu près tout ce qui vous définit : émotions, actions, croyances. Il vous arrivera de trembler à l'idée d'aborder certaine fille, de tester une nouvelle technique ou de modifier un de vos comportements. Rappelez-vous alors que ce qui distingue un amateur d'un champion, c'est sa détermination à surmonter cette peur. À l'époque où il soulevait de la fonte, Arnold Schwarzenegger disait : « Si vous arrivez à passer la période de douleur, vous devenez un champion. Sinon, autant laisser tomber. En général, c'est ça qui manque aux gens : le courage de se lancer en disant... "Advienne que pourra". »

8. **Vos proches ne comptent pas.** Tous vos potes et tous les membres de votre famille ne comprendront pas forcément ce que vous cherchez à accomplir. Tous n'aimeront pas le nouveau Vous. Vos efforts les feront peut-être rigoler. Ok. J'ai connu ça. Oprah Winfrey aussi : quand elle a perdu du poids, elle a aussi perdu des amis. Les premiers temps, elle n'en revenait pas. Et puis elle a compris qu'en la voyant si ronde, ses pseudo amis se sentaient mieux dans leur corps. Conclusion : vos amis n'apprécieront pas nécessairement vos premiers succès, vos premières aventures, car vous

menacerez leur propre indulgence par rapport à leurs échecs. C'est leur problème. Pas le vôtre.

9. N'hésitez pas à tester de nouvelles idées, même farfelues. Avant de me lancer dans la séduction, je me considérais comme quelqu'un d'intelligent, qui savait réussir. Et pourtant, la logique qui m'avait conduit où j'en étais ne m'avançait à rien avec les filles. Pour que ça change, j'ai dû m'essayer à de nouveaux comportements, quand bien même ils me semblaient illogiques. J'ai prononcé des paroles dont je croyais qu'elles feraient fuir les filles (mais qui les ont séduites). J'ai porté des habits pas possibles, qui risquaient, selon moi, de me faire passer pou un clown (et qui n'ont fait qu'inciter les filles à m'accoster). C'est là que j'ai compris que la première logique consiste à tester une hypothèse avant de la rejeter.

10. Quand une technique fonctionne, cherchez le pourquoi et le comment. Certains mecs se débrouillent comme des chefs rien qu'en suivant mes instructions et en répétant mes thèmes. Mais pour devenir une superstar, il faut savoir *analyser* les thèmes efficaces. En matière de drague, la seule règle est la suivante : il n'y a pas de règles, seulement des conseils. Quand vous aurez compris les principes qui régissent chaque idée, vous saurez à quel moment vous éloigner du conseil pour trouver votre voie.

11. Vous ne savez plus quoi faire? Surtout ne fuyez pas! Si vous vous retrouvez à court de techniques face à une inconnue, la fuite ne vous apprendra rien. Mieux vaut poursuivre la conversation cinq, dix, voire quinze minutes – quitte à lui offrir un verre ou à lui poser des questions bateau. Ça vous servira toujours pour la fois suivante.

12. Fréquentez des «pros». Oui, un mentor vous aidera à progresser, même s'il n'est pas le roi de la drague. Il suffit qu'il se débrouille un peu mieux que vous. Vous ne trouvez personne qui fasse l'affaire ? Très bien, alors ce soir, au lieu de sortir aborder des filles, vous allez chercher à vous lier avec un bon dragueur.

13. Ne bossez pas pour rien. Quand ils apprennent un nouveau mode d'action, la plupart des gens commencent par avoir de moins bons résultats avant de s'améliorer. Normal. En revanche, vous n'imaginez pas le nombre de personnes qui s'acharnent, une fois cette période de transition passée, alors que leurs résultats stagnent. Veillez toujours à ce que vos résultats progressent avec vos compétences. Si ce n'est pas le cas, faites une pause, reprenez les leçons, penchez-vous sur vos applications et mettez-vous en danger.

14. Finissez ce que vous commencez. Nous pouvons tous, ou presque, accomplir tout ce qu'il est possible d'accomplir. Et pourtant, nous ne réalisons pas tous nos rêves, soit que nous abandonnions trop tôt (mais toujours avec une prétendue excellente raison de le faire), soit que nous changions de stratégie face à un obstacle. Sur vingt lecteurs de ce livre, j'estime qu'environ dix-neuf ne vont pas suivre le programme jusqu'à son terme. Je vous interdis de faire partie de ces dix-neuf-là. Songez-y : rien qu'en vous accrochant, vous entrez dans le top 5 de mes lecteurs !

JOUR 10

MISSION 1 : Qui perd gagne

Le but de la leçon du jour, c'est de vous faire jeter. Oui, oui. Oubliez tout ce que vous savez sur la drague, car vous allez devoir aborder des filles et leur dire que vous ne voulez pas sortir avec elles.

C'est le premier gros morceau du programme, mais il a énormément à vous offrir. Pour en savoir plus, lisez le briefing.

MISSION 2 : Faites-vous désirer

Mission du jour : effectuer trois approches en utilisant une des intros que vous avez apprises ou créées.

Durant la première, intégrez un tue-la-drague présenté en briefing.

Durant la deuxième, essayez-en un autre.

Après coup, prenez le temps d'en concevoir un troisième et notez-le ci-dessous :

____

____

____

À la troisième approche, insérez votre tue-la-drague.

JOUR 10 – BRIEFING

LE POUVOIR DU « NON »

Tenir, c'est bien beau ; mais courir...
ELIZABETH TAYLOR

Récemment, j'ai été invité à une soirée dans le Colorado avec six potes. Trois d'entre eux ont passé la nuit avec une fille, les trois autres non. Le lendemain, après en avoir discuté, on a compris ce qui avait fait la différence.

Les trois mecs qui sont rentrés seuls avaient l'air trop disponibles. Les trois tombeurs se sont tous fait désirer : ils n'avaient pas peur de laisser en plan une nana, d'aller aborder d'autres personnes, de lui donner l'impression que, si elle ne se bougeait pas, elle l'aurait dans l'os. Ces gars-là connaissaient un des principes de base de la nature humaine : plus on a du mal à obtenir une chose, plus on y attache de la valeur.

D'où la leçon du jour : dans chaque interaction, soyez celui qui donne l'approbation, pas celui qui la recherche.

Le meilleur moyen d'y parvenir, c'est de disqualifier la fille : lui faire comprendre, au début de l'interaction, qu'elle ne vous intéresse pas. C'est vous qui lui courez après mais là, en la disqualifiant, vous inversez les rôles et c'est elle qui va vous courir après. Exemple : dire à une blonde que, pour une raison ou pour une autre, vous n'êtes jamais sorti qu'avec des brunes revient à l'éliminer de la liste de vos copines potentielles.

Ça vous paraît loufoque ? Pourtant, n'oubliez pas que les jolies filles se font accoster sans arrêt. Elles se disent que la quasi-totalité des mecs veulent coucher avec elles. Du coup, si vous vous extirpez de la masse avec assurance, vous ressortez du lot – n'oubliez pas que les gens veulent ce qu'ils ne peuvent pas avoir.

Autre avantage du tue-la-drague, en disqualifiant une nana dans un groupe on peut marquer des points auprès de ses copines.

Celles-là même qui en ont marre de voir la miss se faire draguer non-stop.

Dernier point, le tue-la-drague permet d'établir la confiance, puisque vous faites comprendre à la fille que vous n'êtes pas intéressé que par ses fesses. En repoussant les choses sérieuses, vous lui donnez l'occasion de vous séduire par son charme, sa personnalité et son intelligence.

Le tue-la-drague n'est pas une étape obligatoire. Parfois, le courant passe bien, le mec et la fille sont attirés l'un par l'autre. Ou bien, si vous abordez une nana franchement pas sûre de son pouvoir de séduction, évitez de la titiller – elle passe déjà son temps à s'auto-disqualifier.

Une fois familiarisé avec les tue-la-drague, vous comprendrez qu'il ne s'agit pas d'un concept illogique ou tiré par les cheveux, mais bien de la base du flirt.

La plupart du temps, ils fonctionnent sur le mode du badinage. Certains servent à faire comprendre que vous ne sortez ni ne couchez pas avec la première venue. Bannissez toute forme d'hostilité, de critique, de jugement ou de condescendance. À vouloir jouer, on finit vite par blesser. Or le tue-la-drague exclut l'insulte et la méchanceté. Prononcez-les avec un sourire aux lèvres et une voix enjouée, comme si vous chahutiez gentiment votre petite sœur.

Tests

Les filles testent les mecs – pour sélectionner le meilleur partenaire ; parce qu'elles ont souffert et ne veulent pas refaire les mêmes erreurs ; parce qu'elles veulent être sûres que vous possédez bien les qualités qui les attirent. Dans toute interaction avec une nana, qu'elles en aient conscience ou non, elles vous mettent à l'épreuve pour voir vos réactions.

Cela va du simple flirt (dire au mec qu'il est trop jeune ou trop vieux pour elle) à des questions plus sérieuses (lui demander pourquoi son ex et lui ont cassé). La plupart du temps, le gars répond comme si sa vie en dépendait, dans l'espoir de marquer des points. Jamais il ne se rend compte qu'il en perd, rien qu'en se soumettant au test.

Quand c'est le mec qui teste, il renverse la situation. Il est donc essentiel de savoir ce que vous recherchez.

Prenez votre temps : imaginez la femme idéale. Notez ensuite cinq qualités qu'elle devra posséder (personnalité, beauté, éducation, valeurs, centres d'intérêt, expériences, etc.) :

1. ______________________________
2. ______________________________
3. ______________________________
4. ______________________________
5. ______________________________

Notez à présent cinq tue-l'amour : des défauts qui vous feraient fuir (manipulatrice, narcissique, fumeuse, alcoolo, toxico, jalouse, ravagée par ses ex, etc.) :

1. ______________________________
2. ______________________________
3. ______________________________
4. ______________________________
5. ______________________________

Attention : ce n'est qu'un exercice. Une fois sur le terrain, surtout restez ouvert à l'inattendu. À vouloir attendre la fille qui correspondra à tous vos désirs, vous risquez de passer à côté d'un vrai cœur.

Cela dit, cette liste peut vous inspirer, niveau tue-la-drague. Exemple de base : vous lui demandez quels sont ses films préférés, elle répond et vous lui sortez, « Sérieux ? Bon, ben je crois que je vais te laisser, alors. »

Si vous recherchez une fana d'aventure, demandez-lui : « C'est quoi le truc le plus dingue que tu aies fait dans ta vie ? » Quand elle répond, répliquez : « Impressionnant. Ma mémé va t'adorer. »

Les thèmes sont légion : son parfum de glace préféré, ses talents de danseuse, son absence de palmarès olympique (vous ne sortez qu'avec des médaillées d'or).

Le but du jeu n'est en aucun cas de déprimer la fille, mais plutôt de vous démarquer par rapport à tous ces mecs qui cherchent juste à tirer un coup.

Push-pull

Le contraire de la disqualification, c'est l'approbation. Quand on les combine, on décuple leurs pouvoirs. On parle alors de push-pull.

Si la fille fait ou dit quelque chose de bien, approuvez-la (« J'aime ton attitude ») ; si elle prononce des paroles ambiguës, titillez-la (« Rappelle-moi de ne jamais sortir avec toi »).

Alterner les deux techniques – punition/récompense, approbation/reproche, etc. – permet de prendre en main l'interaction et d'augmenter votre potentiel de séduction.

Comme tous les aspects du jeu, le push-pull doit être manié avec humour. Par exemple, en ayant recours au système des points : donnez-lui des points quand elle se comporte bien et retirez-en-lui quand elle agit mal. Pour pimentez le tout, promettez-lui une récompense à certain score (à 40 points, elle peut tâter vos biceps, à 80 vous lui donnez les quatre premiers chiffres de votre numéro).

L'une des variantes les plus fun consiste à inventer une relation prématurée. Dites à la fille, en rigolant, que vous faites d'elle votre copine – mais seulement le vendredi – ou que vous allez l'épouser sur-le-champ. Quelques minutes plus tard, faites semblant de prendre la mouche à une de ses répliques et annoncez-lui qu'il y a du changement : elle n'est plus que votre copine du mardi, ou vous demandez le divorce et lui laissez le chat.

10 nouveaux tue-la-drague

Il existe des milliards de tue-la-drague. Voici quelques pistes à étudier pour votre mission du jour.

N'oubliez pas : prononcez-les en souriant et vous serez le roi du flirt ; prononcez-les sérieusement et vous passerez pour un con.

■ *Donnez-lui sa liberté.* Souvent, le meilleur moyen d'attirer quelqu'un est de le repousser. Dites à la fille que sa mère ne voudrait pas de vous comme gendre. Ou bien : « Une brave fille comme toi, tu ferais mieux d'aller parler à un brave mec. » Vous passerez ainsi pour un gars à la fois dangereux et cool, et vous donnerez envie à la fille de se mettre au diapason.

■ *Jouez-la commercial*. Faites comme si le simple fait de vous parler ou de vous toucher était un privilège. Elle vous prend par la main ? Retirez-la et, grand sourire aux lèvres : « Si tu touches, tu paies. C'est 50 €. »

■ *La carte de l'amitié*. Les filles en jouent plus souvent que les mecs. Essayez le mode flirt (« Tu es un peu la petite sœur que je n'ai jamais eue ») ou le mode sérieux (« Ça doit être génial de t'avoir comme amie »).

■ *Devenez son fan n°1*. Exagérez ses qualités à mort. Attention, toutefois, si vous prenez un air supérieur, vous obtiendrez l'effet inverse.

■ *Inversez les rôles*. Toujours sur le ton de la blague, accusez-la de vous faire tout ce qu'elle déteste qu'un type lui fasse (« Range tes tirades de dragueuse », « Me traite pas comme un bout de viande », « Tu me fais boire parce que tu sais que je couche pas le premier soir ? »). Plus ça sonne faux, plus c'est efficace.

■ *Devenez son patron*. Pour rire, offrez-lui de l'engager comme assistante, webmaster, un poste qu'elle n'a jamais occupé. Deux minutes plus tard, forcément, vous la virez.

■ *Snobez-la*. Servez-lui toutes les répliques que vous avez entendues, ado : « Ça craint », « Carrément pas », « Mouais, tu parles ».

■ *Dominez-la*. Jouez le prof, la figure paternelle : « Ça va mal aller », « Attention, je vais me fâcher », « Si tu continues, c'est deux heures de colle ».

■ *Faites jouer la concurrence*. Menacez-la d'aller retrouver vos potes, d'engager la conversation avec la serveuse ou « une nana plus intéressante ».

■ *Lancez-lui un défi*. Dites juste qu'elle n'est sans doute pas assez cool, aventureuse ou mature pour vous.

On pourrait continuer pendant des heures. Il n'y a qu'à retourner à peu près n'importe quelle formule de dragueur. Ou à lui renvoyer à peu près tout ce qu'elle peut balancer à un dragueur.

Aussi simple que ça.

Récapitulatif

Si vous avez du mal à sortir des tue-la-drague, c'est moins par incompétence que par timidité : cette technique va à l'encontre de tout ce qu'on vous a appris à dire en présence de femmes.

En fait, tout est dans le ton. À moins de tester la nana pour voir si elle correspond à vos critères, efforcez-vous de rester sur un mode badin. Si vous prenez un air sérieux ou choqué pour l'accuser de vous draguer ou de ne pas être assez cool pour vous, vous passerez pour un cinglé.

L'idée, c'est d'élever votre statut au niveau du sien, voire au-dessus. Sauf que, si elle estime à la base que vous la dépassez déjà, alors vous allez passer pour un gros arrogant plutôt que pour un flirteur sympa. À vous d'évaluer la situation pour bien affiner vos répliques.

Enfin, si la nana vous rembarre, pas de panique. Au contraire, ça prouve qu'elle flirte aussi. Ayez juste la réplique qui tue. Dans le cas contraire : petit sourire, hochement de tête, et dites « Respect », comme pour lui donner un bon point.

JOUR 11

MISSION 1 : Peaufinez votre identité

Aujourd'hui, on se concentre sur la clé de voûte du programme : vous.

Pour peu que l'approche se passe bien, vous allez devoir dire, à un moment ou à un autre, ce que vous faites dans la vie. Si vous êtes à l'aise avec les tue-la-drague, vous commencerez sûrement par répondre un truc du style « T'es de la police ? » avant de préciser que vous êtes lanceur de boomerang professionnel. Si la fille insiste, répondez honnêtement ou elle croira que vous cachez quelque chose.

Cette question du boulot est souvent mal gérée par la plupart des dragueurs. Un de mes étudiants répondait qu'il était ingénieur. Super boulot, ok, mais chiant dans le contexte.

Du coup, je demande à mon étudiant sur quoi il travaille. Et là il m'explique qu'il suit un cours sur la technologie des téléphones portables. On a donc reformulé sa réponse : « Je dessine le portable du futur. »

Même job, autre allure.

En briefing, je vous propose de peaufiner votre identité afin de présenter votre activité sous un aspect plus séduisant. La mission consiste à exprimer votre personnalité sans en faire des tonnes.

MISSION 2 : Après l'approche

Abordez des groupes mixtes de minimum trois personnes. Utilisez une intro mêlant contrainte horaire et contextualisation.

L'intro épuisée, poursuivez la conversation en suivant le processus ci-dessous :

1. dites que vous allez y aller, mais ne vous éloignez que d'un pas ;

2. demandez au groupe : « Vous vous êtes rencontrés comment ? » ;

3. gardez une question ou un commentaire sous le coude. Rien de forcément compliqué ou futé. Exemples : ils disent être collègues de bureau, demandez-leur où ils travaillent. Ils disent être parents, répondez « Ça se tient. Et c'est qui le mouton noir ? » ;

4. vous pouvez à présent leur sortir un « Sympa de vous avoir rencontrés » ;

5. variante : si le courant passe, surfez sur la vague. On vous demande ce que vous faites dans la vie ? Testez votre nouvelle formulation d'identité.

La mission est accomplie quand vous avez enchaîné les étapes 1 à 3 avec trois groupes différents.

MISSION 3 : Travaillez de l'intérieur

Qui sait vraiment ce qui se passe sous son crâne ? Nous ne comprenons rien à nos émotions, nos passions, nos frustrations, nos besoins, nos modes de pensée ni aux raisons qui nous poussent parfois à agir différemment. Et les rares fois où nous les comprenons, nous avons toutes les peines du monde à les modifier.

L'un des meilleurs ouvrages sur la question est *Mastering Your Hidden Self: A Guide to the Huna Way*, de Serge Kahili King, un ancien Marine. Je vous en recommande la lecture.

Mais pour aujourd'hui, plongez-vous plutôt dans le briefing n° 11. Thomas Scott McKenzie vous y a concocté un résumé de l'œuvre. La lecture terminée, vous ne devriez plus être le même.

JOUR 11 – BRIEFING

ATELIER « IDENTITÉ »

1. Quel est votre métier, quels sont vos hobbies, quelles études faites-vous ? Répondez honnêtement, sans penser à ce que les filles aimeraient entendre.

2. Laquelle des activités notées ci-dessus vous définit-elle le mieux ?

3. Quels sont les aspects les plus intéressants ou originaux de ces activités ? Notez en marge une passerelle entre ces aspects et votre interlocutrice.

4. Mettez-vous dans la peau d'un recruteur. En vous basant sur le modèle ci-dessous, rédigez une petite annonce à l'attention de personnes étrangères au domaine d'activité en question. Mettez-le en valeur.

Devenez ______________________

DOMAINE D'ACTIVITÉ

et vous pourrez ______________________

SLOGAN

Exemples : devenez ingénieur, vous dessinerez le portable du futur ; devenez guitariste, et partez en tournée mondiale ; devenez webmaster, vous travaillerez l'image des plus grandes firmes internationales.

5. Relisez votre slogan. Supprimez tout ce qui est ouvertement aguicheur. Veillez bien à utiliser des verbes actifs et dynamiques. Réécrivez votre slogan de façon plus concise, plus factuelle et plus efficace.

Exemple : « travailler l'image des plus grandes firmes internationales » peut devenir « réinventer l'image des 500 plus grandes firmes ».

____

____

6. Réécrivez les réponses précédentes en utilisant le pronom « je ».

Exemples : je réinvente l'image des 500 plus grandes firmes ; je dessine le portable du futur.

____

____

7. Désormais, vous dévoilerez votre identité comme ça. Répétez ce slogan jusqu'à être parfaitement à l'aise. S'il vous semble barbant ou inexact, reformulez-le ou reprenez cet exercice du point 3.

Subtilité

En matière de drague, la plupart des conseils sont basés sur la façon dont sont perçus les statuts sociaux. Tout dépend donc de la façon dont la fille juge le vôtre par rapport au sien. Conclusion : si vous occupez une place importante dans la société, jouez soft, tout le contraire du conseil précédent. Au lieu d'annoncer à la fille que vous êtes un scénariste multioscarisé, dites simplement que vous bossez dans le cinéma. Si elle veut des détails, qu'elle les demande.

MAÎTRISEZ-VOUS DE L'INTÉRIEUR

Par Thomas Scott McKenzie

Un homme n'est que le produit de ses pensées.
Ce qu'il pense, il le devient.
Gandhi

I am a star. I'm a star, I'm a star, I'm a star. I am a big, bright, shining star.
Dirk Diggler, *Boogie Nights*

La preuve n'est plus à faire : l'assurance a quelque chose de séduisant. Elle vous gagne l'admiration de vos collègues, le respect de vos potes et l'attention des filles. En résumé : sans assurance, aucune technique de séduction n'est efficace.

Or, la plupart des mecs ont des soucis à ce niveau-là : enfance difficile, physique injouable, finances faméliques, job pourri, bagnole-épave, calvitie naissante, aisselles agressives, solitude aggravée, etc. Cela dit, j'ai croisé des gravures de mode roulant en décapotable qui étaient incapables de regarder une nana dans les yeux ou de parler à voix haute, à cause d'une mère ou d'une ex-femme castratrice.

Dans *Mastering Your Hidden Self*, Serge Kahili King nous propose de lutter contre ces poisons. King nous apprend ainsi que nous ne sommes pas les victimes impuissantes de notre esprit tyrannique. Bien au contraire : c'est nous qui contrôlons notre esprit. Nous contrôlons nos émotions. Nous contrôlons nos perceptions, nos sentiments et notre vision des choses. S'inspirant de systèmes antiques, King présente une méthode concrète permettant de reprogrammer notre esprit afin de pouvoir avancer dans la vie avec assurance, énergie et puissance.

Les 7 grands principes de la philosophie Huna

En plus des enseignements des grandes religions et philosophies du monde, il existe un corpus plus ésotérique de savoir secret, transmis d'initié à initié, à travers l'histoire. S'inspirant de l'ésotérique et du réel, la philosophie Huna offre un système d'amélioration de soi adapté au désordre de la vie moderne.

À la base, cette philosophie déclare que chacun détient le contrôle de sa propre existence, de son esprit et de sa réalité. King : « L'idée la plus fondamentale de la philosophie Huna est que nous créons, tous, notre propre expérience personnelle de la réalité. Et ce, par nos croyances, nos interprétations, nos actions et réactions, nos pensées et nos sentiments. »

Corollaire : notre potentiel créatif est sans limite. « Vous pouvez créer, sous une forme ou une autre, tout ce que vous pouvez concevoir », précise King. Voilà pourquoi il est capital de remplacer les pensées négatives fondées sur des râteaux passés par des croyances illimitées concernant le présent et le futur.

La philosophie Huna comporte sept grands principes.

1. *Le monde est tel qu'on le croit.* Fondement de la philosophie Huna, ce principe affirme que l'on se crée sa propre expérience de la réalité : « Changez votre mode de pensée, vous changerez le monde. »

2. *Il n'y a aucune limite.* Il n'existe aucune vraie frontière entre votre corps et vous, entre vous et les autres, et même entre vous et Dieu. Les seules qui existent sont celles placées arbitrairement par la conscience limitée.

3. *L'énergie suit l'attention.* Si vous méditez quelque temps sur certaines pensées ou émotions, vous rédigez le scénario de votre existence. La concentration nourrit vos perceptions positives et négatives. Traduction : si une fille vous rejette, ne vous gâchez pas le reste de la journée en ressassant cet échec.

4. *Le pouvoir, c'est maintenant.* En cet instant précis, vous n'êtes handicapé par aucune expérience passée, ni engagé vis-à-vis d'aucun devoir futur (excepté les impôts). « Vous avez, au présent, le pouvoir de modifier vos pensées négatives, et de semer consciemment les graines d'un avenir de votre choix, explique King. En modifiant votre esprit, vous modifiez votre expérience. »

5. *Aimer, c'est trouver le bonheur en soi-même.* C'est l'amour qui fait exister les gens, affirme King. Prenez-en conscience pour parvenir à une cohabitation heureuse avec vous-même, tel que vous êtes, et tel que vous deviendrez.

6. *Le pouvoir vient de l'intérieur.* N'attendez pas l'intervention du Saint-Esprit pour changer votre réalité. La balle est dans votre camp. King souligne ce principe en précisant que « personne ne peut influencer votre personnalité ou votre destinée si vous ne l'y autorisez pas. » Une interprétation possible de ce principe consiste à ne plus rejeter vos échecs sur vos amis, vos parents, votre job ou la société.

7. *La vérité, c'est l'efficacité.* Il n'y a qu'à assister à un procès pour comprendre qu'il existe plusieurs versions de la vérité. Dans un univers infini, nous apprend King, il n'y a pas de vérité absolue, mais uniquement « une vérité efficace à un niveau de conscience individuel ». Traduction : faites ce qui vous est bénéfique.

Effets nuisibles d'un esprit négatif

« En général, écrit King, une attitude négative produit un stress intérieur qui se traduit par une tension physique pouvant affecter des organes, et jusqu'aux cellules. »

Pour passer d'une attitude négative à une attitude positive, le plus simple est de prendre conscience des mauvaises pensées sitôt qu'elles surgissent. Après quoi, on les transformera, consciemment, en leur contraire. King : « L'opération est réalisable quand bien même les faits ne semblent pas le garantir. »

L'esprit subconscient

Quand on pense au subconscient, on imagine, en général, une « chose » tapie au fin fond de notre âme, qu'on ne découvrira qu'au bout de plusieurs années de psychanalyse et qui nous apprendra que nous subissons les effets d'un traumatisme de l'enfance.

King, lui, a une autre conception. Il nous explique que nous pouvons contrôler notre subconscient. « Le subconscient n'est pas plus un gamin rebelle, indiscipliné, que l'ennemi de vos intérêts. [...] Chaque fois que le *ku* [le subconscient] semble être en conflit avec vous, il suit, en fait, des ordres que vous lui avez donnés précédemment, ou que vous avez laissés en place. »

Pour stimuler votre subconscient, vous pouvez, par exemple, modifier vos habitudes. Les habitudes mentales et physiques sont des réactions acquises que votre mémoire subconsciente a enregistrées et qui sont activées par différents stimuli. La philosophie Huna nous apprend que la seule façon de supprimer une mauvaise habitude est d'apprendre à votre subconscient à mieux gérer les stimuli.

Essayez de modifier vos habitudes de langage. Vos prises de parole sont peut-être polluées par des marques d'hésitation. Plus jeune, vous utilisiez peut-être ces instants pour chercher vos mots. Mais à la longue, c'est devenu une habitude. L'enseignement Huna nous propose de remplacer cette mauvaise habitude : « L'important, c'est que le subconscient ne connaît pas le vide. »

Ainsi, apprenez à votre subconscient à éviter les pauses en ralentissant votre débit. Ou bien : habituez-vous à donner une pichenette contre un objet quelconque chaque fois que vous vient l'envie de dire « euh ».

Votre subconscient veut vous aider. Seulement, vous avez souvent du mal à l'aider, lui. « Votre subconscient ne va jamais à l'encontre de ce qu'il estime être votre intérêt, affirme King. Hélas, il peut avoir une vision erronée de ce qui vous est bénéfique. »

Interagir avec le subconscient, explique encore King, permet de comprendre vos motivations profondes et de modifier celles qui sont inefficaces. L'auteur propose plusieurs stratégies pour interagir avec le subconscient.

En premier lieu, lui donner un nom. Puis procéder à l'un des deux types de recherche-mémoire suivants. Le premier, c'est la « chasse au trésor » : parlez à votre subconscient comme à un ami. Citez un souvenir agréable et voyez quels détails votre subconscient y rattache. Variante : demandez à votre subconscient de rappeler ses souvenirs préférés. Des souvenirs oubliés vous reviendront alors, ainsi que des sensations.

L'autre forme de recherche-mémoire a trait aux mauvais souvenirs. Demandez à votre subconscient de rappeler ses pires souvenirs. Avec la pratique, vous verrez apparaître des thèmes récurrents. « Les souvenirs obéiront à certains motifs qui vous aideront à débloquer les pensées négatives qui entravent votre développement. Par exemple, si plusieurs de vos pires souvenirs tournent autour de la peur du rejet ou du besoin de contrôler. » Avec les filles, on a tous connu l'échec. Et si votre subconscient ne sait pas le gérer correctement, alors il peut vous mener à de nouveaux fiascos.

La liberté émotionnelle

L'un des grands enseignements que nous offre King est de cesser d'être victime de son subconscient pour mieux apprendre à le guider.

On peut y parvenir en s'efforçant de s'émanciper au niveau émotionnel. Ne vous identifiez plus aux « réactions émotionnelles de votre subconscient, nous exhorte King. Quand vous dites "Je suis en colère", vous vous identifiez avec le subconscient, et il devient très dur de sortir de la colère. »

Mieux vaut définir le but et l'origine d'une nouvelle émotion dès qu'elle apparaît. Posez-vous ces questions : « D'où vient cette émotion ? Pourquoi est-ce que je la ressens maintenant ? »

Ce type de question vous aidera à découvrir les sources de vos émotions. Le simple fait de vous livrer à cet autoexamen pourra même vous calmer. « L'analyse tend à canaliser l'énergie de l'émotion dans le processus conscient de réflexion », explique King.

L'auteur affirme encore que la reprogrammation permet de contrôler son subconscient. « Pour changer le mode de réflexion de votre subconscient, vous devez garder, consciemment, le nouveau mode en tête jusqu'à ce que le subconscient l'ait adopté. » Voilà pourquoi les affirmations, même les plus tartes, peuvent influer positivement sur votre succès auprès des femmes.

L'esprit conscient

Pour bien saisir l'esprit conscient, il faut d'abord comprendre la nature du pouvoir de la volonté. Au niveau conscient, la seule capacité dont on dispose est celle de braquer notre attention sur une pensée ou une expérience.

On ne peut pas forcer une nana à nous aimer, ni notre boss à nous augmenter, ni une vieille Lada à démarrer. « En revanche, on peut décider de la façon dont nous allons réagir à notre expérience de la vie, à ce que nous allons faire dorénavant pour nous modifier nous-mêmes ou pour modifier la situation ».

King définit la détermination comme « le fait de braquer constamment et consciemment notre attention et notre conscience sur une fin permettant d'atteindre un objectif. » On atteint un but, poursuit-il, « en renouvelant constamment les décisions ou les choix effectués pour atteindre cette fin, en dépit des obstacles et des difficultés. »

Autrement dit : si une méthode ne donne aucun résultat après plusieurs tentatives, un individu déterminé n'abandonne pas. « Il en essaie d'autres, jusqu'à trouver celle qui fonctionne, même s'il doit, pour cela, changer de personnalité ».

La différence entre une personne dotée d'une volonté forte et une personne faible de ce côté-là, c'est que le fort s'accroche tandis que le faible lâche prise. Pensez-y la prochaine fois qu'une fille vous donnera un faux numéro de téléphone, ou quand vous en verrez une autre rouler une pelle à un type cinq minutes après vous avoir rembarré. L'échec est une chose. C'est l'abandon qui n'est pas acceptable.

Buts et objectifs

King établit un distinguo entre atteindre un but et atteindre un objectif essentiel à votre amélioration personnelle.

La différence tient à ce qu'un objectif « donnera du sens à votre existence tout entière », tandis qu'un but ne sert qu'à mesurer votre progression.

« Contrairement au but, l'objectif ne s'atteint pas, il s'effectue, nous dit King. Sans objectif, un but est dénué de sens, alors qu'un objectif peut en conférer à n'importe quel but. »

King nous offre une myriade d'outils pour nous améliorer aux plans mental et émotionnel. Utilisez votre esprit pour progresser dans la vie et vous développerez cette assurance qui est une composante absolument essentielle de la séduction.

Pour citer une dernière fois King : « Cherchez toujours le positif. Si vous ne le trouvez pas, débrouillez-vous pour l'incorporer. »

JOUR 12

MISSION 1 : Ouvrez-vous

Notez ci-dessous huit de vos qualités que souhaitez partager (humour, intelligence, talent artistique, tout ce qui vous distingue des autres).

1. ______________________ 5. ______________________
2. ______________________ 6. ______________________
3. ______________________ 7. ______________________
4. ______________________ 8. ______________________

MISSION 2 : Comment le dire

Maintenant que vous savez quoi dire, il faut apprendre à le dire. C'est notre objectif du jour.

Toutes les filles vous le diront, au début d'une interaction, il est important d'apprendre à écouter. Et ce, afin de prouver à la nana qu'elle ne perdra pas son temps à rester parler avec vous ce soir.

Et c'est dans votre passé que vous allez puiser l'inspiration. Plutôt que d'énumérer vos qualités et vos charmants défauts à la fille, racontez-lui une histoire qui les lui fera découvrir. Vous éviterez ainsi le piège du déluge de questions génériques (d'où elle vient, ce qu'elle fait dans la vie, etc.). En plus, ça vous donne l'occasion de captiver tout un groupe, voire de susciter d'autres « confessions ».

Les missions du jour vont vous aider à créer et raconter l'anecdote parfaite.

Vous êtes peut-être déjà un pro – capable de raconter la fois où vous êtes entré par effraction dans une pharmacie du Caire à trois heures du mat parce que votre copine avait besoin d'aspirine.

Ou un vrai débutant – incapable de trouver une anecdote sur-le-champ, ou de conserver l'attention d'un public le temps de la partager avec eux. J'ai entendu des centaines de mecs me dire que leur vie était naze et qu'ils n'avaient rien à raconter. Encore une pensée négative. Vous pouvez vivre dans un patelin bouseux, avoir des parents normaux et même être très jeune : vous avez des choses intéressantes à dire. Ne reste qu'à les trouver.

Essayez donc de penser à tous les grands moments de votre vie, ou plus simplement à des anecdotes marrantes que vous aimez raconter. Elles pourront être d'ordre :

- ironique et gênant : ce conseiller que vous êtes allé voir avec votre copine et qui a essayé de la draguer ;
- aventureux et excitant : vous faisiez de la plongée, vous vous êtes retrouvé cerné par les piranhas ;
- sexy et maladroit : la femme mariée qui cherche à vous violer dans les WC d'un avion ;
- naïf et touchant : quand votre hamster est mort, vous avez cru qu'il dormait (huit jours non-stop) ;
- minuscule et poétique : le jour où vous avez compris le sens de la vie en dégustant un hamburger ;
- dangereux et héroïque : cette fille que vous avez défendue contre un malabar dans une boîte à Rio ;
- récent et énigmatique : il y a pas deux minutes, une inconnue vient vous demander de raccompagner sa sœur ;
- aléatoire : du moment que l'anecdote ne suscite pas d'émotion négative chez la fille ou ne dévoile rien de négatif sur vous (misanthropie, avarice, déprime, préjugés, colère, perversité, etc.).

Repensez à votre enfance, à votre vie de famille, à l'école, au boulot, aux voyages, aux loisirs, à vos ex. En partant du souvenir le plus récent. Puis tirez-en huit anecdotes personnelles et donnez-leur un titre mystérieux (« Moi et le Hamburger Magique », « Le Hamster au Bois Dormant ») :

1. ______________________________
2. ______________________________
3. ______________________________
4. ______________________________
5. ______________________________
6. ______________________________
7. ______________________________
8. ______________________________

Si vous avez du mal à en trouver huit, rappelez-vous une conversation récente avec un pote ou un parent et cherchez une anecdote qui ait suscité en vous excitation, interrogations ou rires.

Toujours rien ? Imaginez que vous cherchiez à vendre votre biographie à des producteurs de cinéma : que diriez-vous pour leur donner envie ?

En désespoir de cause, demandez à un parent ou un ami de vous raconter un souvenir qu'il a de vous.

MISSION 3 : Sélection

Mission suivante : relisez les qualités énumérées pour la mission 1. Puis les anecdotes choisies pour la mission 2. Mettez une croix devant chaque anecdote qui exprime l'une de ces qualités, ou plus. L'histoire idéale ne verse ni dans la frime ni dans la compensation, mais présente à la fois vos forces et vos faiblesses de façon honnête, humble et amusante.

Parmi les anecdotes cochées, sélectionnez celles que vous trouvez les plus fortes (si vous n'en avez coché aucune, cherchez de nouvelles anecdotes ou d'autres qualités). Notez les deux meilleures ci-dessous.

1. ______________________________
2. ______________________________

Ce sera notre matériau de base.

MISSION 4 : Préparez votre texte

Prenez un papier, ouvrez votre carnet de bord ou un document Word.

Rédigez chacune des deux anecdotes en entier – tout ce que vous voulez, sauf des bobards… vous finiriez par vous en mordre les doigts. Quelques conseils :

■ *démarrez fort*. La première impression doit être bonne. Pour ça, rien ne vaut un départ en fanfare, dès la première phrase. Par exemple, faites un petit résumé de l'anecdote qui fera la transition avec ce qui vient d'être dit : « Ça me rappelle la fois où j'ai dû manger du requin rance en Islande. » Ou posez une question : « Quelqu'un a déjà goûté du requin rance ? » Ou jouez-la mystérieux : « Il m'est arrivé un truc pas banal quand j'étais en Islande » ;

■ *peaufinez la chute*. Si l'anecdote se termine par un retournement imprévu, si elle révèle la solution d'une énigme énoncée auparavant, si elle a une fin coup-de-poing ou si elle se clôt sur une petite morale, c'est génial. La dernière phrase doit *impérativement* laisser l'auditrice amusée, excitée, épatée, admirative, incrédule – lui provoquer une émotion forte et positive. On peut aussi conclure par une question, afin d'inciter les autres à prendre le relais ;

■ *suspense*. Lorsque l'auditeur sait qu'il va se passer quelque chose, mais pas quoi précisément ni comment, il y a suspense. Arrangez-vous pour que votre public sache où vous voulez en venir, mais pas comment vous allez y aller ;

■ *donnez des détails*. Revivez l'anecdote en l'écrivant. Au besoin, fermez les yeux. Souvenez-vous de visions, de bruits, d'odeurs, de sentiments. Plus les détails seront riches, plus le public sera captivé ;

■ *jouez l'humour*. Observez les rois du stand-up : entre la mise en place de l'histoire et une bonne réplique, ils glissent plusieurs petites blagues, plus une amorce qui sera reprise après la bonne réplique. Trouvez où mettre de l'humour dans votre anecdote. Songez à l'autodérision, à la moquerie gentille, à l'observation du comportement humain, au comique d'exagération, au rappel de vannes précédentes, à prendre votre public de court, etc ;

■ *nuancez*. Quand vous parlez de vos qualités, soyez subtil au niveau de la frime. Par exemple, dire « Je me suis offert une nouvelle caisse », c'est pourri. Mieux vaut mettre les choses en perspective, faire comme si le point essentiel n'était qu'un détail en passant : « Bref, je rentrais chez moi, et j'ai dû baisser la vitre de la voiture tellement ça puait le neuf » ;

■ *ne vous perdez pas*. L'anecdote écrite, relisez-la. Elle doit être facile à suivre, éviter les détails superflus. Supprimez tout ce qui ne fait pas avancer le schmilblick. Au besoin, lisez-la à des potes pour être sûr qu'elle fonctionne ;

■ *impression d'ensemble*. Le but du jeu est de divertir, d'amuser ou de prendre à parti le public. Pas de vous mettre en avant. Pour ne pas tomber dans le piège de la frime, relevez toutes les occurrences de « je » ou de « moi » : ne pourriez-vous pas en éliminer quelques-unes ?

■ *longueur*. L'anecdote doit se raconter en minimum trente secondes et maximum deux minutes. Si vous êtes trop juste, rajoutez du suspense et de l'humour. Trop long, allez à l'essentiel.

Une fois vos deux anecdotes mises au point, résumez-les en notant les points principaux. Par exemple, si vous deviez résumer *La Guerre des étoiles*, vous diriez : ado vivant chez sa tante et son oncle ; achète deux droïdes ; découvre un message secret ; etc. Vos anecdotes devront comprendre trois à six points principaux maximum.

Entraînez-vous à réciter votre texte entier, mais ne mémorisez que les points principaux. Ça aura l'air moins « préparé » et vous aurez moins de mal à adapter l'histoire aux réactions de votre public.

MISSION 5 : Vivez l'histoire

J'ai une théorie sur les mots. Il existe mille et une façons de dire « Passe-moi le sel ». Ça peut vouloir dire « Je peux avoir du sel ? » Ou bien « Je t'aime ». Ou encore « Tu m'énerves ». J'en passe et des meilleures. Les mots sont de petites bombes remplies d'énergie.
Christopher Walken

Passons à l'art oratoire.

Pour captiver un auditoire, mieux vaut être enthousiaste. Croyez en chaque parole que vous prononcez, mettez de l'intensité, de l'excitation. Chaque fois que vous racontez votre anecdote, faites comme si c'était la première fois – retrouvez les hésitations, l'excitation ou l'étonnement de cette première fois.

Revoyez les exercices vocaux du jour 3, puis enregistrez-vous en train de réciter vos anecdotes. Parlez à voix haute, lentement, articulez bien. Mettez l'accent sur certains mots, faites des pauses pour créer du suspense ou pour préparer une chute. Voyez où ces accents et ces pauses sont les plus efficaces, les plus surprenants.

Une fois votre performance au point, prévoyez une respiration, au milieu du récit, qui permettra au public d'intervenir. Ça évitera qu'ils décrochent. Vous pouvez leur demander s'ils ont connu la même chose, ce qu'ils pensent de l'histoire, etc.

Exemples : votre anecdote se déroule dans un McDo, vous relancez le public en disant « Vous y êtes déjà allées, vous voyez de quoi je parle ? » Ou bien, si l'histoire se déroule dans un aéroport : « On se serait crus dans ce film, là, où Tom Hanks joue un mec bloqué dans un aéroport. C'était quoi, déjà ? »

Pour passer au niveau supérieur, entraînez-vous à faire une pause, l'air de rien, quand le suspense est à son comble : prenez une gorgée de bière, un cachou, allumez une clope, que sais-je ?

Quand vous tenez un enregistrement convaincant, actualisez la version papier. Notez les pauses, les pistes d'interaction, les ajouts, tout ce qui vous est venu en parlant.

MISSION 6 : Répétition

Ultime étape de la préparation.

Installez-vous devant un miroir ou une caméra.

Jugez votre performance.

Vous devez être expressif. Observez votre visage, vos yeux, vos mains, votre corps tout entier, l'énergie que vous dégagez : tous ces éléments parlent, eux aussi, à leur façon.

Essayez de souligner certaines émotions par des mouvements, d'adapter vos gestes et votre voix aux personnages que vous faites parler. Utilisez tout objet à portée de main (portable, paille, bras d'une fille, etc.).

Ne surjouez pas non plus. Niveau gestuelle, la subtilité est plus crédible. Idem pour l'enthousiasme dans votre voix. Tant que vous ne perdez l'attention de personne, et que vous les laissez intervenir quand ils le souhaitent, tout ira bien. Évitez aussi de sauter du coq à l'âne, vous saouleriez rapidement tout le monde.

Dernier élément, hélas impossible à travailler devant un miroir : l'imprévisible. Tous ceux qui sont montés sur scène vous le diront, on a beau se préparer, rien n'est plus pareil une fois que le rideau se lève.

Donc, quand vous vous adressez à un groupe, ne paniquez pas si vous vous plantez de gestuelle. Concentrez-vous sur les points essentiels de l'histoire. Si on vous pose des questions, si on vous interrompt, si quelqu'un se lance dans une anecdote de son cru, pas grave, au moins ils suivent.

Par ailleurs, si la conversation s'éloigne de votre sujet, ne cherchez pas à terminer votre récit, sauf si on vous le demande. Réservez la conclusion pour plus tard, s'il y a un silence à combler. N'oubliez pas : le but n'est pas de raconter l'histoire jusqu'au bout, mais de mettre en évidence votre personnalité.

Cela dit, ne vous laissez pas marcher sur les pieds. Prévoyez deux trois réparties à renvoyer dans les dents de gêneurs. Les comiques de stand-up sont très forts pour ça, n'hésitez pas à vous inspirer d'eux.

MISSION 7 : Performance

Racontez vos deux anecdotes – instants d'interaction compris – au moins deux fois aujourd'hui. Inutile de raconter les deux à la même personne, du moment que vous les récitez bien deux fois chacune durant la journée.

Adressez-vous à une nana qui vous branche, un collègue, un pote, un parent, un inconnu, un télévendeur – qui vous voulez !

Une impro vous vient ? Pas de souci. Ajoutez des détails, des vannes et des instants d'interaction. Après chaque performance, notez tout ce que vous jugez bon d'ajouter, de modifier ou de retirer pour gagner en efficacité.

Si vos deux histoires ne passionnent personne, créez-en une troisième à partir de votre liste. Si vous foirez encore, demandez à l'un de vos auditeurs ce qu'il a pensé de votre performance. Si vos deux histoires cartonnent, préparez-en de nouvelles.

Et au passage, toutes mes félicitations ! L'art du récit est aussi vieux que la civilisation, et vous faites désormais partie de cette noble tradition.

JOUR 13

MISSION 1 : Prenez un carnet

Passez directement au briefing. Découpez la page ou photocopiez-la. Autre solution, imprimez-la sur www.stylelife.com/challenge.

MISSION 2 : Prenez la plume

Trouvez une librairie sympa, de préférence avec café ou espace détente. Emportez-y votre briefing, un stylo, voire votre carnet de bord, si vous en tenez un.

Mettez-vous à l'aise : la librairie va devenir votre terrain d'exercice, aujourd'hui.

MISSION 3 : Culture

Trouvez un guide des bonnes tables et de bons plans de votre ville/région (magazine, quotidien, brochure, etc.).

MISSION 4 : Achetez *Cosmo*

Oui, voilà : achetez le dernier *Cosmo*.

MISSION 5 : Préparatifs

Asseyez-vous confortablement à une table. Posez devant vous votre calendrier Stylelife et feuilletez votre revue des restaus et sorties.

Sélectionnez une activité, un restau, un concert, un vernissage, une lecture, un marché aux puces ou autre pour chaque jour de la semaine. Notez votre choix dans la colonne de gauche. Évitez tout ce qui est trop cher ou trop compliqué. Assurez-vous qu'il n'y aura pas d'obstacle de type concert complet ou restau inabordable.

Dans la colonne de droite, notez une ou deux phrases pour motiver chaque sortie.

MISSION 6 : Plongez sous leur crâne

Lisez *Cosmo* de la première la dernière page.

Premier point : vous constaterez que les filles sont aussi motivées que les mecs à l'idée de sortir, de garder un partenaire et d'éviter le rejet. Deuxième point : cherchez un sujet de conversation en vous inspirant des articles, des chroniques, des pubs ou du courrier des lectrices.

Ce sujet choisi, abordez-le avec votre voisine ou une autre cliente (si c'est une « passante », adressez-lui la parole pendant qu'elle vous fait face). Montrez-lui l'article (la chronique, la pub, la lettre) du magazine, dites-lui ce que vous en pensez ou interrogez-la sur le comportement des filles en pareille situation.

Si elle mord à l'hameçon, bien joué. Sinon, reprenez votre lecture, trouvez un autre sujet et testez-le auprès d'une autre fille.

Elle vous demande pourquoi vous lisez *Cosmo* ? Soyez franc : on vous a conseillé de le faire pour mieux connaître les femmes.

Inutile de poursuivre la conversation, à moins que votre interlocutrice n'y prenne goût, auquel cas vous embraierez sur une intro, une anecdote ou un tue-la-drague. La mission est accomplie quand vous avez parlé *Cosmo* avec trois filles.

Vous pourrez alors ajouter les thèmes efficaces à la liste d'histoires préparée hier.

JOUR 13 – BRIEFING

STYLELIFE CHALLENGE

Dimanche	
Lundi	
Mardi	
Mercredi	
Jeudi	
Vendredi	
Samedi	

JOUR 14

MISSION 1 : Valorisez-la

Vous n'avez pas oublié qu'un des points essentiels d'une intro réussie est la contrainte horaire.

Aujourd'hui, le but est de vous montrer tellement cool et passionnant que la nana ne voudra plus vous lâcher. N'oubliez pas que cette fille a la possibilité de rencontrer des centaines de mecs aujourd'hui. Alors pourquoi vous ?

Pour certaines filles, le simple fait d'oser les aborder vous distingue de la masse. Pour d'autres, ce sera votre humour ou votre look. Vous leur rappellerez peut-être leur premier mec, ou vous aurez un côté voyou qu'elles adorent, etc. Mais parfois – et surtout auprès des filles qui ont l'embarras du choix – il faut *vraiment* se démarquer.

Pourquoi ne pas lui dévoiler un aspect de sa personnalité, de sa vie ? Original et efficace, non ?

Passez au briefing du jour, lisez la note sur les techniques décrites dans ce livre, puis étudiez la routine proposée. Utilisez-la pour mettre la fille en valeur, pas pour frimer. N'oubliez pas : le but du jeu est d'apporter un peu de piment dans la vie de la fille.

Une fois la routine mémorisée, passez à la mission sur le terrain.

MISSION 2 : Prenez-la par la main

Aujourd'hui, vous testez la routine des bagues.

Rendez-vous dans un lieu de grande affluence – café, bar, parc, musée, centre commercial – et entamez la conversation à l'aide d'une intro.

Comme vu au jour 11, faites mine de partir. Puis prêtez attention à la bague que porte, ou non, votre interlocutrice et démarrez la routine. Tant que vous n'atteignez pas le point d'accroche, continuez à jouer le gars sur le point de partir.

Si la fille n'est pas seule, pensez à intégrer ses copines à l'interaction.

Pour l'instant, on se moque de sa réaction à la routine des bagues. Qu'elle soit bluffée ou blasée, ce qui compte, c'est que vous la valorisiez. Je vous rappelle qu'une routine n'est jamais aussi efficace que lorsqu'on la joue dans un esprit de curiosité et d'éclate, pour faire bonne impression à la fille. Du moment qu'elle vous écoute jusqu'au bout, c'est gagné.

N'hésitez pas à poursuivre l'interaction si le courant passe. Vous ne voyez pas comment enchaîner ? Pas grave, éclipsez-vous. La semaine prochaine, je vous donnerai des pistes pour poursuivre la conversation, intensifier votre relation et échanger vos numéros.

Considérez la mission accomplie une fois que vous avez mis en application la routine des bagues devant trois filles.

MISSION 3 : Darwin ? Vous avez dit Darwin ?

Sacré boulot, tout ça.

Pourtant, vous êtes quelqu'un d'unique et de génial. Vous avez une vie, des parents, des amis. Vous vous débrouillez pas mal. Pourquoi faire toute cette gymnastique pour gagner les faveurs d'une inconnue ?

À cause de l'évolution.

Au bout du compte, que ça vous plaise ou non, dans notre espèce comme dans la plupart des espèces, les mâles se battent pour les femelles, et les femelles choisissent les mâles.

En briefing, vous trouverez une présentation de *The Red Queen* de Matt Ridley par Thomas Scott McKenzie. Je vous demande de lire ce compte rendu, afin de voir comment l'évolution sous-tend tout ce que nous avons vu depuis le jour 1. Mettez-vous dans le crâne que les forces culturelles agissent aussi dans notre comportement

– un biologiste spécialiste de l'évolution vous dirait toutefois que ces forces sont, elles aussi, influencées par la sélection naturelle.

JOUR 14 – BRIEFING

NOTES SUR LES TECHNIQUES PRÉSENTÉES DANS CE LIVRE

Un soir, dans un épisode des *Experts : Miami*, l'intrigue était bâtie autour d'un groupe de dragueurs qui utilisaient des techniques tirées de *The Game*. C'était la série-reine de sa case horaire, cinquante millions de téléspectateurs potentiels dans cinquante-cinq pays. Et malgré ça, les dragueurs du monde entier utilisent toujours ces mêmes recettes, à la lettre : à ma connaissance, aucun ne s'est fait griller à cause des *Experts*.

Conclusion : ne sous-estimez jamais la capacité qu'ont les gens à oublier ce qu'ils entendent et l'endroit où ils l'ont entendu.

Imaginons tout de même un scénario catastrophe : vous démarrez l'intro, la fille la reconnaît.

Pas de panique.

Le tout est d'avoir une issue de secours. Dans ce cas précis, l'issue, c'est de jouer sur votre point commun : vous avez lu le même livre. Donc, vous laissez tomber l'intro et dites : « J'hallucine. T'as lu le bouquin ? T'en penses quoi ? J'y crois pas : je décide de voir ce que ça donne, et là, première tentative, tu me grilles ! »

Si le but d'une intro est d'engager une conversation : bravo. En plus, vous discutez d'un des thèmes les plus fascinants : les relations.

À quoi bon craindre les réactions potentielles ? Si vous les imaginez, vous pouvez aussi concevoir une issue de secours.

N'oubliez pas que les paroles comptent moins que l'intention de celui qui les prononce. Si l'intro de la copine jalouse fonctionne, ce n'est pas parce qu'il s'agit de « L'intro de la copine jalouse », mais parce qu'elle permet d'engager la conversation avec un groupe d'inconnues sans avoir à draguer personne. Du moment que vous maîtrisez cette nuance, peu importe que toutes mes techniques soient éventées.

Aucune connaissance ne modifiera jamais fondamentalement ce qui attire une femme chez un homme et vice versa. Or, nous allons le voir, l'attirance obéit aux mêmes principes depuis que l'Homme est Homme.

Vous comprendrez donc que la routine qui suit ne sert qu'à valoriser votre interlocutrice. Durant le Challenge, n'hésitez pas à étudier ou à utiliser toute autre technique permettant d'atteindre ce but – tour de magie autre qu'avec des cartes, jeux de visualisation (le cube), lecture des lignes de la main, etc.

LE THÈME DES BAGUES

Résumé

- Pouce = Poséidon (individualité, indépendance, iconoclasme).
- Index = Zeus (domination, pouvoir, énergie).
- Majeur = Dionysos (irrévérence, esprit rebelle, décadence).
- Annulaire = Aphrodite (amour, sentiments, relation).
- Auriculaire = Arès (conflit, affirmation de soi, compétitivité).
- Aucune bague = Hermès (tempérament amical, serviable et aventureux).

Scénario

Vous : Avant de filer, il faut que je te demande : pourquoi tu portes ta bague à ce doigt-là ?

Elle : Je sais pas. Juste comme ça.

Vous : Intéressant. Tu la portes toujours au même doigt ?

Elle : Euh, oui. En général.

Vous : Je te pose la question parce que j'ai une amie assez calée en spiritualité qui m'a expliqué que, en fait, ce choix révèle quelque chose sur ta personnalité. Je n'adhère pas à cent pour cent, mais mon amie, elle, elle a plutôt bien cerné ma personnalité.

Si la fille ne porte pas de bague : « Avant de filer, il faut que je te demande : j'ai remarqué que tu ne portais pas de bagues. Ça ne t'arrive jamais ? » Puis reprenez le paragraphe ci-dessus en adaptant : « Elle m'a expliqué que le fait de porter une bague à certains doigts, ou de n'en porter aucune, révèle quelque chose sur ta personnalité. »

VOUS : Dans l'Antiquité, les Grecs associaient une divinité aux petites bosses qu'on a sur la paume de la main. Ils portaient leurs bagues en fonction du dieu qu'ils voulaient honorer.

Expliquez-lui la chose en suivant sur ses doigts. Si vous avez un peu de temps, terminez par celui auquel elle porte une bague – pour plus de suspense.

VOUS : Par exemple, le pouce représente Poséidon, le dieu de la mer. Un dieu très indépendant : le seul à ne pas vivre sur l'Olympe. Et tu remarques que le pouce est à l'écart des autres doigts. Donc, les gens qui portent une bague au pouce sont, en général, des libres penseurs, imperméables aux modes.

L'index est associé à Zeus, le roi des dieux. Il représente le pouvoir et la domination. D'ailleurs, quand des parents grondent leur enfant, ils agitent toujours l'index. Les gens qui portent une bague à ce doigt ont tendance à aimer les responsabilités.

Si la fille estime que votre speech ne correspond pas à sa personnalité, expliquez-lui que les gens choisissent parfois un doigt parce que, au niveau subconscient, ils cherchent à développer l'attribut en question, ou parce qu'ils sont attirés par ceux qui possèdent cet attribut.

VOUS : Le majeur, c'est Dionysos, dieu du vin et de la fête. Irrévérencieux au possible, il aimait libérer les gens de leurs inhibitions. Donc, si tu portes une bague au majeur, ça veut dire que tu as tendance à faire ce que tu veux sans trop te soucier de ce que pensent les autres. Tu peux aussi être du genre instigateur. Ça explique sans doute pourquoi on utilise le majeur pour faire un doigt d'honneur.

L'annulaire, forcément, il représente Aphrodite. La déesse de l'amour. On estime que c'est pour ça que l'alliance se porte à l'annulaire. Bon, c'est aussi le seul doigt qui soit relié au cœur par une veine directe. Quand quelqu'un met une bague à son annulaire, il établit une relation directe avec ton cœur.

Si la fille vous laisse la toucher, n'hésitez pas à lui prendre la main ou à lui toucher les doigts. Le cas échéant, vous pouvez suivre la veine le long de son bras.

Vous : L'auriculaire représente Arès, dieu de la guerre. Tu as sûrement remarqué que les mafieux portent une bague à ce doigt. C'est un symbole de conflit. À l'époque, les gens mettaient une bague à l'auriculaire pour indiquer qu'ils vivaient un conflit intérieur. Si on leur offrait une bague pour ce doigt, il fallait lire en filigrane un élément conflictuel avec la personne qui faisait le cadeau.

Elle ne porte pas de bague ? Ok :

Vous : Les gens qui ne portaient pas de bague voulaient honorer Hermès, le messager des dieux. Il représentait le voyage et la richesse, et appréciait le meilleur en chaque chose. Mais sans être cupide. Il était connu pour sa nature généreuse, pour être le plus serviable des dieux. Mais aussi le plus aventureux. Donc, les gens qui ne portent pas de bague ont tendance à être ouverts, à aimer voyager et fréquenter les autres.

L'ÉVOLUTION DES PRÉFÉRENCES SEXUELLES

Par Thomas Scott McKenzie

Mastering Your Hidden Self nous a appris que chaque être est modelé par son environnement, ses expériences, ses croyances et ses espoirs. Avec *The Red Queen*, Matt Ridley précise que nous sommes également le fruit de millions d'années d'évolution.

Pour bien comprendre nos stratégies sexuelles, il importe de saisir la nature « évolutionnelle » de l'attraction et de l'accouplement, et leurs corrélations dans le monde animal.

Ridley affirme que, pour ce qui est de séduire des filles, l'outil le plus puissant que nous ayons développé n'est autre que notre esprit : « La plupart des anthropologues spécialisés dans l'évolution pensent à présent que nos plus gros cerveaux nous ont aidés sur la voie de la reproduction en permettant aux hommes de surpasser intellectuellement leurs semblables [...] ou parce que ces gros cerveaux étaient utilisés à la base pour séduire les membres de l'autre sexe. »

Pourquoi les hommes préfèrent les jolies filles

Les hommes croient souvent que les femmes de leur ville ou de leur pays sont différentes des autres, et que les séduire requiert une stratégie à part. Les expériences de dizaines de milliers d'étudiants ont permis d'invalider cette théorie. En outre, celle-ci est également erronée du point de vue de l'évolution. Où que vous alliez, le jeu ne varie quasiment pas.

« Jusqu'à très récemment, nous explique Ridley, la vie d'un Européen ne différait pas grandement de celle d'un Africain. » Et l'auteur de préciser qu'Européens et Africains se nourrissaient des mêmes viandes, cueillaient les mêmes plantes, se fabriquaient des outils à partir des mêmes matériaux, parlaient des langues complexes et élevaient leurs enfants suivant des principes similaires. L'avènement de la métallurgie, de l'agriculture et de l'écriture, poursuit-il, « remonte à moins de trois cents générations – c'est bien trop récent pour avoir une influence notable. [...] On en conclura qu'il existe bien une nature humaine universelle, commune à tous les peuples. »

Ridley cite une étude portant sur plus de mille sujets issus de trente-sept pays, dont les résultats indiquent que « les hommes accordent une plus grande attention à la jeunesse et à la beauté, tandis que les femmes s'intéressent davantage à la richesse et au statut social ».

Ces principes universels de sélection ne sont pas le fruit d'une superficialité du genre humain, mais de notre volonté d'avoir la descendance la plus importante, et de voir nos petits survivre. Donc, dans la pensée de Ridley, si les hommes sont obsédés par les belles femmes, c'est moins pour des critères esthétiques que fonctionnels : « La beauté est un signe de jeunesse et de santé, eux-mêmes indicateurs de fertilité. »

Il en va de même pour la proverbiale préférence des hommes pour les blondes, toujours d'après Ridley, puisque la blondeur est associée à la jeunesse.

Pourquoi les femmes préfèrent les hommes importants

Question beauté, les hommes sont mieux lotis que ces dames. « Dans une étude portant sur 200 sociétés tribales, deux scientifiques ont confirmé que la beauté d'un homme est davantage fonction de ses aptitudes et de ses prouesses que de son apparence », annonce Ridley.

D'innombrables études ont démontré que les femmes sont attirées par la personnalité, un caractère dominateur et le statut social. « Dans une société monogame, la femme choisit en général son partenaire bien avant que celui-ci ait eu l'occasion de devenir "chef". Elle doit donc chercher des indices de son potentiel futur, plutôt que de se fonder sur ses seules réalisations passées. Le sang-froid, l'assurance, l'optimisme, l'efficacité, la persévérance, le courage, la détermination, l'intelligence et l'ambition sont autant de qualités qui permettent aux hommes d'avancer dans leur métier. Et ce n'est pas un hasard si ces qualités sont celles que les femmes trouvent séduisantes. »

Autrement dit, si vous affichez les caractéristiques d'un futur *winner*, certaines femmes vous donneront une chance, même si vous êtes au chômage en ce moment.

L'une de ces caractéristiques a trait au langage du corps. Ridley le prouve en décrivant une expérience au cours de laquelle des scientifiques ont enregistré un acteur donnant deux fausses interviews. « Dans la première, l'acteur était assis, docile, sur une chaise près de la porte, la tête penchée, se contentant d'acquiescer à ce que disait son interlocuteur ; dans la seconde, plus détendu, plus à l'aise sur sa chaise, il laissait parler son corps. Les scientifiques firent ensuite visionner ces films par des femmes. Celles-ci jugèrent l'acteur dominant plus désirable pour une relation, et plus attirant sexuellement. »

Pourquoi la popularité joue

Ridley nous apprend que les paons sont parmi les seuls oiseaux à se rassembler par groupes pour la sélection sexuelle. Les scientifiques appellent ces aires de regroupement des leks. « Le lek se caractérise par le fait qu'un ou plusieurs mâles, généralement ceux qui se trouvent près de son centre, s'accouplent davantage que les autres. Toutefois, cette position centrale est moins la cause de son succès que sa conséquence : les autres mâles se pressent autour de lui. »

Dans le même chapitre, Ridley affirme que, dans des expériences portant sur des guppys, lorsqu'on a montré à une femelle deux mâles – un faisant la cour à une femelle, l'autre non –, elle préfère celui qu'elle a vu accompagné, quand bien même sa partenaire a disparu.

Pourquoi c'est la femme qui choisit

Dans le règne animal, les femelles ont pour but de trouver un partenaire possédant le matériel génétique pour faire un bon « soutien de famille » ou un bon père. Les mâles, eux, ont pour but de localiser le plus grand nombre d'épouses et de mères possible.

Ce qui distingue ces buts l'un de l'autre, c'est l'*investissement*. Le sexe qui investit le plus dans les enfants (en portant un fœtus neuf mois, par exemple) est celui qui a le moins à gagner d'un partenaire supplémentaire. D'un autre côté, le sexe qui investit le moins dans les enfants dispose de plus de temps pour rechercher des partenaires supplémentaires.

Voilà qui apporte une confirmation scientifique à une leçon que connaissent tous les hommes qui se sont inscrits à un club de célibataires : les mâles rivalisent entre eux pour l'attention des femelles.

Et Ridley de poursuivre : « Le but du mâle, c'est la séduction. Il cherche à manipuler la femelle pour qu'elle succombe à ses charmes, à s'immiscer dans son crâne pour prendre le contrôle de son esprit et le manœuvrer comme bon lui semble. L'évolution exerce une pression sur lui, l'obligeant à afficher les qualités qui plairont à la femelle et l'exciteront sexuellement, afin que l'accouplement soit garanti. »

L'auteur s'est intéressé aux rituels d'accouplement associés à la queue du paon, aux bois du renne, aux plumes rectrices des hirondelles ainsi qu'aux couleurs des papillons et des guppys. Il en ressort que « ce sont les femelles qui choisissent ; c'est une donnée innée ; elles préfèrent les ornements les plus voyants ; ces ornements voyants sont une plaie pour les mâles. Aucun doute sur ce point ».

De nombreuses femmes jouent des talons hauts, des wonderbras, des tenues moulantes et des cheveux longs pour être tendance et séduisantes. Pour avoir du succès auprès des femmes, il faut être prêt à subir le même calvaire. Ce ne sera pas tous les jours facile mais, si vous portez des vêtements qui vous distinguent de la masse, vous afficherez de l'assurance, de l'autorité et de l'individualité (du moment que vous n'êtes pas ridicule dans les habits en question). Ridley précise : « La banalité n'attire personne. »

Pourquoi les hommes aiment plus le sexe occasionnel

D'après Ridley, nos attitudes vis-à-vis du sexe sont déterminées par ses conséquences. Historiquement parlant, pour un homme, le sexe occasionnel était une activité peu risquée et très rentable (« un enfant de plus à ajouter à son testament génétique »). « Les hommes qui s'y adonnaient eurent sans conteste une descendance plus nombreuse que les autres. Or, puisque nous descendons, par définition, d'ancêtres prolifiques plutôt que d'ancêtres plus stériles, il est probable que l'homme moderne porte en lui le gène de l'opportunisme sexuel. »

Inversement, les femmes avaient beaucoup à perdre dans les rapports occasionnels. Avant l'avènement d'un contrôle fiable des naissances, une femme mariée pouvait se retrouver avec une grossesse sur les bras et un mari potentiellement irrité. Célibataire, elle pouvait se voir condamnée à une vie de jeune fille. « Ces énormes risques n'étaient guère compensés par une récompense sensationnelle. Elle avait autant de chances de donner la vie qu'en restant fidèle à un seul partenaire et le risque de perdre l'enfant sans le soutien d'un époux était plus important. Ainsi, les femmes qui acceptaient les relations occasionnelles avaient-elles une descendance moins nombreuse, et les femmes modernes en ont sans doute hérité une méfiance vis-à-vis de ce type de rapports. »

Ridley fait état d'études intéressantes qui étayent ses théories sur la promiscuité sexuelle. L'une d'elles estime que 75 % des hommes homosexuels de San Francisco ont eu plus de cent partenaires (25 % plus de mille), tandis que la plupart des lesbiennes ont eu moins de dix partenaires dans toute leur vie.

Pourquoi les hommes et les femmes sont infidèles

Une des conclusions intéressantes que suggère l'ouvrage de Ridley est que les êtres humains sont monogames par nature, mais aussi adultères par nature.

Les femmes ont beau être moins portées sur les relations occasionnelles, elles n'en demeurent pas moins libres pour autant. Mais elles ont un but, en cela. Pour illustrer ce paramètre, Ridley se tourne vers le monde animal et, en particulier, le phénomène de l'adultère chez les oiseaux coloniaux.

À l'instar de nombreux êtres humains, les oiseaux coloniaux femelles répartissent les mâles en deux catégories : les amants et les « soutiens de famille ». « Quand une femelle s'accouple avec un mâle séduisant, celui-ci se la coule douce et celle-là doit se donner plus de mal pour élever les petits. Un peu comme si le mâle avait le sentiment d'avoir fait une fleur à la femelle en lui fournissant ses gènes de qualité et qu'il espérait, en retour, qu'elle s'investirait plus dans le nid. Chez la femelle, cela ne fait qu'augmenter l'envie de trouver un "époux" moins beau, mais plus travailleur, et de le cocufier avec le premier "étalon" venu. »

Ridley clôt le sujet en résumant les règles en vigueur chez les chasseurs-cueilleurs, règles dont il affirme qu'elles restent ancrées dans l'esprit des femmes d'aujourd'hui : « Tout a commencé quand une femme qui avait épousé le meilleur chasseur célibataire de la tribu a eu une aventure avec le meilleur chasseur marié, assurant ainsi à ses petits un supplément de viande. Aujourd'hui, c'est l'épouse d'un riche magnat qui donnera naissance à une version réduite de son garde du corps. Les hommes sont faits pour être exploités, en termes de soins parentaux, de richesse et de capital génétique. »

Pourquoi les hommes aiment plus le porno

Ridley s'intéresse aussi à l'excitation sexuelle des hommes et des femmes.

En règle générale, les hommes sont excités par des images, d'où le succès de la pornographie et des magazines de type *Maximal*. Mais pour les femmes, quel est l'équivalent du film X ? Réponse : les romans à l'eau de rose, dont le modèle n'a guère varié depuis des dizaines d'années.

Ce qui excite les femmes dans cette littérature, ce n'est toutefois pas la description de beaux gosses et de scènes de sexe débridé. Dans un roman à l'eau de rose, nous explique Ridley, la sexualité est principalement décrite « par le prisme de la réaction émotionnelle de l'héroïne – en particulier aux sensations tactiles – et non par la description détaillée du corps de l'homme ».

Comprenez donc que ce qui excite les femmes, c'est leurs réactions émotionnelles, et que celles-ci passent par la parole et le toucher. Conclusion : pour devenir un grand séducteur, il faut maîtriser le corps de la femme mais aussi le langage.

D'après une étude portant sur des hétérosexuels des deux sexes, les hommes sont davantage excités par l'amour à plusieurs, et les femmes par les couples hétérosexuels. Cela dit, hommes et femmes sont excités par les scènes lesbiennes, mais ni l'un ni l'autre par les scènes gays. Du coup, si vous êtes du genre à envoyer une photo de vos abdos ou de votre virilité à une femme pour la séduire, revoyez votre copie.

Pourquoi le Challenge ?

The Red Queen nous explique que nos choix de partenaires sont influencés par les pressions de la biologie et de l'évolution exercées depuis des millénaires. Cet ouvrage apporte la preuve scientifique du bien-fondé des stratégies d'amélioration de soi proposées par Neil Strauss.

Le fait même que vos potes cherchent à vous vanner quand vous faites des progrès n'est que la conséquence de votre succès : les mâles cherchent à éliminer leurs concurrents, y compris ceux qu'ils veulent secrètement imiter.

Au final, pour gagner en assurance, Ridley vous conseille de sortir et de mettre au point l'approche parfaite.

« Nous mesurons notre désirabilité aux réactions que nous suscitons, affirme-t-il. Une succession d'échecs et nous revoyons nos ambitions à la baisse ; une suite ininterrompue de succès et nous mettons la barre plus haut. »

SÉANCE COACHING MI-PARCOURS

Asseyez-vous, faut qu'on parle de la vie.

Je vais vous dire quel est le secret du succès : ce que vous retirez est égal à ce que vous investissez.

Pourquoi je vous sors ça maintenant ?

Parce que, comme me l'a appris un site Internet : « On n'échoue jamais. On laisse juste tomber. »

Nous sommes à mi-parcours. Dans la plupart des régimes, c'est un moment critique. Je veux être sûr que vous n'allez pas baisser les bras si près d'une grande découverte.

Vous vous en sortez bien ? Vous ne demandez qu'à passer à la suite ? Parfait. Mais si vous êtes comme la majorité des Challengers, je sais que vous vivez un calvaire mental avant et pendant chaque mission sur le terrain.

Et pourquoi ? Pourquoi donner tant de pouvoir à des inconnu(e)s ?

Vos interlocuteurs/-trices ne sont là que pour vous permettre d'avancer. Ils ne vous jugent sûrement pas autant que vous vous jugez vous-même.

Si je m'étais laissé abattre par tous les refus que je me suis mangés auprès des éditeurs (ou par le style imbuvable de mes premiers récits), je ne serais pas écrivain aujourd'hui.

Au contraire, chaque paragraphe, chaque erreur, chaque critique, chaque succès m'a appris une leçon.

Je vous rappelle que participez à un *challenge* – un défi.

Rien de nécessairement compliqué. Juste un défi. Un défi lancé à toutes ces mauvaises habitudes qui ne vous ont conduit nulle part.

Je vous donne une chance de résoudre votre problème.

Allez-vous la saisir de toutes vos forces ? À moins que vous ne préfériez vous complaire dans l'échec.

Je ne connais aucun Virtuose de la Drague qui n'en ait pas bavé.

Qu'il l'admette ou non, il a dû surmonter des obstacles incroyables – et le plus grand de tous, c'était lui-même.

Toutes les frustrations (et les plaisirs) que vous vivez en mission, nous les avons vécues aussi. Mais ce qui distingue les *winners* des *losers*, c'est la qualité de leur engagement envers eux-mêmes, envers le jeu, leur détermination à faire de leur mieux.

L'un des aspects les plus frustrants de ce jeu, c'est qu'il demande des efforts. Vous êtes peut-être une star au boulot ou à l'école, mais vous n'êtes rien par rapport au canon qui attire tous les regards dès qu'elle entre dans une boîte. Personne ne lui arrive à la cheville. Ni les rock stars. Ni les milliardaires. Elle choisit qui elle veut. Elle peut vous choisir. Mais pour ça, il va vous falloir de la détermination.

Chaque fois que vous reculez, chaque fois que vous baissez les bras, chaque fois que vous n'y allez pas à fond, chaque fois que vous préférez ne pas tenter une expérience nouvelle ou pénible, vous faites une victime : vous-même.

Le célèbre hockeyeur Wayne Gretzky disait : « On rate cent pour cent des tirs qu'on ne tente pas. »

Vu ?

JOUR

15

MISSION 1 : La lecture à froid

Aujourd'hui, vous allez apprendre une technique très efficace pour vous démarquer des autres dragueurs. Elle vous permettra de lire à l'intérieur de l'âme de parfaits inconnus, et de leur révéler des choses que leurs meilleurs amis ignorent.

Première mission : découvrir la lecture à froid en briefing.

MISSION 2 : Consultez un médium (facultatif)

Deuxième mission : consulter un médium.

Si possible, enregistrez la séance.

Je mets cette activité en option uniquement parce qu'elle est payante. Cela dit, je la recommande à tous les participants.

Vous trouverez les coordonnées de médiums dans des revues de sortie ou sur le net (Google...).

Attention : tous ne sont pas des anges. Ne leur confiez aucune information relative à vos comptes bancaires, cartes de crédit ou données personnelles. Par ailleurs, ne payez jamais plus que la somme initialement prévue : si le médium vous demande un extra pour vous avertir d'un événement imminent, ne tombez pas dans le panneau.

MISSION 3 : Autoévaluation

Cette mission s'adresse à tous les participants, que vous ayez consulté un médium ou non (dans ce dernier cas, connectez-vous sur www.stylelife.com/challenge, indiquez vos date, heure et lieu de naissance pour recevoir votre thème astrologique. Lisez-le comme si vous consultiez un médium).

Prenez le temps d'analyser ces données, en gardant à l'esprit ce que vous avez appris sur la lecture à froid. Posez-vous les questions suivantes :

■ La séance vous a-t-elle plu ? Pourquoi ?

■ Avez-vous eu l'impression que le médium débitait un speech ou qu'il lisait en vous ? Pourquoi ?

■ Avez-vous eu l'impression qu'il vous comprenait mieux ou moins bien que certains de vos proches ? Pourquoi ?

■ Pensez-vous que le médium possède des pouvoirs extra-sensoriels ? Pourquoi ?

■ Le consulteriez-vous à nouveau ? Pourquoi ?

Relisez vos réponses : que vous disent-elles sur les caractéristiques d'une bonne ou d'une mauvaise lecture à froid ? Si certaines paroles prononcées par le médium vous ont particulièrement touché, notez-les ci-dessous.

Pensez à les ressortir quand vous testerez la lecture à froid.

JOUR 15 – BRIEFING

L'ART OCCULTE DE LA LECTURE À FROID

Par Neil Strauss, Don Diego Garcia
et Thomas Scott McKenzie

Le profil de la grande majorité des Challengers est celui dit de l'« Explorateur ». Si vous en faites partie, vous devriez vous reconnaître dans l'analyse ci-dessous :

L'explorateur a conscience que sa personnalité n'est pas parfaite, mais il sait en général compenser ces défauts par sa capacité à sauver les apparences. Et ce, parce que, sous la surface, il dispose d'un immense potentiel personnel qui ne demande qu'à être exploité. L'explorateur recherche la variété dans ses rencontres et se sent comme un lion en cage lorsqu'on lui impose trop de règles.

L'explorateur a parfois tendance à se montrer trop dur envers lui-même, mais les encouragements le rassurent. Dans le même temps, il est fier de son indépendance et n'accepte jamais les opinions d'autrui en béni-oui-oui. Ce qui ne signifie pas pour autant qu'il n'a jamais envie – ou besoin – d'être apprécié par ses proches.

Avec l'âge, l'explorateur se fait plus mystérieux. Et bien qu'il s'efforce toujours de s'améliorer, il lui arrive de se demander s'il a bien pris les bonnes décisions dans sa vie. Certains de ses rêves restent à sa portée, dans un avenir proche, d'autres sont plus chimériques.

Ces trois paragraphes vous ont « parlé » ? Alors vous avez compris tout le pouvoir de la lecture à froid. Pour dire les choses simplement, la lecture à froid est l'art de transformer un truisme en révélation. *À froid*, parce que la personne ne sait rien de vous. Et *lecture*, parce que vos expériences, vos pensées, vos désirs et des événements futurs vous sont présentés comme s'ils étaient lus dans un livre.

De fait, les trois paragraphes ci-dessus sont tirés d'un texte de base, que les diseuses de bonne aventure se transmettent de génération en génération.

Histoire

En 1948, le psychologue B. R. Forer a soumis ses étudiants à un test de personnalité. Sans même lire leurs réponses, il leur a ensuite distribué la même analyse. Puis il a demandé à ses cobayes d'en évaluer la précision.

En moyenne, les étudiants ont donné la note de 4,26 / 5 à « leur » profil. Traduction : ces êtres humains uniques et individuels ont tous lu les mêmes commentaires, mais ils ont estimé que ces paroles leur correspondaient presque parfaitement. Conclusion : les gens ont tendance à juger les descriptions de personnalité vagues et générales comme tout à fait adaptées à *leur* personnalité. En outre, ils acceptent d'autant plus facilement une observation qu'ils désirent qu'elle soit exacte.

On comprend mieux le succès des voyants et des astrologues...

Lecture à froid et séduction

Puisque tout le monde aime parler de soi, imaginez le plaisir que vous pouvez susciter en dévoilant à une inconnue des détails assez personnels sur elle-même.

La lecture à froid occupe donc une place de choix dans l'art de la séduction. En voici quelques étapes :

■ *L'intro :* faire une remarque intelligente, ou faire part d'une intuition à propos de la fille, peut titiller sa curiosité. Exemples : « Quelque chose me dit que... », « J'ai dans l'idée que... » ou « Je viens de remarquer que... »

■ *L'accroche :* il peut être nécessaire de vous démarquer des dragueurs qu'elle a l'habitude de croiser. Si vous lui sortez, dans les premières minutes, un détail très bien vu, elle se dira peut-être que vous n'êtes pas comme les autres.

■ *L'ampli :* hier, vous avez appris la routine des bagues. C'est l'un des nombreux tests, jeux et démos qui permettent de vous mettre davantage en valeur. Alliées à la lecture à froid, ces techniques passent du statut d'expérience amusante à celui d'expérience intime.

Un peu d'éthique

Restez positif.

Ne prédisez jamais rien de négatif ou qui puisse faire souffrir la fille. Si vous relevez un défaut, même réel, présentez-le sous un jour rassurant.

Plutôt que « Tu doutes de toi », dites « Tu n'as pas forcément une énorme confiance en toi, mais au fond, tu connais ta vraie valeur ».

N'utilisez jamais la lecture à froid à des fins de manipulation ; n'en profitez jamais pour faire croire à la fille qu'il existe un lien métaphysique intense entre vous. Au contraire, servez-vous de vos dons pour entamer la conversation, créer du lien ou mettre en valeur votre connaissance du comportement humain.

Dernier point : la lecture à froid est un art occulte qui se transmet du maître à l'élève. Ne mentionnez jamais l'expression « lecture à froid » devant une fille ou un groupe que vous abordez et ne dévoilez ces techniques à personne.

Un peu de technique

La lecture à froid peut se limiter à deux ou trois phrases pertinentes sur la fille que vous abordez. Elle peut aussi générer une demi-heure de valorisation de la nana.

Il existe plusieurs moyens de mettre en place une séance de lecture à froid, des moyens de faire valoir votre crédibilité et votre autorité. En règle générale, on réserve les longues séances à des moments de tête-à-tête, une fois l'accroche passée.

Les moyens de mettre en place la lecture à froid vont des runes au tarot en passant par le I Ching et des formes de divination plus ésotériques (la cubomancie, par exemple). Si vous ne voulez pas vous embêter à transporter tout ce barda, pensez aux lignes de la main, à la numérologie, à l'astrologie ou encore à la routine des bagues.

Dans le cadre du bar ou de la boîte de nuit, on peut aussi se servir d'une phase normale de l'interaction. Exemple : vous serrez la main de la fille et débutez une lecture à froid en vous basant sur sa poignée de main. Idem avec le cocktail qu'elle a choisi, la position de la paille dans son verre ou l'usure de son rouge à lèvres.

Les profils de personnalités psychologiques et leur jargon

spécialisé confèrent tout de suite une autorité à vos paroles. Vous passez pour un expert. C'est le cas, par exemple, du modèle social qui classe les individus en quatre catégories suivant leurs réactions.

Petit aperçu : pour évaluer l'assurance de la fille, demandez-lui si elle est du genre à demander à ses copines ce qu'elles veulent faire quand elles sortent ou à décider pour elles. Pour évaluer sa sensibilité, demandez-lui si elle est du genre à s'avouer gênée quand elle l'est.

Suivant ses réponses, faites une petite séance de lecture à froid en vous basant sur les cas de figure ci-dessous :

- si elle demande les avis de ses copines et cache ses émotions, elle est *analytique* ;
- si elle impose ses choix et cache ses émotions, c'est une *meneuse* ;
- si elle se renseigne et partage ses émotions, elle est *diplomate* ;
- si elle dicte et dévoile ses émotions, elle est *expressive*.

Chacun de ces types est associé à d'autres traits de comportement : n'hésitez pas à vous renseigner plus à fond sur Internet.

LE CODE DE LA LECTURE À FROID

Règle n°1 : toujours dire au sujet ce qu'il ou elle veut entendre !
Ray Hyman, *Guide to Cold Reading*

Les conseils et les principes qui régissent la lecture à froid sont très anciens. En voici quelques-uns :

Nuance

N'énoncez jamais une impression sous la forme d'un fait. Il est plus sûr – et plus précis – de recourir à des termes généraux, ou conditionnels.

Imaginez, vous affirmez à une fille qu'elle est timide, elle peut répondre non.

Mais si vous lui dites « Des fois, tu es timide », elle aura du mal à le nier.

Ce type de subtilité rend pratiquement irréfutable tout ce que vous dites en lecture à froid. Quelques exemples de mots ou de formules à utiliser : une partie de toi, parfois, de temps en temps, quelque peu, en général, il arrive que, à l'occasion, fréquemment et avoir tendance.

Si vous devinez la réponse de votre interlocutrice, ou si votre phrase est de portée universelle, utilisez des mots moins vagues : souvent, rarement, beaucoup, à peine, normalement, régulièrement et presque jamais.

À moins d'être sûr de la véracité de ce que vous allez affirmer, bannissez les termes et formules suivants : toujours, complètement, tous / toutes les, tout le temps, jamais et entièrement.

Fausse spécifité

Éviter les formules absolues ne doit pas vous empêcher de donner un coup de boost à votre lecture en énonçant quelques phrases qui semblent plus spécifiques.

Exemple : l'utilisation de « parce que », qui implique une relation de causalité, même quand ce lien n'existe pas.

Autre idée : affirmer l'individualité de votre interlocutrice en montrant combien ses traits personnels divergent par rapport à la norme. Employez une formule du type : « La plupart des gens ont tendance à __________ alors que toi tu __________. »

Assurance

Faites comme si vous étiez sûr de la véracité de toutes vos paroles. Vous vous trompez ? Vous énoncez une imprécision ? Du moment que c'est avec autorité, la plupart des gens vous croiront. En revanche, s'ils sentent un doute dans votre voix, ils douteront de vous – même si ce que vous dites est vrai.

Approbation

Les gens ont davantage tendance à approuver une affirmation positive à leur sujet, même si elle est fausse. À l'inverse, ils sont moins nombreux à approuver une affirmation négative, bien que juste.

Mêler ces deux principes est très efficace pour redéfinir les traits négatifs de votre cible en traits plus positifs.

Par exemple, si la fille est timide, dites-lui : « Certaines personnes trouvent que tu es timide, mais en fait, il te faut juste un peu de temps pour être à l'aise avec les gens. »

Ou bien, si votre cible est un peu froide et distante : « Certaines personnes te trouvent coincée, mais tu ne l'es pas. Juste, parfois, tu es mal à l'aise. Sauf que les gens te jugent à l'air que tu as, et ils prennent ta timidité pour de la méchanceté. »

Affirmation

Technique simple mais très efficace. Dès que possible, marquez une pause pour amener la fille à acquiescer explicitement à ce que vous venez de dire. Plus elle le fera, plus son subconscient verra en vous une autorité.

Contraires

La mise en contraste de deux éléments fait toujours son petit effet. Exemple : « Des fois, tu peux te montrer extravertie et très sociable, mais d'autres fois, tu te sens mieux à l'écart. »

Lu comme ça, ça peut vous paraître stupide, mais attendez de l'avoir testé en vrai. Prononcé avec autorité et discernement, ce truisme peut passer pour très subtil.

Variante : les mains entrent en jeu. Levez une main et présentez-la quand vous énoncez le premier type de personnalité, puis levez l'autre main et présentez-la pour décrire le second type. En général, la fille tournera les yeux ou le visage vers la main avec laquelle elle se sent le plus d'affinités lorsqu'elle les regardera.

Observation

Quand vous lisez à froid, veillez à repérer toutes les réactions et les expressions du visage de votre interlocutrice. Vous pourrez ainsi reconnaître les gestes ou expressions associatifs (en accord avec ce que vous dites) ou dissociatifs (en désaccord).

Exemple : sans s'en rendre compte, de nombreuses personnes font « oui » ou « non » de la tête pendant que vous parlez, selon qu'ils approuvent ou non ce que vous dites. Certaines rougissent à certains moments, d'autres grimacent.

Voici quelques exemples d'indices à rechercher :

Réactions associatives	*Réactions dissociatives*
Tête qui dit « oui »	Tête qui dit « non »
Sourcils relevés	Sourcils baissés
Yeux grands ouverts	Yeux plissés
Sourire	Grimace
Corps tourné vers vous	Corps qui se détourne de vous
Animation	Expression vide
Bras écartés	Bras croisés

Écoute

Souvent, en pleine séance de lecture à froid, la fille se met à parler. Écoutez-la, hochez la tête et souriez, comme si vous étiez déjà au courant. En général, elle vous donnera ainsi tous les renseignements nécessaires pour fignoler votre lecture.

Indices supplémentaires

Quand vous parlez face-à-face, évitez de réciter votre texte. Vous allez voir et entendre une foule d'indices qui vous permettront d'affiner votre lecture. Étudiez les paroles de la fille, ses gestes, ainsi que les personnes avec lesquelles elle a choisi de sortir.

L'âge d'une femme, son origine ethnique, sa voix, son style vestimentaire, les accessoires qu'elle porte, sa coiffure et ses bijoux sont les premiers indicateurs de sa personnalité. Observez ses ongles : sont-ils propres ou non ? Longs ou courts ? Nature ou vernis ? Soyez attentifs à sa façon de parler, de se tenir, de bouger. Dégage-t-elle de l'assurance ou non ? Cela est-il en rapport avec son allure générale ?

Son origine géographique aussi peut vous être très utile, surtout s'il s'agit d'une ville célèbre pour son université, une entreprise ou une activité. Plus vous relèverez d'indices, plus votre lecture sera juste.

En cas de souci

Imaginez : vous prononcez une phrase et votre interlocutrice fait « non » de la tête, ou croise les bras. Vous devez absolument reprendre la main : affirmez votre assurance et repassez au mode conditionnel. Vous pouvez retourner la situation rien qu'en ajoutant un « mais... ».

Exemple : vous lui affirmez qu'elle a parfois tendance à se montrer critique envers elle-même et elle manifeste son désaccord. Pas de panique. Faites-lui comprendre qu'elle ne doit pas vous interrompre et ajoutez : « Mais en général, tu t'acceptes plutôt bien. Et c'est en ça que tu te distingues de la plupart des filles. »

Méfiez-vous des « contrariantes obsessionnelles », elles sont imperméables à la lecture à froid. Ce genre de personnes qui, quoi que vous leur disiez, ne sont jamais d'accord avec vous. Elles peuvent même s'énerver ou s'indigner que vous prétendiez les connaître.

Affirmez à une contrariante obsessionnelle qu'elle a tendance à être timide, elle vous répondra : « Pas du tout, j'ai vachement confiance en moi. » Répétez-lui alors qu'elle a de l'assurance et elle vous rétorquera : « Pas tout le temps ». Pourquoi ? Parce que ces gens-là refusent qu'on les définisse. Ils tirent leur identité de leur individualité unique, intransigeante et, bien souvent, ergoteuse.

Si votre cible est une contrariante obsessionnelle, oubliez la lecture à froid. Prenez-la à son propre piège. Sourire aux lèvres, faites : « T'aimes pas qu'on te catalogue, pas vrai ? »

La fille ne pourra répondre sans être d'accord avec vous. Son front se plisse, elle cherche ses mots : venez à son secours, éclatez de rire, dites-lui que vous blaguiez et passez vite à autre chose. Si vraiment c'est une désagréable, éclipsez-vous poliment.

ÉTONNEZ-VOUS !

Mais il y a mieux.

Imaginez : vous abordez une parfaite inconnue et lui dites « Par simple curiosité, ton père n'était pas dans l'armée ? (...) C'est bien ce qui me semblait. (...) Et tu dois être l'aînée, non ? (...) J'en étais sûr ! »

Plus vous pratiquerez la lecture à froid, plus vous gagnerez en intuition. À tel point que vous irez bien plus loin que les principes décrits plus haut. Vous pourrez deviner sans trop d'erreur si la personne est l'aînée ou la cadette de sa fratrie ; ce qu'elle fait dans la vie ; de quel milieu elle vient ; etc.

Et si d'aventure vous vous trompiez, vous saurez expliquer ce qui vous a induit en erreur, de sorte que la fille finisse par se ranger à votre avis.

Vous croyez que je bluffe ? Attendez un peu le jour 28...

JOUR 16

MISSION 1 : Le chaînon manquant

Aujourd'hui, mission unique.

Sur un thème dont vous ne connaissez probablement rien ou dont vous n'imaginez pas qu'on puisse l'appliquer à la séduction.

C'est une technique qui permet de distinguer ceux qui réussissent de ceux qui échouent – bien qu'ils prononcent les mêmes mots.

Une technique toute simple, mais aussi l'une des plus grandes leçons que j'aie apprises depuis que j'ai écrit *The Game*.

Au cours des premiers ateliers que j'ai organisés, j'ai remarqué que, rien qu'en le regardant, je pouvais deviner si un étudiant aurait du succès ou pas. Rien à voir avec ses fringues, son allure ou ce qu'il disait. Quelque chose d'impalpable. Une énergie qu'il dégageait. J'ai alors compris que toutes les personnes que j'avais rencontrées, étudiants et professeurs de séduction, négligeaient un point.

Voilà comment je m'en suis aperçu : un de mes étudiants travaillait la drague depuis des années. Un gars sympa, un vrai cœur, qui maîtrisait toutes les routines et sortait tous les soirs. Pourtant, il restait puceau.

Il a donc décidé de venir à Los Angeles pour une séance perso. Il voulait que je débusque son talon d'Achille. J'y suis arrivé. Et depuis, tous ceux qui l'ont compris voient la séduction différemment.

Cela tient à ce distinguo :

Le gars qui se plante, c'est celui qui drague les filles pour se sentir bien.

Le gars qui déchire, c'est celui qui, quand il sort, aide les autres à se sentir bien.

Le premier mec, personne ne veut l'approcher. Il n'est pas sûr de lui, cherche à se rassurer et à provoquer des réactions. Il pompera votre énergie dans sa quête de reconnaissance.

Le second mec, tout le monde se jette dessus. Il dégage du charisme et une énergie positive. Les femmes apprécient sa compagnie, ses potes aussi : personne ne se lasse de lui. On lui fait confiance, on se sent bien en sa présence et on se retrouve dans sa piaule à cinq heures du mat, à dire qu'on n'a pas vu le temps passer.

Ces deux types disent les mêmes mots, font les mêmes gestes. Mais ils provoquent des réactions différentes chez les filles parce qu'ils ne communiquent pas les mêmes intentions.

Oui mais... me direz-vous, et les tue-la-drague ? Leur but n'est pas franchement d'aider la fille à se sentir bien, si ?

Réfléchissez un peu.

Quand vous sortez un compliment banal à une fille qui se fait draguer du matin au soir, elle ne l'entend même pas – ou bien elle croit que vous cherchez à coucher. Donc, contre-pied, vous la titillez, vous faites comme si sa beauté vous laissait de marbre, vous vous mettez en valeur. Puis quand elle se met à vouloir *vous* draguer, vous lui offrez généreusement votre approbation, et elle se sent mieux – comme si, chose extraordinaire, elle avait trouvé un homme qui l'apprécie pour ce qu'elle est vraiment.

Résumé de l'affaire : le tue-la-drague vous apporte la crédibilité nécessaire pour pouvoir complimenter sincèrement la fille plus tard.

Conclusion, aujourd'hui, oubliez votre besoin d'approbation, vous allez aider les gens à se sentir bien. N'allez pas aborder des groupes dans des bars ou des filles seules dans des cafés. *Vivez normalement*, mais à trois reprises dans la journée, vous devrez vous efforcer d'aider quelqu'un à se sentir bien.

C'est votre mission.

Pistes à creuser : dire à vos parents que vous les aimez ; rassurer et intégrer un invité un peu timide lors d'une fête ; dire à une femme qui vient de se ruiner pour une nouvelle jupe ou une nouvelle coupe que ça lui va trop bien ; sourire ou donner 5 € à un SDF ; proposer à un client pressé de passer devant vous à la caisse.

Veillez à bien comprendre de quoi les gens ont besoin. N'y allez pas à l'aveuglette. Et ne vous souciez pas de l'image que vous donnez de vous-même. Exemple : vous tombez sur un type qui sort d'une Lamborghini flambant neuve. Au lieu de vous dire que c'est un sale frimeur, dites-vous qu'il vient de faire une folie parce qu'il cherche votre approbation. Et offrez-la-lui : « Ben dites donc ! Je suis vert ! »

Sur les trois personnes que vous allez aider aujourd'hui, une seule peut être « secourue » par téléphone. Et au moins une devra être un(e) inconnu(e).

Le but est de ne plus vous soucier de ce que les autres pensent de vous. Vous devez apprendre à deviner ce qui leur manque pour se sentir bien. Vous serez surpris des conséquences.

Après son week-end avec moi, après toutes nos discussions, mon fameux étudiant m'a envoyé cet e-mail : « L'autre soir, je fêtais mes vingt-six ans. Je tchatchais avec quatre filles en appliquant les idées positives dont on a parlé. Et là, une des filles se met à me caresser. Dans la foulée, elle me roule une pelle. Ma toute première ! »

Plus une seconde à perdre, vous *devez* maîtriser l'émotion la plus intelligente et la plus évoluée qui soit : l'empathie.

JOUR 17

MISSION 1 : Plus le droit à l'erreur

On en a fait, du chemin, en seize jours.

Le moment est venu de faire le point.

Première mission : lire, en briefing, la liste des onze erreurs les plus fréquentes en matière d'intros.

Vous en êtes où ?

MISSION 2 : Perfectionnement

Reprenez les missions des huit derniers jours.

Notez toutes les techniques que vous ne maîtrisez pas encore.

Votre mission consiste à reprendre toutes ces techniques.

Vous devriez être capable d'aborder une fille ou un groupe, de réussir votre intro et de passer en douceur à une mise en valeur (routine des bagues, par exemple). Profitez-en pour faire le point au niveau langage du corps, performance orale et allure.

MISSION 3 : On reprend les bagues

Ultime mission de révision : testez à nouveau la routine des bagues face à une fille ou à un groupe.

Prenez votre temps ; intégrez les données de lecture à froid vues au jour 15 ; entrez en empathie avec la personnalité de votre cible, avec l'image qu'elle peut avoir d'elle-même. Testez au moins un des scénarios de lecture à froid vus au jour 15 ainsi qu'une tirade inspirée par ce que la personne dégage. Observez ses réactions.

La mission est accomplie quand vous avez effectué la routine des bagues ponctuée de lecture à froid à deux filles ou groupes.

JOUR 17 – BRIEFING

LES ONZE COMMANDEMENTS

1. N'attendez pas qu'elle soit seule pour l'aborder. Même si vous lui plaisez, ses copin(e) s risquent de vouloir partir.

2. Ne la regardez pas plus de trois secondes avant de l'aborder. Si vous hésitez, soit elle flippe, soit vous vous dégonflez.

3. Ne renoncez pas sous prétexte qu'il y a des mecs dans le groupe. Ça peut être des parents, des potes, des collègues de bureau.

4. N'engagez pas la conversation en vous excusant. Les formules du type « pardon », « excusez-moi », « je suis désolé » vous feront passer pour un mendiant.

5. Ne la draguez pas, ne lui sortez pas un compliment générique. Lancez la conversation par une anecdote ou une question marrante. Face à un groupe : « Quel nom vous donneriez à un chat borgne, ou à une boutique de fringues disco ? » Tout le monde adore donner son avis.

6. Ne lui offrez pas à boire. Vous n'avez pas à acheter son attention.

7. Ne la touchez pas direct. Si elle vous touche, souriez et dites : « Bas les pattes, tu salis la came. »

8. Ne vous penchez pas vers elle. Tenez-vous droit. Si la musique est trop forte ou si la fille est assise, parlez plus fort.

9. Ne lui demandez pas trop tôt comment elle s'appelle, ce qu'elle fait dans la vie ou d'où elle vient. Ça la saoule, à force.

10. Si votre cible est en groupe, ne vous focalisez pas que sur elle. Si le groupe vous accepte, elle vous acceptera.

11. N'hésitez pas à violer ces conseils quand vous aurez compris leur fonction et leur raison d'être.

JOUR 18

MISSION 1 : Construire une conversation

Vous connaissez désormais toute une séquence de choses à dire et à faire quand on aborde une fille. Le moment est venu d'apprendre à relier tous ces éléments, de sorte que votre cible ne puisse plus se passer de vous.

Première mission : découvrir en briefing les quatre clés d'une conversation réussie, avant de passer à la mission suivante.

MISSION 2 : Tac au tac

En impro, les comédiens font parfois cet exercice : l'un d'eux demande à quelqu'un dans le public de dire un mot au hasard, puis le comédien raconte une anecdote basée sur ce mot.

Bien sûr, rien ne vous oblige à prendre le mot au sens littéral. Exemple : le mot « clown » peut vous inciter à raconter votre première visite d'un cirque, un jour où vous avez fait le pitre en classe, ou n'importe quel événement qui vous a fait rire.

Ensuite, toute la troupe improvise des scènes inspirées par l'anecdote, par des mots ou des détails de l'histoire, ou par des idées qu'elle suggère.

Votre mission : travaillez cet exercice chez vous. Entraînez-vous à raconter des anecdotes vécues en vous basant sur un seul mot.

Deux méthodes :

- invitez un pote et improvisez à tour de rôle. Surtout, démarrez bien l'anecdote en moins de dix secondes ;

■ connectez-vous sur www.stylelife.com/challenge, où vous trouverez un programme de « génération aléatoire » de mots. Trouvez une anecdote à partir du terme proposé par le programme. Récitez-là à voix haute.

Recommencez l'exercice jusqu'à pouvoir raconter une anecdote sur-le-champ, avec un début, un milieu et une fin, à partir d'un mot choisi au hasard. En cas de souci, revoyez les trucs de narration vus au jour 12.

Le but est de s'exercer à poursuivre ou relancer une conversation sans effort, en se basant sur un mot prononcé par votre cible, une réaction, un détail, etc.

MISSION 3 : Mission à fils multiples

Aujourd'hui, votre mission sur le terrain consiste à créer des boucles ouvertes et des fils multiples. Commencez par sortir une intro. Mais cette fois, avant de la terminer, lancez un autre fil.

Exemple avec l'intro de la copine jalouse : pour lancer un nouveau fil, il vous suffit de faire une observation spontanée ou un commentaire enthousiaste (« Au fait, dis-moi, pourquoi tu portes une bague à ce doigt-là ? » ou « Mais avant ça, tu ne croiras jamais ce qui m'est arrivé en venant ici. »)

Exemples de fils : une histoire mise au point au jour 12, une autre intro, une observation sur la fille ou votre environnement, une anecdote spontanée inspirée par ce qu'elle vient de dire, ou une mise en valeur.

Au début, on ne le sent pas, on se dit qu'on passe pour un type incapable de se concentrer deux minutes. Mais avec un peu de pratique, on réussit à lancer de nouveaux fils quand on le veut.

Cela dit, le plus souvent, la création de boucles ouvertes en cours d'intro n'est pas essentielle à l'approche. De là à ne pas vous y mettre aujourd'hui...

JOUR 18 – BRIEFING

LES QUATRE CLÉS D'UNE CONVERSATION RÉUSSIE : BOUCLE, ACCROCHE, FIL ET...

Boucle

Au début des *Mille et Une Nuits*, le sultan Shâhriyâr apprend l'infidélité de son épouse et la condamne à mort. Il se déclare ensuite incapable de faire confiance à une femme. Dès lors, il choisit d'en épouser une nouvelle chaque jour, de passer la nuit avec elle et de la faire tuer le lendemain matin, avant qu'elle ait pu le tromper.

Ce règne de la terreur parano se poursuit jusqu'au jour où le sultan trouve à qui parler, en la personne de Shéhérazade. Celle-ci n'ignore pas que son mari la fera tuer au matin. Par conséquent, lors de leur première nuit à deux, elle commence à lui raconter une histoire. Mais au moment où son récit atteint un point critique, le jour se lève et Shéhérazade s'interrompt sur un suspense qu'elle promet de lever la nuit suivante.

Désireux de connaître la suite de l'histoire, le sultan décide de ne pas faire tuer son épouse. Le stratagème se poursuit jusqu'à ce que Shéhérazade ait donné trois fils à son époux et l'ait convaincu de sa fidélité.

En programmation neurolinguistique, le principe employé par Shéhérazade est dit des « boucles ouvertes ».

Traduction : créer une boucle ouverte signifie interrompre un récit ou une pensée. C'est aussi la raison du succès de la série *Lost*. À chaque épisode, les auteurs ajoutent de nouvelles boucles et les téléspectateurs attendent avec impatience la résolution de dizaines d'énigmes.

Quand j'ai commencé à étudier la séduction, pour obtenir le numéro ou l'adresse e-mail d'une fille, je lui sortais une routine de mise en valeur (genre les bagues). Mais avant la fin, je disais à la nana que je devais retourner voir mes potes, ou bien je demandais à un copain de venir me chercher. Conséquence : pour savoir quelle signification avait le doigt qui portait une bague, elle était obligée de venir me retrouver.

Accroche

Quand vous discutez avec une inconnue, chaque fois qu'elle parle, visualisez ses paroles sous la forme d'un long fil horizontal. Puis imaginez un crochet au niveau de chaque mot important. Chacun de ces crochets vous permettra de lancer un nouveau fil.

Même une banalité genre « Je suis assistante juridique depuis six mois » offre plusieurs crochets : racontez à cette fille une anecdote en rapport avec la justice, essayez de deviner dans quoi elle bossait avant, interrogez-la sur le cabinet, demandez-lui en quoi son boulot consiste, racontez-lui votre pire ou meilleure anecdote de boulot, demandez-lui son avis sur un procès célèbre, discutez des difficultés des études de droit, voyez si elle est de la région, ou proposez-lui une place de conseillère juridique dans l'hôpital pour peluches de votre petit neveu.

La fille n'a pas à vous révéler grand-chose pour vous offrir toute une série de crochets. D'autant que les détails les plus insignifiants sont les plus efficaces, pour qui sait les exploiter.

Mais les crochets fonctionnent aussi dans l'autre sens. Au lieu de poser des questions à la fille, parsemez votre conversation de crochets en taisant certains détails, de sorte qu'elle ait envie d'en savoir plus. Exemples : si vous dites « Là d'où je viens, ça ne se fait pas », votre cible vous demandera sûrement d'où vous venez. Si vous dites « Ça, dans mon boulot, ça ne nous arrive jamais », elle vous demandera dans quoi vous bossez.

Fil

À la base, un fil, c'est un sujet de conversation. Vous abordez un groupe en leur sortant l'intro de la copine jalouse ? Le fil, ce sera le thème des copines jalouses. Mais au bout de dix minutes, il risque de s'épuiser. À ce moment-là, si vous cherchez à relancer la conversation en demandant « À propos des filles qui restent en bons termes avec leurs ex, etc. », vous passerez pour le gars qui n'a rien d'autre à dire.

Pour éviter ce fiasco, ne focalisez pas la conversation sur un seul sujet. Entremêlez plusieurs thèmes ou anecdotes pour mieux captiver votre public. Jongler avec plusieurs boucles fera naître une impression de grande connivence entre l'inconnue et vous.

Exemple :

VOUS : Salut, tu vas peut-être nous aider à clore un débat. Tu te souviens s'il y avait un pompier dans les Village People ?

ELLE : Euh, je vois plus trop. À part le maçon et un mec en cuir.

VOUS : C'est ça, ils étaient cinq et on n'en retrouve que quatre. Le flic, l'Indien... Tiens mais au fait, vite fait, je vois que tu portes un bracelet. Ma sœur s'est offert pratiquement le même pour son anniversaire.

ELLE : Ah, ok. Moi, pareil, on me l'a offert.

VOUS : Ça me fait toujours drôle, les gens qui s'offrent des cadeaux pour leur anniv. Sérieux, ça compte pas. Moi je vois, pour mes vingt ans, etc.

Plutôt que de bloquer dix minutes sur les Village People, on lance un nouveau sujet de conversation au milieu de l'intro. Du coup, quand le couplet bracelet/cadeaux arrive en bout de course, on peut retourner aux Village People.

Le meilleur moyen de lancer un nouveau fil, c'est la remarque spontanée. Une remarque sur un détail ou un thème qui vous enthousiasme davantage que ce dont vous parliez.

Ça peut paraître artificiel, mais c'est tout ce qu'il y a de plus naturel. Exemple : vous parlez à un pote d'une fille que vous avez vue à la banque, et à la seconde où vous prononcez le nom de la banque, votre pote vous interrompt pour vous dire qu'il est amoureux d'une guichetière dans cet établissement. Autre exemple : vous racontez une anecdote quand soudain vous voyez passer une ex et vous vous interrompez pour la faire voir à votre ami.

Le simple fait de connaître le mode de fonctionnement des boucles, des crochets et des fils peut vous aider à nouer une relation privilégiée avec une inconnue. Vous créez un lien sur-le-champ, vous évitez les silences gênants, et vous donnez à votre cible l'impression d'avoir beaucoup de choses à vous dire.

La 4e clé

N'oubliez pas la morale des *Mille et Une Nuits*. Nous aimons *tous* les histoires et le suspense. N'hésitez donc pas à interrompre une routine ou une anecdote au bon moment, ou à laisser des questions en suspens.

Ça peut être tout bête : « Il y a trois trucs que j'aime bien chez les gens. Mais je peux pas te dire le troisième, on se connaît pas assez. »

À vous de décider quand refermer la boucle : au cours de la conversation, le lendemain au téléphone ou pendant un futur rancard. Si vous quittez la fille sur une énigme, elle aura envie de vous revoir.

Bon. Vous vous demandez sûrement quelle est la quatrième clé d'une conversation réussie ? Je vais me faire un plaisir de vous l'apprendre. Mais pas tout de suite.

JOUR 19

MISSION 1 : Blindez votre agenda

Sortez votre agenda.

Inscrivez-y des activités pour aujourd'hui et les six prochains jours (restau, soirée, fête foraine, médium, ce que vous voulez). N'oubliez pas de motiver chaque entrée.

Familiarisez-vous avec chaque activité, les dates correspondantes et les raisons suggérées.

MISSION 2 : La graine

Vous êtes mûr pour découvrir le processus permettant de récupérer le numéro d'une fille sans souci.

Première étape : lire le briefing du jour, sur les graines et les semailles.

MISSION 3 : Semer une graine

Aujourd'hui, lors de trois conversations, vous allez semer une graine correspondant à un événement de votre agenda.

Deux de ces conversations peuvent se faire avec des potes à vous. Mais une au moins devra se faire avec une inconnue abordée avec une intro.

Il n'est pas nécessaire d'inviter l'inconnue à l'événement en question. Le but du jeu n'est pas non plus (en tout cas, pas aujourd'hui) de récupérer un numéro ou un rancard (en même temps, si vous y arrivez : bien joué !). Tout ce que vous avez à faire, c'est de semer une graine conversationnelle.

JOUR 19 – BRIEFING

GRAINES ET SEMAILLES

Demander son numéro à une inconnue, c'est un peu l'Everest de la drague. Si la fille refuse ou vous demande le vôtre en précisant qu'elle ne donne jamais le sien aux mecs, elle détruit le lien que vous aviez si minutieusement tissé.

Une fille peut aussi refuser de vous donner son numéro la première fois que vous le lui demandez, même si elle vous apprécie. C'est une réaction automatique : échaudées par des balourds, la plupart des filles ont un speech qu'elles sortent presque instinctivement quand on leur demande leur tél.

Que faire ?

Ne pas le leur demander.

Entre aujourd'hui et demain, on va voir les deux techniques permettant de récupérer un numéro sans avoir à le demander.

Première technique : la graine. Vous évoquez un événement auquel la fille aura envie d'assister, mais vous ne l'y invitez pas tout de suite. Exemple : vous lui dites que vous êtes invité à une soirée, vous lui faites comprendre que ça va être trop cool, puis vous changez de sujet. Plus tard, avant de mettre fin à l'interaction, vous décidez de l'inviter.

Voici une variante que j'ai testée et validée :

« Tu as vu cet épisode de *Seinfeld* avec un cuistot cinglé. Le spécialiste des sushis qui demande à ses clients de lui faire une confiance absolue : il leur sert ce qu'il veut et si le client ne mange pas sur-le-champ, le gars ne le sert plus. Si tu prends de la sauce soja alors qu'il t'a recommandé de ne pas le faire, pareil. Et si tu demandes un sushi à l'américaine, il te massacre. Par contre, ses sushis, c'est un pur délice. Le gars est un véritable artiste. Jamais un sourire. Il ne vit que pour faire les meilleurs sushis au monde. »

Le décor planté, j'explique à la fille que je compte aller manger dans ce restau jeudi soir. Normalement, l'étape suivante consiste à y inviter ma cible. Mais justement, c'est trop évident, alors je zappe. Je change de sujet, pendant qu'elle se demande pourquoi je ne l'invite pas. Enfin, au dernier moment, je me tourne vers elle et lui dis : « Tu sais quoi, tu devrais venir manger des sushis avec nous, jeudi soir. »

Bon, ok, j'aurais pu l'inviter dès le début. Peut-être même qu'elle aurait accepté. Mais le but du jeu, c'est de virer tous les « peut-être » de l'interaction.

Semer une graine permet d'augmenter la probabilité que la fille réponde oui. Et ce, parce qu'elle n'est pas exposée à la pression d'une invitation soudaine – pression qui entraîne souvent une réponse automatique négative. Tandis que si vous lui présentez l'événement, puis laissez à la fille le temps de se faire un avis avant de l'y inviter, elle répondra plus sûrement oui. Surtout si, entre-temps, vous avez mis en avant votre personnalité, votre indépendance et vos qualités. Dernier point : comme nous l'ont appris les tue-la-drague, le fait de ne pas inviter la fille immédiatement ne fait qu'augmenter son désir de participer à l'événement.

En plus, le fait d'avoir un prétexte pour se revoir, et un projet bien précis, réduit la probabilité que la fille se dégonfle. Même si vous ne lui inspirez pas totalement confiance, elle peut décider de venir, juste pour voir. Surtout si vous lui proposez une sortie plus originale que celles auxquelles les dragueurs lambda l'ont habituée. Enfin, comparée à un vrai rancard (coincée toute la soirée avec un quasi-inconnu plein d'idées derrière la tête), votre petite fiesta lui met moins la pression.

Surtout, ne semez pas une activité ou une sortie trop complexe, trop longue ou qui nécessite quatre heures de route. Les gens acceptent plus facilement si ça ne leur coûte pas grand-chose.

Une fois la graine de sortie semée, l'échange de numéros et le rancard se font presque tous seuls. Surtout si vous réussissez les missions de demain.

JOUR 20

MISSION 1 : Le numéro

Aujourd'hui, on se concentre sur la seconde phase de l'échange des numéros. Commencez par lire le briefing, où vous découvrirez le complément indispensable à la mission d'hier. Puis passez à la mission 2.

MISSION 2 : Aborder, semer, échanger

Accostez des filles en utilisant les techniques vues jusqu'ici.

Ensemencez chaque conversation avec une entrée de votre agenda, comme hier.

Si vous atteignez le point d'accroche, tentez la conclu-tél apprise aujourd'hui avant de clore la conversation.

La mission est réussie une fois que vous avez obtenu un numéro ou abordé cinq filles.

JOUR 20 – BRIEFING

LA CONCLU-TÉL

Un bon Challenger doit avoir constamment sur lui quatre accessoires :

- chewing-gum ou cachou (pour l'haleine) ;
- stylo (pour noter les infos) ;

- papier (carte pro, c'est le mieux. Même si c'est celle d'un pote) ;
- capotes (ce serait trop con).

Il n'y a rien de mal à enregistrer un numéro directement sur son portable. On peut même envisager des routines sympa. Genre, elle vous laisse enregistrer votre numéro sur son portable et vous vous inventez un surnom débile. Du coup, quand vous l'appelez, c'est « Show Lapin » qui s'affiche. Cela dit, un papier et un stylo, ça reste porteur.

Hier, vous avez appris à semer une graine dans une conversation. L'étape suivante, c'est d'y revenir avant de clore l'interaction.

Exemple : juste avant de quitter la fille, d'un ton dégagé, balancez : « Et n'oublie pas de tester ce restau de sushis, hein ? » Petite pause. « Ou alors, tu pourrais venir avec nous jeudi soir ; on finira notre discussion sur les types de personnalité. »

Notez au passage que le fait d'intégrer un motif supplémentaire (un prétexte : une boucle à boucler, par exemple) réduit encore la possibilité d'un rejet.

Ensuite, vous lui donnez votre numéro. Les filles ont rarement de réaction automatique à cette situation.

Méthode : vous sortez un stylo et une carte de visite (ou autre petit papier). Vous déchirez le papier et notez votre prénom et votre numéro sur une moitié.

Puis vous gardez ce papier et tendez l'autre moitié et le stylo à la fille. Elle les prendra ; sinon, ce serait salaud.

Huit fois sur dix, la nana note son prénom et son numéro. Les rares fois où ça rate, elle demande « J'en fais quoi ? » Là, vous lui montrez votre moitié de papier et vous prenez une expression qui veut dire « À ton avis ? »

Une fois qu'elle s'est exécutée, vous échangez les papiers. Gagnant-gagnant.

Visualisez le geste et travaillez-le jusqu'à le maîtriser à la perfection.

Ça a l'air simple : ça doit l'être.

Attention, ceci n'est pas un tour de passe-passe. Si la fille n'est pas intéressée, elle ne vous donnera pas son numéro. Par contre, cette technique permet de passer sans encombres un cap toujours délicat. Perso, je ne me suis jamais pris un vent en l'utilisant, et on ne m'a jamais refilé un faux numéro. Tout est dans le timing.

Attendez d'avoir touché le point d'accroche. À ce moment-là, si vous partez sèchement, la fille sera déçue. Mais tant que vous vous montrez sociable et digne de confiance, tant qu'elle constate que vous êtes plus intéressant ou séduisant que la concurrence et tant que vous ne lui demandez pas son numéro trop tôt, la transaction devrait bien se passer.

Si vous voulez pimenter l'instant – je vous le recommande –, une fois qu'elle a noté son numéro, dites-lui : « Tu ne voudrais pas dessiner ton autoportrait à côté, que je n'oublie pas ta figure ? » Ce croquis vous en dira long sur la fille. Et puis c'est sympa à faire.

Après l'échange de numéros, prolongez l'interaction encore deux trois minutes. Si vous filez direct, elle croira que vous ne vous intéressiez qu'à son numéro et aura des regrets. Au lieu de ça, partagez une dernière anecdote. Si vous êtes à sec, inspirez-vous de son autoportrait : « C'est quoi, là ? Un bras ? Ah d'accord, je vois mieux. »

Dernier point : un numéro n'est pas un but, seulement une étape. On peut même s'en passer, si la fille veut passer toute la nuit avec vous. Quelquefois, on obtient le numéro en quinze minutes et on se retrouve à rester des heures ensemble après. Plus rare : vous prévoyez de vous revoir sans même échanger vos numéros.

JOUR 21

MISSION 1 : L'équipier muet

Aujourd'hui ? De la tarte !

Mais pas de la blague. Vous allez synthétiser tout ce que vous avez appris, afin de le projeter dans un plus vaste cadre de charme et de séduction.

Le briefing du jour récapitule les étapes franchies, de l'intro à la conclu-tél. Remplissez toutes les entrées que vous maîtrisez. Ce travail terminé, notez toute technique que vous avez envie de tester. Puis arrachez les deux pages, photocopiez-les ou recopiez-les.

Ce document devient votre antisèche, votre équipier muet.

MISSION 2 : Abordez en utilisant votre équipier muet

Glissez votre antisèche dans une de vos poches.

L'objectif du jour est d'accoster une fille (ou un groupe mixte) et de réussir la conclu-tél.

Du moment que vous parvenez à la conclu-tél, inutile de mettre en pratique tous les éléments.

Plus vous maîtriserez ces techniques, moins vous aurez recours à des situations scénarisées (sauf en cas de coup de mou, de coup dur). Mais pour devenir un virtuose, vous devez étoffer le plus possible votre répertoire. Puis, quand vous commencez à enchaîner les succès, simplifiez votre jeu sans perdre en efficacité. Autrement dit : entraînez-vous avec votre antisèche pour ne plus en avoir besoin à l'avenir.

MISSION 3 : Stratégie globale

Il est peut-être temps qu'on en parle.

Si vous ne savez pas où vous aller, vous ne saurez pas comment y aller. Passez donc à la seconde section du briefing, vous devriez y voir plus clair.

JOUR 21 – BRIEFING

LE CARNET DU COÉQUIPIER MUET

Attitude et affirmations

Je suis quelqu'un de relax, confiant, marrant. Je dégage une énergie positive. Je ne suis pas obsédé par le résultat. Les femmes me désirent et veulent m'avoir près d'elles. Chaque rencontre m'apprend quelque chose. Je teste les filles pour voir si elles satisfont mes critères. Je mérite ce qui se fait de mieux.

Intros

Contexte

Contrainte horaire

Transition

Comment vous vous êtes rencontré(e)s ?

Tue-la-drague

Mise en valeur

Lecture à froid

Affirmation d'identité

Histoires / Anecdotes

Événements à semer

Techniques de conclu-tél

ANATOMIE DE LA SÉDUCTION

Avant, quand je draguais, ma stratégie c'était de m'incruster : j'entretenais la conversation non-stop histoire, au bout de plusieurs heures et de plusieurs verres, de pouvoir tenter ma chance.

Mais lorsque, saisissant mon courage à deux lèvres, j'essayais de l'embrasser, la nana esquivait le coup. Puis elle m'expliquait qu'elle ne voulait pas gâcher notre belle amitié. Un coup de poignard en plein cœur, à chaque fois.

Et je ne voyais pas où je merdais. Du coup, je me disais que je devais être trop moche ou mal à l'aise. Et je reproduisais le même scénario inefficace chaque fois que j'obtenais un nouveau rancard, en espérant que cette fois ce soit la bonne.

Mais du jour où j'ai découvert qu'on pouvait *apprendre* à séduire, j'ai compris que dans « histoire d'amour », l'important c'est l'histoire. Deux inconnus doivent passer par une série d'étapes bien précises pour qu'une relation sexuelle ou sentimentale s'établisse entre eux. Et toutes les relations ou presque obéissent à cette règle, que les étapes soient suivies consciemment ou non.

Moi, je croyais que tout dépendait de la construction d'un rapport entre l'homme et la femme. Alors je squattais la phase « amitié ».

L'amitié repose sur un rapport, la confiance et des centres d'intérêt communs. Je ne me rendais pas compte que la séduction s'établit tout aussi facilement, mais par d'autres étapes.

Une fois cette notion assimilée, ma vie a changé : mes relations avec les filles sont passées du stade de l'amitié à celui de l'histoire d'amour. J'ai même réussi à schématiser le processus de séduction : en sachant à quelle étape la fille se trouve, je peux déterminer quoi faire pour la faire passer à la suivante.

Des étapes, il y en a cinq :

1. *l'intro.* Toute histoire d'amour commence par une rencontre entre deux inconnus. Demandez à vos parents. Et à vos grands-parents. C'est pourquoi les neuf premiers jours du Challenge sont consacrés exclusivement à l'approche ;

2. *mise en valeur.* L'intro passée, il faut atteindre le point d'accroche au plus tôt. Suivant la fille, sa popularité, son estime de soi, ses centres d'intérêt et ses goûts, vous vous mettrez en valeur rien qu'en lui disant bonjour, ou il vous faudra tout faire pour paraître au-dessus du lot ;

3. *créer un lien émotionnel.* Vous êtes un mec cool et passionnant, c'est clair. Mais vous pourriez parler à n'importe quelle fille de la boîte, ce soir. Pourquoi celle-ci ? L'heure est venue de démontrer que vous avez quelque chose en commun, que vous êtes sur la même longueur d'ondes, et que votre rencontre était écrite ;

4. *préparer le passage à l'action.* La fille vous apprécie, ok, mais de là à coucher avec vous, il y a un pas. Une fenêtre s'est ouverte, à vous de convaincre votre cible d'en profiter. En général, on l'excite par des paroles ou un contact. Le temps, la confiance et le rire sont aussi efficaces. Mais dans certains cas, il faut plus. Des techniques comme la touche de jalousie, les messages contradictoires ou la courte disparition lui feront comprendre que si elle ne se bouge pas, elle risque de perdre gros ;

5. *établir un contact physique.* Quand la nana est intéressée, il ne vous reste plus qu'à éviter le faux-pas fatal. Au contraire, rassurez-la : qu'elle ne se sente ni mal à l'aise, ni exploitée. Rien qui provoque en elle une réponse automatique négative.

Enfin, n'oubliez pas qu'une « séance » de séduction ne débute pas forcément à l'étape n°1. Il arrive que l'interaction parte d'une étape ultérieure – par exemple, si la fille est déjà sous votre charme. Dans quelque temps, vous serez peut-être assez virtuose pour rouler une pelle à une inconnue en quelques minutes. Plus vous maîtriserez le processus, plus vous saurez franchir les étapes rapidement.

Dans le détail

Les étapes décrites ci-dessus m'ont permis de réussir la quasi-totalité de mes approches. Mais on peut illustrer autrement ce même processus, car certaines personnes réagissent mieux à d'autres modèles.

C'est pourquoi j'ai demandé aux coaches de www.stylelife.com de mettre au point leur version à eux. Le résultat :

MODÈLE DU PROCESSUS DE SÉDUCTION

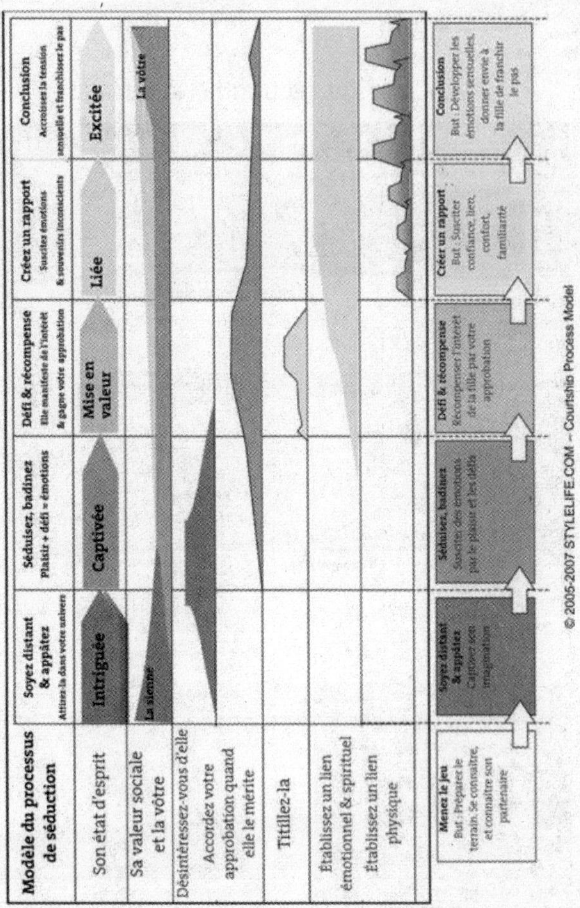
Modèle du processus de séduction
Soyez distant & appâtez
Attirez-la dans votre univers
Séduisez, badinez
Plaisir + défi = émotions
Défi & récompense
Elle manifeste de l'intérêt & gagne votre approbation
Créez un rapport
Suscitez émotions & souvenirs inconscients
Conclusion
Accroissez la tension sensuelle et franchissez le pas
Son état d'esprit
Intriguée
Captivée
Mise en valeur
Liée
Excitée
Sa valeur sociale et la vôtre
La sienne
La vôtre
Désintéressez-vous d'elle
Accordez votre approbation quand elle le mérite
Titillez-la
Établissez un lien émotionnel & spirituel
Établissez un lien physique
Menez le jeu
But : Préparer le terrain. Se connaître, et connaître son partenaire
Soyez distant & appâtez
Captiver son imagination
Séduisez, badinez
Susciter des émotions par le plaisir et les défis
Défi & récompense
Récompenser l'intérêt de la fille par votre approbation
Créer un rapport
But : Susciter confiance, lien, confort, familiarité
Conclusion
But : Développer les émotions sensuelles, donner envie à la fille de franchir le pas
© 2005-2007 STYLELIFE.COM – Courtship Process Model

Chaque phase correspond à un passage-clé qui permet la transition à l'étape suivante.

Le plus important est de savoir passer de l'une à l'autre en douceur, avec naturel. J'ai donc demandé à mes coaches d'entrer dans les détails, de vous fournir des exemples de comportement et d'attitudes précis :

PROCESSUS DE SÉDUCTION : STRATÉGIES

Phase	État visé	Stratégie
Image de soi : mener sur le mode badin But : se préparer, se connaître, connaître votre partenaire idéal, et préparer les opérations.	ASSURANCE	Mettez vos qualités en valeur.
		Identifiez vos partenaires potentiels.
		Mettez au point une stratégie perso.
		Maîtrisez votre moi intérieur.
Phase 1 : soyez distant et appâtez But : captiver l'imagination de la fille. Qu'elle vous intègre à son univers.	INTRIGUÉE	Passer pour l'objet du désir tout en restant distant.
		Paraître inoffensif (contrainte horaire).
		Être prêt à partir, manifester un manque d'intérêt, sortir un tue-la-drague.
		Titillez sa curiosité.
Phase 2 : séduisez, badinez But : susciter du plaisir, lancer des défis, pour titiller ses émotions.	CAPTIVÉE	Démontrez votre valeur sociale, créez des émotions intenses.
		Suscitez une légère confusion, défiez la fille, titillez-la, badinez.
		Trouvez le point d'accroche, *séduisez* ses copines.
		Augmentez votre valeur sociale.
		Trouvez le moyen de passer un moment de qualité seul à seul.
Phase 3 : défi et récompense But : récompenser l'intérêt de la fille par votre approbation.	RÉCOMPENSÉE	Évaluez ses capacités, mettez-la au défi.
		Poussez-la à s'investir.
		Récompensez-la, trouvez-vous des points communs, faites preuve d'intérêt.
		Lecture à froid, contrôle du cadre, changement de cadre si nécessaire.
Phase 4 : créer un rapport But : générer de la confiance, des liens profonds, du confort, créer le sentiment que vous vous connaissez déjà et que vous n'allez pas vous quitter. Votre rencontre n'est pas comme les autres.	LIÉE	Anecdotes et jeux.
		Partez vivre de nouvelles expériences à 2.
		Manifestez votre confiance.
		Faites-lui exprimer ses valeurs profondes.
		Associez des sentiments positifs.
		Approfondissez votre lien.
		Tentez le contact, faites monter la température bingo.
		Insinuations pour l'exciter.
Phase 5 : conclusion But : booster la tension sensuelle et les émotions physiques. Donner envie à la fille de franchir le pas.	EXCITÉE	Créez une atmosphère sensuelle.
		Suscitez des valeurs sensuelles, un état d'esprit érotique.
		Passez à des contacts plus érotiques pour faire grimper la température bingo.
		Repérez ce qui l'excite et agissez en conséquence.
		Franchissez le pas – explosion sensitive indirecte.
		Pelotage en douceur.
		Assurez-vous qu'elle soit totalement consentante.
		Prévoyez la suite. Et gérez.

Inutile de mémoriser toutes les étapes et toutes les stratégies, du moment que vous en comprenez la substance : la drague n'a rien d'aléatoire, la séduction ne tombe pas du ciel, et il n'est pas nécessaire de tâtonner. En fait, la formule du succès existe – en drague comme dans la vie.

À présent, vous la connaissez.

JOUR 22

MISSION 1 : Apprenez à retourner une situation

Aujourd'hui, on travaille le cadre : je vais vous apprendre à garder le contrôle d'une conversation. Les concepts mis en œuvre vous seront utiles dans presque toutes les situations sociales, ils pourraient même modifier votre façon de voir le monde.

Première mission : lire le briefing du jour.

MISSION 2 : Changement de cadre constructif

Deuxième mission : recadrer le négatif en positif au moins une fois d'ici ce soir.

Si un pote, un collègue ou un inconnu se plaint de quelque chose ou tient un propos négatif, recadrez-le en positif. Exemples : un pote vous explique qu'il est incompétent dans un certain domaine, vous lui répondez qu'il est trop perfectionniste.

On vous dit « Ma meuf me prend la tête », vous répondez « À ton avis, pourquoi elle fait ça ? Parce qu'elle t'aime. Autrement, elle s'en foutrait. »

Continuez jusqu'à ce que la personne adopte votre point de vue.

Si vous n'entendez aucun commentaire négatif de la journée, appelez un pote ou un parent, demandez-lui ce qui l'a le plus emmerdé cette semaine, et recadrez-moi tout ça.

MISSION 3 : Changement de cadre, version flirt

Choisissez l'un des deux exercices ci-dessous. Votre mission consiste à réussir l'un d'eux. Veillez bien à garder le sourire : votre interlocutrice doit comprendre que vous jouez.

1. Recadrez un accident en situation délibérée. Dans un lieu public (bar, magasin, etc.), quand une fille vous bouscule ou vous frôle, prenez un air faussement outré et dites : « Je rêve pas, vous m'avez pincé. Attention, je suis pas comme ça. Moi, c'est restau et ciné, après on se pelote. »

2. Recadrez un conseil en intérêt perso. Chez un disquaire, demandez conseil à une vendeuse : vous cherchez un CD d'ambiance pour un repas. Quand elle vous en propose un, accusez-la, sur le ton de la blague, d'être payée pour le faire. « Ce CD-là, vous êtes sûre ? Dites-moi, la maison de disques vous graisse la patte ou quoi ? Genre, vous vendez 100 CD, ils vous offrent un lave-linge, c'est ça ? » Puis achetez le CD. Vous comprendrez au jour 24.

MISSION 4 : Vous coincez ?

Si vous n'avez toujours pas réussi de conclu-tél, penchez-vous sur votre antisèche, glissez-la dans votre poche, embarquez votre agenda et abordez quatre filles ou quatre groupes.

JOUR 22 – BRIEFING

LE CHANGEMENT DE CADRE

Par Thomas Scott McKenzie

Les cadres ne servent pas qu'à embellir un tableau ou à diriger une entreprise.

Dans *Introducing NLP*, Joseph O'Connor et John Seymour définissent les cadres comme « la façon dont nous mettons les choses en contexte pour leur donner des significations particulières ; ce à quoi nous accordons de l'importance à un moment donné. »

Traduction : le cadre est le contexte dans lequel sont perçus une personne, un objet ou un environnement. Le cadrage consiste, pour sa part, à façonner l'interaction, de façon à atteindre le résultat souhaité. Vous pouvez modifier votre propre cadre, celui d'autrui, ou bien le cadre dans lequel une conversation ou une situation semble installée.

Le recadrage consiste à modifier un cadre ou à fournir un nouvel angle d'observation. Dans *Sleight of Mouth*, Robert Dilts nous explique que le « recadrage signifie littéralement apposer un nouveau cadre autour d'une image ou d'une expérience. Du point de vue psychologique, cela revient à transformer la signification de l'objet en l'insérant dans un nouveau cadre ou un nouveau contexte ».

De fait, en général, flirter équivaut à recadrer. Par exemple, si une femme vous bouscule et que vous lui dites « Vous m'avez mis la main au panier, je rêve ! », vous recadrez la situation. Elle passe du stade de l'accident à un stade plus chargé sexuellement.

On peut également envisager la plupart des règles sociales sous l'angle du cadre. Le mâle alpha détient ainsi le cadre (ou point de vue) dominant dans une situation donnée. Attention toutefois à ne pas confondre domination et entêtement, ou maniaquerie. Dilts précise que « Quiconque possède la plus grande flexibilité dirigera l'interaction ».

Quand vous abordez une inconnue, il importe de posséder un cadre solide afin que la fille ressente le besoin de rechercher votre approbation plutôt que l'inverse. C'est l'une des raisons pour lesquelles le Challenge prévoit un agenda : pour que la fille puisse pénétrer dans votre univers.

Prenez les différents écueils à éviter pendant l'approche – offrir un verre, ou tout ce qui peut passer pour de la supplication – toutes ces erreurs peuvent dénoter un cadre faible, ou un individu prêt à abandonner son cadre au profit d'un autre.

TECHNIQUES DE RECADRAGE

Il en existe une quantité presque infinie. Robert Dilts, lui, s'intéresse plus particulièrement à quatre d'entre elles :

Modifier la taille du cadre

Dilts se réfère au film *Cabaret* pour illustrer l'influence de la taille des cadres sur notre perception. Il évoque cette scène qui s'ouvre sur un gros plan d'un « garçon au visage d'ange chantant d'une voix magnifique ». Puis la caméra effectue un zoom arrière et l'on constate que l'enfant est habillé en soldat. La caméra recule encore, et l'on découvre, sur le bras du petit, un brassard orné d'une croix gammée.

« Au fur et à mesure que le cadre s'agrandit, nous découvrons que cet enfant se produit à l'occasion d'un rassemblement nazi, conclut Dilts. Le sens et les émotions que véhicule l'image se trouvent bouleversés par l'information qui apparaît lorsque la taille du cadre se modifie. »

Ainsi, durant une interaction avec une fille, imaginez-vous derrière une caméra : vous contrôlez la taille du cadre. Admettons que vous vouliez ramener une fille chez vous, mais qu'elle ait peur de ce que ses copines vont penser. Son cadre à elle, c'est l'équivalent du plan de groupe dans votre film. Deux solutions : le zoom arrière – vous lui expliquez que la vie est brève, qu'elle a encore beaucoup d'aventures inoubliables à vivre, et que si elle reste prisonnière de ce que pensent ses copines elle ne vivra jamais à fond ; ou le zoom avant, le gros plan, vous éjectez ses copines de l'image et vous concentrez exclusivement sur ses désirs à elle, vous créez une univers intime pour vous deux. Un univers qu'elle ne voudra plus quitter.

Recadrer le contexte

Cette technique part du principe qu'un même événement n'a pas la même portée suivant les circonstances ou l'environnement dans lequel il se produit. « Ainsi la pluie sera-t-elle considérée comme bénéfique par une population habituée à la sécheresse, mais comme une calamité par ceux sur qui un déluge s'abat, ou ceux qui ont prévu un mariage en extérieur, explique Dilts. En soi, la pluie n'est ni "bonne" ni "mauvaise". Le jugement qu'on lui applique est fonction des conséquences que ce phénomène produit dans un contexte particulier. »

Voilà qui vous sera utile au plan personnel et au plan relationnel. Imaginez : vous testez une nouvelle intro, la fille vous lance un regard chelou puis met les voiles. Dans le contexte de la conclu-tél, vous prenez ça pour un échec. Mais si vous recadrez le contexte au simple test de l'efficacité de l'intro, alors l'interaction n'est plus un fiasco.

Recadrer le contenu

Ce procédé repose sur le fait que les individus voient une même chose différemment en fonction de leurs attitudes, de leurs goûts, de leurs besoins et de leurs valeurs propres. Dilts illustre ce point par l'exemple du pré vide. Un agriculteur y verra un champ potentiel, un architecte l'emplacement d'une future maison, un aviateur en panne sèche une piste d'atterrissage de fortune.

Nous n'avons pas tous la même vision des choses. Le recadrage du contenu signifie prendre en considération le point de vue de chaque individu ainsi que l'intention qui motive son comportement extérieur.

Reprenons la situation où vous cherchez à ramener chez vous une fille. Sa copine répète : « Non, partez pas. Vous êtes pas bien, là ? En plus, tu devrais pas te casser avec un mec que tu viens juste de rencontrer. »

La facilité, ce serait de dire à la copine qu'elle est égoïste, qu'elle agit en petit chef. Essayez plutôt de voir l'aspect positif de son comportement. Peut-être qu'elle s'inquiète pour son amie. Elle vous prend peut-être pour le genre de gars pas net qui roule en vieille fourgonnette rouillée.

On dirait qu'elle cherche à vous mettre des bâtons dans les roues, alors que son comportement part d'un bon sentiment. Plus tôt vous repèrerez son cadre, plus vite vous saurez gérer l'intervention de la fille. Solution possible : discutez avec elle pour la mettre en confiance, puis laissez-lui votre numéro. Comme ça, en cas de flip, elle pourra toujours vous joindre.

Recadrer la critique et les critiques

Les gens qui vous critiquent, en général, ne mettent pas le doigt sur vos erreurs, mais sur ce qu'ils considèrent comme un défaut chez vous.

Pour bien les gérer, il faut savoir dépasser le côté négatif, et comprendre que leurs jugements partent souvent d'un bon sentiment.

Idem pour les critiques que vous adressez aux autres. Quand un pote vous soumet une idée, évitez de lui renvoyer une réponse négative, genre « Ça ne marchera jamais », qui risque de tourner à la dispute. Essayez plutôt de formuler une question positive, que votre ami ne pourra pas prendre pour lui : « Tu comptes t'y prendre comment, alors ? »

Ce type de recadrage s'applique aussi au plus féroce de vos critiques : vous-même. Songez à recadrer toutes les excuses qui vous empêchent d'atteindre vos buts. Exemple : « J'ai pas le temps » devient « Je n'utilise pas mon temps de façon efficace ». Vous pouvez alors transformer le problème en question : « Comment utiliser mon temps plus efficacement afin d'atteindre mon but ? »

En recadrant ainsi vos autocritiques et vos pensées négatives, l'impasse devient une fenêtre ouverte.

CADRAGE SÉDUCTION

Plus vous vous familiariserez avec les cadres, plus vous gagnerez en souplesse, en plaisir et en succès dans votre vie sociale et professionnelle. Au minimum, n'oubliez pas ces trois principes quand vous parlez à une fille :

1. toujours avoir un cadre fort. Confrontez la fille à votre réalité, plutôt que de l'adapter à la sienne. C'est par votre attitude, plus que par votre fric et votre look, que s'exprime votre statut social ;

2. le recadrage est essentiel en termes de persuasion et de séduction. Il vous permet de contrôler la conversation pour mieux la diriger vers un sujet marrant, positif, excitant et, au bon moment, sexuel. Entraînez-vous autant que possible : vous en tirerez profit

auprès des filles et deviendrez aussi un meilleur orateur, ainsi qu'un meilleur penseur ;

3. utilisez toutefois ces techniques avec modération. Ne cherchez pas à contrôler à tout prix le cadre de toutes vos interactions. Parfois, c'est en rendant les armes qu'on remporte la victoire.

JOUR 23

MISSION 1 : Autoévaluation

Dernière autoévaluation du programme !

Ci-dessous, j'ai listé les différents points que vous avez travaillés. Notez votre niveau actuel en entourant le chiffre correspondant :

Maintien	1	2	3	4	5	6	7	8	9	10
Projection de la voix	1	2	3	4	5	6	7	8	9	10
Ton de la voix	1	2	3	4	5	6	7	8	9	10
Hésitations verbales	1	2	3	4	5	6	7	8	9	10
Classe	1	2	3	4	5	6	7	8	9	10
Style vestimentaire	1	2	3	4	5	6	7	8	9	10
Maîtrise intérieure	1	2	3	4	5	6	7	8	9	10
Contact visuel	1	2	3	4	5	6	7	8	9	10
Niveau d'énergie	1	2	3	4	5	6	7	8	9	10
Approche d'inconnues	1	2	3	4	5	6	7	8	9	10
Intros	1	2	3	4	5	6	7	8	9	10
Contraintes horaire	1	2	3	4	5	6	7	8	9	10
Contexte	1	2	3	4	5	6	7	8	9	10
Tue-la-drague	1	2	3	4	5	6	7	8	9	10
Démarquage	1	2	3	4	5	6	7	8	9	10
Valorisation	1	2	3	4	5	6	7	8	9	10
Indépendance	1	2	3	4	5	6	7	8	9	10
Récits	1	2	3	4	5	6	7	8	9	10
Lecture à froid	1	2	3	4	5	6	7	8	9	10
Conversation spontanée	1	2	3	4	5	6	7	8	9	10
Boucles	1	2	3	4	5	6	7	8	9	10
Semer une graine	1	2	3	4	5	6	7	8	9	10
Conclu-tél	1	2	3	4	5	6	7	8	9	10
Contrôle du cadre/ Domination	1	2	3	4	5	6	7	8	9	10
Changement de cadre	1	2	3	4	5	6	7	8	9	10

Repérez vos points faibles et travaillez-les aujourd'hui en reprenant les exercices recommandés.

La dernière ligne droite débute demain. Soyez prêt !

MISSION 2 : À vous de voir

Vous bloquez toujours sur la conclu-tél ? Ok. Il y a deux possibilités.

Soit vous êtes face à un vrai blocage. Dans ce cas, rendez-vous sur le forum de www.stylelife.com/challenge, postez votre blocage et discutez de vos points faibles en fournissant le plus de détails possible. Tentez quatre nouvelles approches en appliquant les conseils ainsi glanés.

Soit vous avez lu le bouquin sans effectuer les missions sur le terrain. Tant pis pour vous !

Si vous avez réussi une conclu-tél, ou même obtenu un rancard, ne vous reposez pas sur vos lauriers. Tentez, vous aussi, quatre nouvelles approches. La perfection est à ce prix.

MISSION 3 : L'art de la persuasion

Vous savez à présent quelles méthodes fonctionnent quand on approche une inconnue. Je vais maintenant vous expliquer *pourquoi* elles fonctionnent, afin que vous puissiez réagir aux surprises, aux imprévus et autres tracas inhérents à toute situation sociale. Je vous invite donc à lire le briefing du jour, consacré au livre *Influence*, de Robert Cialdini, et à remplir le champ des applications.

JOUR 23 – BRIEFING

LE MOTEUR DU « OUI »

Dans son livre *Influence: The Psychology of Persuasion*, le professeur Robert B. Cialdini se penche sur les raccourcis que les gens empruntent pour prendre leurs décisions. Sur cette base, il met au jour six grands principes psychologiques qui sous-tendent les tactiques de persuasion.

Cialdini s'intéresse à la vente et à la publicité, mais ses principes ne se limitent pas à ce qui pousse les gens à choisir telle marque de voiture ou de savonnette. On peut également les appliquer aux relations humaines.

Je vous propose ci-dessous un bref résumé de ces principes. Chacun comporte des centaines d'applications dans le domaine de la séduction. Par exemple, le principe de la preuve sociale vous explique pourquoi les filles sont davantage attirées par les mecs en couple que par les célibataires. À la suite de chaque principe exposé, je vous suggère de noter au moins une application pratique qui vous permettra de progresser dans le jeu.

Cela dit, attention, on est dans le très sérieux. N'utilisez ces principes que pour exprimer ce que les gens ont de meilleur en eux. Pas leurs faiblesses. Dirigez vos interlocuteurs vers leurs intérêts, et pas simplement vers les vôtres.

Preuve sociale

Le gouvernement par la majorité. Si un grand nombre d'individus font la même chose, alors les autres ont tendance à penser qu'ils ont raison. Cialdini : « Pour déterminer ce qui est correct, nous cherchons, entre autres, à savoir ce que nos semblables tiennent pour correct. »

La preuve sociale est notamment persuasive, précise l'auteur, lorsque la personne qui cherche à prendre une décision n'est pas sûre d'elle, ou est dans le flou. La preuve sociale se renforce, en outre, quand on se fie à des gens qui sont proches de nous, ou que l'on considère comme nos égaux.

Application :

___

___

___

Affinité

Sans doute le principe le plus évident, l'affinité soutient que l'on est plus enclin à rendre service aux gens que l'on connaît et que l'on apprécie.

Cialdini énumère plusieurs facteurs générant l'affinité : même style vestimentaire, mêmes origines, mêmes centres d'intérêt. L'affinité naît encore quand quelqu'un nous complimente. Autres facteurs : la beauté physique, les contacts répétés (surtout s'ils se produisent dans le cadre d'un effort commun pour un bénéfice mutuel).

L'auteur ajoute : « une association innocente avec des éléments bons ou des éléments mauvais influence l'opinion que les gens ont de nous. » Pour le meilleur ou pour le pire, conclut-il, « si l'on parvient à se créer un environnement de succès, quand bien même on n'y est lié que de façon très superficielle [...], notre prestige public en sort grandi. »

Application :

___

___

___

Réciprocité

Si quelqu'un nous rend un service, on se sent obligé de lui rendre la pareille. Y compris aux « gens que l'on n'apprécie pas d'ordinaire [...] Du moment qu'ils nous font une petite faveur avant de nous demander quelque chose, ils ont plus de chances de nous convaincre d'accepter. »

Corollaire intéressant : pour amener quelqu'un à accepter de nous rendre un petit service, la bonne tactique consiste à lui en demander d'abord un grand qu'il nous refusera presque à coup sûr.

Application :

____

____

____

Engagement et constance

Quand les gens se sont fait un avis, en général, ils s'y tiennent – surtout s'ils l'expriment ou s'ils le prouvent par une action. Et ce, même s'ils se trouvent confrontés à la preuve du contraire.

« Une fois qu'on a fait un choix ou pris position sur un sujet, affirme Cialdini, on subit des pressions personnelles et interpersonnelles qui nous poussent à rester fidèles à notre engagement. »

Les effets de cette règle sont nombreux. Déjà, les gens ont tendance à observer leurs actions pour déterminer leurs croyances, au lieu de laisser leurs croyances guider leurs actions. Autre effet : vous persuadez quelqu'un de s'engager à acheter un objet, mais le prix augmente ou les règles de la vente sont modifiées avant que la personne ait pu faire son achat, eh bien, la vente a quand même lieu. Enfin, n'oublions pas la technique du pied dans la porte : pour inciter quelqu'un à s'engager à faire un gros achat, commencez par lui en faire faire un tout petit.

Application :

____

____

____

Autorité

Ce principe affirme que l'on a tendance à obéir aux figures d'autorité, et ce, même lorsqu'elles ont des désirs farfelus, ou qui se heurtent à nos croyances intimes.

Effet secondaire : que la personne soit véritablement une figure d'autorité ou qu'elle n'en possède que les attributs, on se range à son avis. Par attributs, je veux parler des titres professionnels, des uniformes, des signes extérieurs de richesse, et des voix autoritaires ou convaincantes. On a même tendance à accepter comme autorité une personne pour la seule raison qu'elle est plus grande que nous.

Application :

____

____

____

Rareté

Cette règle stipule que tout ce qui est rare, ou qui se raréfie, est perçu comme plus précieux et désirable.

L'une des conclusions les plus importantes que Cialdini tire de cette règle est que « l'idée d'une perte potentielle joue un grand rôle dans les décisions des hommes. » Ainsi, quand un obstacle se dresse entre ce que nous désirons et nous, notre désir se décuple. On a dès lors tendance à associer davantage de qualités positives à l'objet afin de justifier notre désir.

« Sachant que ce qui est difficile à obtenir vaut en général plus que ce qui ne l'est pas, précise Cialdini, on se fie souvent au niveau de disponibilité d'un article pour évaluer sa qualité. »

Et l'auteur de conclure que l'on a tendance à désirer les objets dont la disponibilité se restreint brutalement, et ce, davantage que les articles dont la rareté est plus ancienne.

Application :

____

____

____

NIVEAU SUPÉRIEUR

Ici aussi, l'union fait la force : alliez plusieurs principes de persuasion, vos chances de succès augmenteront. Exemple : associez preuve sociale et rareté. « Non seulement, nous explique Cialdini, on veut davantage un objet lorsque sa disponibilité se réduit, mais on le désire plus encore quand on doit se battre pour l'avoir. »

Dernier exercice : rédigez ci-dessous un exemple d'association de deux principes dans le cadre de la séduction.

Application :

JOUR 24

MISSION 1 : Le taureau. Par les cornes

Quand on propose à une fille de sortir, il n'y a pas grand-chose de pire que de n'avoir aucun plan. Scénario fiasco : « moi je sais pas. Qu'est-ce qui te dit, toi ? »

Pire encore : « Dis, tu fais quoi samedi soir ? » Après quoi vous tentez de vous incruster.

Au lieu d'essayer de squatter sa vie, mieux vaut adopter un autre cadre. Dites-vous que sa vie ne la satisfait pas à fond et qu'elle ne demande qu'à découvrir un univers excitant. Cet univers, je vous le donne en mille, c'est le vôtre.

Le Challenge a moins rapport aux filles qu'au style de vie. Si vous réussissez à vous entourer d'une aura positive, constituée de gens charmants, d'endroits géniaux et de trucs trop top, une aura que tout le monde respecte et voudrait intégrer, alors c'est automatique : vous allez rencontrer des filles, et les séduire.

Donc, en guise d'apothéose, le Challenge va se conclure par une fiesta. Prévue pour le jour 30. Organisée par vous. Commencez par lire le briefing du jour pour voir comment tout ça va se goupiller, puis passez à la mission 2.

MISSION 2 : Semez la graine

Mission du jour : semer la graine de votre fiesta.

Abordez des filles et des groupes en vous servant des techniques apprises. Mais, au lieu de semer une entrée de votre agenda, semez votre fiesta. Comme prétexte, vous pouvez discuter d'un thème à adopter ou d'un événement à fêter, ou parler à la fille de potes qui ont les mêmes goûts qu'elle. Mais ne l'invitez pas.

Pas avant la fin de la conversation, quand vient le moment de la conclu-tél.

Exemple : « Tu sais quoi ? Tu devrais venir à ma soirée. Je suis sûre que tu adoreras mes invités. Et puis... tu apporteras de la nouveauté. »

Si la fille vous demande ce que vous entendez par là, précisez : « Tu es quelqu'un d'imprévisible » ou « Tu es quelqu'un d'intéressant, personne ne te connaît. » Tout dépend de l'estime qu'elle se porte.

Ne lui donnez pas trop de détails tout de suite, sauf si elle est vraiment comme une folle. Vous risqueriez de passer pour un mort de faim. Attendez de la rappeler. Le suspense joue pour vous.

La mission est remplie une fois que vous avez obtenu le numéro d'une invitée potentielle, ou abordé cinq inconnues. Le premier cas de figure qui se présente.

Demain, on verra quoi faire avec ce numéro.

JOUR 24 – BRIEFING

À TABLE, CHALLENGER

Vous savez ce qu'il y a de génial quand on organise une soirée ?

C'est qu'on n'a pas besoin d'excuse pour demander un numéro de téléphone, ni pour appeler un copain ou une copine qu'on n'a pas vu depuis des lustres.

Définissons tout de suite ce qu'il faut comprendre par « fiesta » dans le cadre du Challenge : une réunion de six personnes ou plus dans un lieu privé ou public, à des fins de divertissement ou de rapprochement.

Intention

La soirée va vous permettre de retrouver votre inconnue-invitée sur votre propre terrain. Si elle veut vous parler, elle devra composer avec la concurrence. En plus, elle aura moins la pression que dans un rancard « normal ». Il y aura plein de monde pour entretenir la conversation. Et tout ce peuple ne fera que renforcer votre envie, à tous les deux, de vous retrouver seuls.

Autres avantages : vous élargissez votre cercle d'amis et de copines potentielles ; vous développez vos capacités en société ; vous renforcez vos qualités de meneur ; vous étoffez ce style de vie que les autres ont envie de partager. Parmi les filles les plus désirées de la planète, certaines ne sortent pas qu'avec des acteurs, des musiciens, des entrepreneurs, des milliardaires ou des sportifs, elles s'intéressent aussi aux patrons de boîte et aux promoteurs. Et ce, parce qu'elles aussi, elles veulent être là où ça se passe. À vous de faire en sorte que votre inconnue veuille être là où vous êtes.

Promotion

Pas la peine d'imprimer des cartons. Ni des flyers, hein. Il s'agit d'une petite fiesta, les invités sont triés sur le volet.

En revanche, il vous faut une raison pour faire la fête. N'allez pas chercher trop loin non plus. À votre inconnue-invitée, vous présenterez la chose comme un rituel hebdomadaire au cours duquel vous réunissez vos connaissances les plus intéressantes autour d'un bon petit plat. Baptisez l'événement : « les défis du mardi », « la nouba du lundi », « le mercredi du bout-du-monde ».

Autre option, trouver un prétexte original. Idées : un pote à vous vient de sortir un CD indie, de publier un article, d'ouvrir un site Internet, de fêter son anniversaire, d'adopter un chihuahua ou de s'acheter une chemise. Vous organisez une soirée pour fêter ça (pensez à passer le CD, lire un extrait de l'article, mettre en valeur sa chemise, etc.).

Dernière option, prendre n'importe quel prétexte. Chacun des 365 jours de l'année commémore quelque chose : journée de ceci, journée de cela, anniversaire de Paris Hilton, youpi c'est la fête.

Théâtre de l'opération

À vous de voir.

Mais le mieux, ce serait chez vous, ou chez un pote. Les préparatifs sont réduits au minimum (ménage, nourriture, musique, boissons).

Si vous galérez aux fourneaux, profitez de l'occasion. Demandez à une amie cordon-bleu de vous donner un coup de main. Comme vous aurez prévenu vos invités, ils ne vous en voudront pas si vous faites brûler le poulet. Du moment qu'il reste à boire.

Au besoin, achetez des plats à emporter, virez l'emballage, faites-les réchauffer quand vos invités arrivent et servez le tout dans vos plus beaux plats. Ce sera notre secret.

Si vous avez plus d'une dizaine d'invités, prévoyez un coin cosy pour faciliter la conversation. Pensez aussi à organiser un petit jeu sympa qui regroupera tout le monde. Au pire : les charades. Ne sous-estimez jamais les trucs qui vous éclataient quand vous étiez gamin.

Autre endroit possible : un restau qui a des tables ou des banquettes pour tout le monde. Réservez à l'avance et confirmez le jour même. Vos invités seront sûrement d'accord pour partager la note. Du moment que vous y allez pour fêter quelque chose, ce sera une fiesta.

Autres idées : un parc, une plage, un bar, une boîte, un bowling, une chambre d'hôtel, un parc d'attractions. Tant que vous n'enfreignez aucune loi, ça passe.

Casting

On est d'accord : vous n'organisez pas une beuverie entre potes. Plutôt un petit repas sélect avec invités sélect aussi. C'est comme ça qu'il faut présenter la chose à votre inconnue-invitée. Plus ça aura l'air classe, mieux ce sera.

Exemple : au lieu de dire que vous lancez des invitations, dites que vous organisez le casting de votre soirée (en fonction des personnalités, des centres d'intérêt, des boulots, etc.) et que vous aimeriez bien l'y voir. Après tout, une touche d'originalité est toujours bienvenue.

La « touche d'originalité », ce n'est pas qu'une formule à sortir à l'inconnue. Pensez à inviter quelqu'un un poil excentrique ou décalé. Mais pas trop non plus. Ça vous enlèvera un peu de pression, vos invités ne parleront pas que de vous.

Pensez aussi à inviter un roi de la conversation, au moins une copine ou un couple, ainsi que des filles rencontrées pendant le Challenge. Surtout, assurez-vous que l'inconnue-invitée ne soit pas la seule fille de la soirée.

Si plusieurs de vos conquêtes du Challenge répondent à votre invitation, pas de panique. Même si elles comparent leurs impressions vous concernant. Conservez un cadre fort : vous êtes un animal social qui aime sortir, rencontrer de nouvelles personnes, discuter de ce qui leur passe par la tête et les associer à votre réseau. Si vous assurez, elles finiront par se battre pour vous.

L'inconnue-invitée veut inviter une copine ? Fort bien. Si vous arrivez à « séduire » la copine, vous séduirez l'inconnue-invitée. La copine est un copain ? Pas de problème : vous avez invité d'autres nanas, elles sauront bien l'occuper. Sans aller jusqu'à encourager l'inconnue-invitée dans ce sens, dites-vous que si elle invite quelqu'un, ça vous fera une connaissance de plus.

Si la fiesta se déroule chez vous, l'ambiance risque de retomber après le repas. Pour parer le coup, invitez quatre autres personnes pour les cocktails. Nouveaux visages, nouvel enthousiasme, regain d'énergie, et la soirée repart de plus belle (gaffe au timing : les invités ont tendance à se pointer avec 30 minutes de retard...).

Enfin, pour chaque invité, préparez un petit speech de présentation (rappelez-vous l'atelier identité du jour 11). Plus vous les mettez en valeur, plus vous vous mettez en valeur.

Connexion

Pour établir un rapport avec la fille qui vous intéresse, il y a plusieurs choses à faire avant, pendant et après la fiesta.

Si la soirée a lieu chez vous, demandez-lui de rester pour vous aider à ranger. Si la soirée se tient ailleurs, préparez une idée de sortie pour après.

Des fois, ça peut être sympa de faire participer les invités aux préparatifs plutôt que de se taper tout le boulot. Proposez donc à l'inconnue-invitée une ou plusieurs missions (apporter une boisson, préparer un plat, etc.).

J'ai un pote comme ça, qui prépare sa sangria avec la fille qui l'intéresse : zéro prise de tête + alcool + travail en couple. Pour cinq personnes : une bouteille de vin rouge, deux citrons verts, deux jaunes, deux oranges, une mangue et une demi-tasse de sucre. Recette : versez le vin dans un pichet, laissez-le respirer dix minutes, puis ajoutez le sucre. Pressez un citron vert, un jaune et une orange, et mélangez leurs jus au vin. Demandez à la fille de découper le reste des fruits en tranches que vous ajouterez à la préparation. Laissez reposer une heure au réfrigérateur, puis ajouter une barquette de glaçons avant de servir à vos invités.

Autres idées : faire les courses ensemble (pas mal, la supérette, pour un premier rancard) ou tenter de faire vos propres sushis (salissant... mais intéressant, justement).

N'en faites pas trop non plus : ne surjouez pas l'animateur de colo, et n'en profitez pas pour la tripoter plus que de raison. Pendant la soirée, si un gars vient lui parler, ne sombrez pas dans la jalousie. C'est votre fiesta, personne ne va vous voler la vedette, personne ne vous menace. Si vous avez un ami sûr, confiez-lui votre grand projet (*cf.* briefing jour 11), afin qu'il puisse partager son admiration avec votre inconnue-invitée.

Le but de la soirée, c'est de s'éclater, de se créer un style de vie excitant et d'inviter des gens qui prendront plaisir à être ensemble. Si vous y parvenez, la séduction opèrera toute seule.

JOUR 25

MISSION 1 : Le téléphone

Après la conclu-tél vient le coup de fil. Et ses angoisses. Cela dit, la règle est simple : ne pas gaffer. Elle vient de vous rencontrer, alors au moindre détail louche, elle n'hésitera pas à vous éjecter.

Pour éviter un tel fiasco, lisez le briefing du jour.

MISSION 2 : Les préparatifs

Si vous n'avez pas encore décidé où organiser votre soirée, c'est le moment.

Dressez ci-dessous votre liste d'invités idéale (six à dix personnes). Pensez aux filles avec lesquelles vous avez réussi une conclu-tél. Dans la colonne de droite, décrivez chaque invité de sorte à ce que votre fiesta ait un peu d'allure.

	Prénom	Identité
1.	____________	____________
2.	____________	____________
3.	____________	____________
4.	____________	____________
5.	____________	____________
6.	____________	____________
7.	____________	____________
8.	____________	____________

MISSION 3 : Le grand test

Appelez toutes les filles qui vous ont donné leur numéro ces dernières semaines. Appliquez les leçons du briefing.

Invitez chacune de ces filles à votre fiesta du jour 30. Donnez-leur l'adresse et l'heure exactes. Précisez bien qu'il n'y aura qu'une poignée d'invités triés sur le volet – qu'elles voient l'invitation comme un privilège.

Comparée à la mission M. Cinéma, c'est du gâteau.

Si vous n'avez toujours pas réussi de conclu-tél, tentez cinq nouvelles approches (en pensant au casting de votre soirée). Relisez bien votre antisèche avant de sortir.

JOUR 25 – BRIEFING

AU BOUT DU FIL

C'est bon ? Vous avez réussi une approche et une conclu-tél avec une fille qui vous plaît ? Oui mais... Et si elle vous a oublié ? Et si vous stressez au téléphone et foirez l'affaire ? Et si elle est prise le jour qui vous intéresse ? Et si vous la dérangez ? Et si c'est un mec qui décroche ? Et si elle vous a donné un faux numéro ? Et si un tsunami noie le pays ?

Restez zen et le premier coup de fil se passera bien.

L'attente

Quel délai, entre la conclu-tél et le coup de fil ?

Certains vous diront un jour, d'autres trois.

Foutaises. Il n'y a aucune règle.

La réponse, c'est : attendez tant que vous pouvez.

Autrement dit : vous rencontrez une fille, le courant passe à mort, elle vous supplie de la rappeler, vous pouvez laisser passer une semaine. La nana ne vous aura pas oublié.

Par contre, vous rencontrez une fille, vous discutez cinq minutes, vous réussissez la conclu-tél puis la voyez parler à d'autres gars toute la soirée : appelez-la dès le lendemain. Vous n'avez pas établi un contact assez profond, ni fait assez forte impression. D'ici quarante-huit heures, elle vous aura oublié.

En résumé, pour le premier coup de fil, l'idée c'est de rester sur la lancée de l'interaction. Ni trop tard (ou le charme de l'interaction aura fané dans l'esprit de la fille) ni trop tôt (vous passeriez pour un obsédé).

Numéro masqué ?

Certains experts autoproclamés recommandent de masquer son numéro quand on appelle une fille. Les mêmes, si elle ne décroche pas, suggèrent de ne pas laisser de message.

Leur idée, c'est qu'à force d'appeler, la fille finira par répondre, et alors vous pourrez la persuader de sortir avec vous.

Moi je dis : technique de télévendeur.

Sérieux, si la nana ne vous rappelle pas et ne prend pas vos appels, le problème remonte à l'approche. Vous n'avez pas mis en évidence les qualités nécessaires pour lui donner envie de vous revoir. D'ailleurs, quand un souci apparaît à une étape de l'interaction, c'est bien souvent dû à un faux-pas dans l'étape précédente.

Conclusion : n'appelez jamais en numéro masqué et laissez toujours un message. C'est un signe d'assurance. Vous avez mis en avant une personnalité séduisante ? Vous vous êtes mis en valeur ? Vous avez inspiré confiance à la fille ? Alors pas de problème, elle attend votre coup de fil avec impatience.

L'idée, c'est que, à la fin de la première interaction, la nana se ronge les sangs sur le mode « pourvu qu'il m'appelle... »

Si vous avez semé correctement la graine de l'activité proposée, elle saura pourquoi vous l'appelez, elle n'hésitera pas à décrocher.

Que dire ?

Voici les grandes lignes :

1. Si possible, ne vous présentez pas. Rappelez plutôt un détail de l'interaction. Vous lui avez sorti l'intro des Village People ? Parfait.

Quand vous l'appelez, dès qu'elle décroche, dites-lui : « C'est bon, j'ai vérifié. Il n'y avait pas de pompier chez les Village People. » Elle vous remettra direct. Si vous l'avez titillée en la traitant de cruche, dites-lui : « Salut, la cruche ! » De cette façon, au lieu de lui rappeler que vous êtes un quasi-inconnu (surtout si elle a oublié votre prénom), vous la ramenez au bon souvenir de votre première expérience commune.

2. Quand elle vous dit bonjour, évitez le silence gênant. Embrayez tout de suite sur une petite anecdote perso : « Il m'est arrivé un truc pas croyable ce matin... » L'anecdote doit impérativement être brève, faire sourire, rire la fille ou la mettre à l'aise – pas vous faire mousser.

3. Parlez d'une voix calme, grave, zen, avec ce qu'il faut d'énergie et d'enthousiasme. Ne surjouez pas : vous parleriez trop vite. Souriez : elle l'entendra.

4. Après l'anecdote, laissez l'initiative à la fille. En général, elle repart sur une anecdote à elle ou vous pose une question. Dans le cas contraire, enchaînez.

5. Prévoyez de vous revoir dans la semaine. Certains recommandent d'énoncer les jours où vous êtes pris, pour bien montrer, entre autres, que vous avez une vie trépidante et que vous faites un effort pour caser la fille dedans. En vous inspirant du push-pull, vous pouvez le formuler ainsi : « Vendredi et samedi, je suis pris. Par contre, dimanche j'organise une petite soirée entre gens intéressants, tu devrais venir. Il nous faut un trublion. »

6. Si vous invitez la fille à autre chose que votre soirée, ne cadrez pas la chose sous la forme d'un rancard. Proposez-lui de « se ramener », de « faire un tour », de « se joindre » à vos potes et vous.

7. Elle accepte : cool. Elle est prise ? Suggérez-lui une autre activité. Pas plus. Si elle ne déborde pas d'enthousiasme, dites-lui que ça lui plaira sûrement et que, si une place se libère, vous la tenez au courant.

8. Qu'elle soit libre ou non, ne raccrochez pas sitôt l'invitation passée. Comme pour la conclu-tél, poursuivez l'échange une ou deux minutes. Frimez gentiment ou glissez une anecdote.

9. Terminez en beauté. Dites « À plus » le premier. Vous n'avez pas que ça à faire.

Rien de bien sorcier, on est d'accord. Des milliers de dragueurs vous le confirmeront. Après, il y a des variantes. Comme, par exemple, de passer un premier coup de fil « anodin », puis de rappeler pour fixer un rendez-vous.

Encore prise... ?

Si la fille n'ose pas s'engager, ou si elle refuse plusieurs propositions, faites votre autocritique. Vous avez forcément foiré quelque chose lors de la première interaction. Ne seriez-vous pas passé pour un desperado ? N'auriez-vous pas affiché un statut social trop modeste, ou tenté la conclu-tél trop tôt ? Question de fringues ? À vous d'identifier le problème pour mieux le résoudre. Dans certains cas, vous jouez comme un dieu et elle hésite quand même : c'est qu'elle a un mec.

En règle générale, « être débordée » n'est pas une excuse valable. Vous seriez débordé, vous, si Angelina Jolie vous invitait à une soirée chez elle en compagnie de Bono, Jay-Z, Bill Clinton et George Lucas ?

Vous annuleriez tous vos projets. Vous prendriez un jour de congé. Vous feriez même la route en rampant sur des tessons de bouteille.

Le but est donc de vous présenter sous un jour irréprochable lors de la première interaction. Être le genre de mec pour lequel la fille ne sera jamais « débordée en ce moment ». Si elle vous plaît tant que ça, à vous de lui plaire tant que ça.

JOUR 26

MISSION 1 : Oubliez tout

Attention, aujourd'hui, ça ne rigole pas. Mais si tout se passe bien, vous allez passer à la catégorie supérieure.

Première mission : oubliez tout ce que vous avez appris depuis le jour 1.

MISSION 2 : Abordez à poil !

Abordez trois filles ou trois groupes sans utiliser aucune technique.

N'engagez pas la conversation en demandant son/leur avis sur quoi que ce soit. N'utilisez aucun tue-la-drague scénarisé. N'évoquez ni les bagues, ni les divinités grecques. Ne déchirez aucune carte de visite.

Au contraire : im-pro-vi-sez. Pour lancer la conversation, inspirez-vous d'un accessoire que la ou les personne(s) porte(nt). N'hésitez pas à parler de tout et de rien ; posez des questions génériques sur le boulot, le ciné, les voyages ; vous avez même le droit d'offrir à boire. Violez toutes les règles.

Poursuivez la conversation jusqu'à ce que la fille veuille partir ou cherche à vous dégager. Ok, c'est gênant, mais tenez bon.

Si possible, chronométrez l'interaction. Le but est d'assurer dix minutes de conversation sans recourir à une seule technique.

Si tout se passe bien, invitez, si vous le souhaitez, la fille à votre fiesta ou à un autre événement de votre agenda.

MISSION 3 : Ouvrir les yeux

Penchez-vous sur vos approches du jour.

Avez-vous constaté des différences entre le freestyle et l'approche préparée ? Ou entre vos interactions d'avant le Challenge et vos interactions de maintenant ? Si oui, notez-les ci-dessous :

MISSION 4 : Remplissage

Dernière mission : lire ces quelques lignes.

À ce stade du Challenge, certains participants bloquent. Ils abordent un groupe, sortent une intro, opèrent une mise en valeur, font de la lecture à froid – la totale. Mais au fond d'eux-mêmes, ils éprouvent une tension, une gêne : ils ne savent pas assurer la transition entre ces étapes. Que dire ? Comment lier tout ça ? Comment en arrive-t-on à la conclu-tél ?

Ces craintes n'ont rien de rationnel. On a tous eu des conversations intéressantes dans notre vie. L'un des buts des missions de cette journée est de vous faire prendre conscience que vous avez des tas de choses passionnantes à dire pour combler ces vides. Et qu'il n'y a pas que les techniques dans la drague.

Dois-je vous rappeler que c'est votre personnalité, bien plus que vos techniques, qui donneront envie à la fille de vous revoir ? Les routines doivent servir à vous démarquer de la concurrence. Ce sont aussi des tremplins vers les étapes suivantes de l'interaction. Mais attention à ce que votre conversation ne soit pas qu'une grande performance. Vous passeriez pour une espèce de singe savant.

Tenez-vous au courant de l'actualité, des événements culturels, des happenings, etc. Apprenez à prêter attention aux détails chez les gens : ce qu'ils portent, ce qu'ils disent, ce qu'ils font. Maîtrisez l'art de l'intelligence sociale. Soyez à l'aise dans votre peau. Et si vous avez toujours du mal à combler les vides : prenez des cours d'impro pour « apprendre la spontanéité ».

Si le but du jeu est de progresser, on ne finira jamais de jouer. Alors autant être un pro.

JOUR 27

MISSION 1 : Entrer en rapport

Le rêve : vous rencontrez une fille qui aime les mêmes groupes et les mêmes films que vous. Elle partage vos opinions sur tous les sujets. Vous avez grandi à deux rues l'un de l'autre, sans jamais vous être croisés jusque-là.

C'est toute la force du rapport. Du courant qui passe. Du courant que vous devez faire passer entre vous et la fille qui vous intéresse. Avant de passer aux missions 2 et 3, lisez le briefing du jour.

MISSION 2 : Le retour de l'agenda

Imprimez une nouvelle page d'agenda vierge.

Remplissez les deux colonnes, sans omettre votre fiesta. Puis apprenez le tout par cœur.

MISSION 3 : Atelier « rapport »

Sélectionnez deux ou trois exercices présentés en briefing. Vous pouvez les effectuer avec une collègue de boulot, une caissière, une vague connaissance, voire sur un chat internet. Cela dit, il serait plus profitable de les faire avec une inconnue ou un groupe d'inconnues. Si l'interaction se passe bien, invitez la fille à votre soirée ou à un autre événement de votre agenda.

Notez les réactions de votre partenaire quand vous faites varier le niveau de rapport.

Faire et défaire

Durant cet exercice, regardez comment votre partenaire réagit quand vous créez un rapport pour le défaire aussitôt.

Le schéma est le suivant :

Vous : Tu viens d'où ?

Elle : [*Ville*].

Vous : Sérieux ? ! J'y ai passé toute mon enfance. T'étais à quelle école ?

Elle : [*École*].

Vous : Pas possible ! Moi aussi !

Elle : Sans blague ?

Vous : Non, je déconne, j'y suis jamais allé. [*Tout à coup plus sérieux*] T'es déçue ?

Test

À présent, vous allez rompre un rapport pour voir si votre partenaire tente de le recréer.

Vous : Simple curiosité, c'est quoi le dernier CD que tu as acheté, ou le dernier morceau que tu as téléchargé ?

Elle : [*CD ou chanson*]

Vous : Ah oui ? Tiens donc... Moi je suis pas fan.

Si la fille fait machine arrière, vous explique qu'en fait elle aime moyen, elle cherche à rétablir le rapport. Si elle persiste, de deux choses l'une, soit elle ne cherche pas à établir de rapport, soit elle est sûre de ses goûts.

Niveau physique

Ce dernier exercice illustre le pouvoir du langage du corps lorsqu'il s'agit d'influencer l'état d'une personne.

Engagez la conversation avec un bon pote. Au bout d'un moment, croisez les bras et détournez-vous de lui. Si vous êtes assis, croisez les jambes. Restez une minute ou deux dans cette position.

Comment votre pote réagit-il ? Fait-il un commentaire ?

Ensuite, décroisez les bras, adoptez un langage corporel plus ouvert, et tournez-vous à nouveau vers lui. Si vraiment vous vous entendez bien avec votre ami, demandez-lui s'il a senti une différence quand vous avez rompu le rapport physique.

Répétez cet exercice avec un/une autre partenaire.

JOUR 27 – BRIEFING

FAIRE PASSER LE COURANT

Faire passer le courant, établir un rapport. Tout cela revient à créer un lien fondé sur la confiance, le bien-être, les points communs et les affinités. Pour les mecs, c'est souvent la partie la plus simple et la plus naturelle du processus de séduction.

Le rapport, c'est le moment de l'interaction où la fille perçoit tous les petits détails que vous dissimulez d'habitude (le timide qui sommeille en vous, le gaffeur, le fan de BD, de comédie musicale ou de tuning) et les trouve charmants. C'est le moment où elle vous fait part de ses pensées, expériences et sentiments les plus profonds – et vous les comprenez, peut-être mieux que tous les mecs qu'elle a connus. C'est le moment où vous vous mettez à rire en chœur, ou à dire la même chose en même temps.

Bref, le rapport, c'est l'instant où deux inconnus parviennent à vraiment se connaître et découvrent que, oui, ils étaient faits pour se rencontrer. Le pied, non ?

Dans le même temps, le rapport, c'est un château en Lego. On peut le démonter et le reconstruire en un rien de temps. Et il est essentiel de savoir quand et comment le construire ou le détruire pour suivre les étapes du processus de séduction.

Prenez n'importe quelle histoire d'amour. Avant que l'union complète se fasse, les amoureux perdent leur rapport – malentendu, parent désapprobateur, rival éconduit ou punition. L'angoisse s'installe puis, du fond de sa tristesse, chacun comprend qu'il tient énormément à l'autre. Et ce n'est qu'une fois le rapport rétabli, les sentiments mutuels avoués, que les amoureux éprouvent à nouveau un sentiment de plénitude.

Les « gentils garçons » se trompent quand ils misent tout sur le rapport, à l'exclusion de tous les autres paramètres de la séduction. La frontière est ténue entre un rapport qui s'instaure naturellement et l'impression de forcer le passage.

En plus, le timing est capital. Si vous cherchez à établir un rapport trop tôt, la relation risque de sombrer dans la zone « amitié ». Si vous attendez trop, la fille risque de ne voir en vous qu'un dragueur incapable de l'apprécier à sa juste valeur. Le meilleur moment pour instaurer un rapport, c'est juste après le point d'accroche, mais avant de passer à l'étape plus physique. Vous l'intéressez, elle s'est investie dans l'interaction, vous pouvez donc lui poser toutes les questions à éviter en début d'approche.

Pour vous aider à établir un rapport de la façon la plus naturelle qui soit, j'ai commandé un petit briefing à Don Diego Garcia, coach senior à la Stylelife Academy.

DDG a ainsi mis en évidence deux éléments incontournables. Les voici.

DOMINATION

Pendant des années, Fred Rogers a commencé chacune de ses émissions pour enfants par la formule « Salut voisin ! »

Vous avez remarqué ? Il ne disait pas « Salut étranger ! » Il vous *prenait* pour son voisin. Il vous donnait l'impression, le sentiment que vous l'étiez réellement. Et il vous traitait donc comme un vieil ami qu'il recevait chez lui. Succès garanti.

Je ne vous demande pas d'en faire autant avec les filles, mais c'est une bonne approche du rapport. Posez-vous la question suivante : « Qu'est-ce que je ferais si on était de vieux copains, elle et moi ? » Répondez-y en tenant compte des règles sociales et vous réussirez vos approches.

Pensez « rapport » dès que la fille vous voit ou vous entend. Admettons que vous vouliez aborder une fille au rayon « lait » d'un supermarché. Pour une approche formelle, vous vous présentez et tendez la main à la fille.

Mais en pensant « rapport » dès le départ, ça change tout : « À la limite, 2 %, je comprendrais que les gens hésitent entre lait entier et lait sans matière grasse, mais 1 %... ? Franchement, entre 1 % et 2 %, la différence est pas énorme. »

Par ailleurs, les gens ont tendance à se lier naturellement avec les *leaders* qui dégagent confiance, autorité, authenticité, sécurité, assurance, courtoisie et honnêteté. Mettez ces qualités en évidence, et vous ne courrez pas le risque de paraître chercher le rapport à tout prix (supplier, perdre votre cadre, sombrer dans la zone « amitié », devenir son psy et non son mec, etc.)

SYNCHRONISATION

Carl Jung définissait le synchronisme comme le fait d'accorder une signification à des coïncidences. Pour ma part, j'appelle « synchronisation » le fait de rechercher activement à produire cet état.

Il ne s'agit ni de copier ni d'imiter ce que fait votre partenaire. La synchronisation est un mode plus subtil d'adaptation au rythme de l'autre, de mise en place de l'empathie. Au sein d'un groupe, ce phénomène est constamment à l'œuvre, mais de manière inconsciente. Si vous savez vous y prendre, votre partenaire se liera à vous davantage au niveau des émotions, de la spiritualité et de l'enthousiasme qu'au niveau de l'intellect.

Voyons comment se synchroniser avec une fille.

Visuellement

Étudiez la position de la fille, l'expression de son visage, sa respiration, ses gestes et même ses battements de paupières – et mettez-vous au diapason. Restez calme et détendu. Si vous prenez son rythme, elle se mettra, elle aussi, de façon subconsciente, à copier votre langage corporel.

Audio-oralement

Si vous repérez des termes récurrents dans sa conversation, ou si vous comprenez que certains mots ont un sens particulier pour elle, retenez-les, ils vous seront utiles. Vous pouvez aussi vous adapter à son jargon professionnel, à ses expressions régionales et à tout vocable indiquant qu'elle appartient à une certaine culture.

La synchronisation audio-orale peut se concentrer sur des termes indiquant que la personne est particulièrement sensible à certains sens. Exemple : les gens sensibles à la vue ont tendance à utiliser des mots comme « brillant », « voir », « montrer », « focaliser » quand ils évoquent leurs pensées et leurs désirs. Ceux qui vivent dans leurs sentiments emploient plutôt « toucher », « ressentir », « être conscient de » et « sens ». Les « audiophiles » préféreront « sonner », « sons », etc. Écoutez bien les tics de langage de votre interlocutrice, voyez quelles significations elle privilégie, et adoptez son point de vue.

Vous pouvez aussi copier d'autres éléments de sa façon de parler – volume, tempo, timbre, tonalité, et jusqu'à ses silences, ses petits bruits, son rire. Ça vous paraît fou ? Pourtant, regardez ne serait-ce que la question du débit : une mitraillette et un escargot vont avoir du mal à communiquer, non ? L'escargot n'arrive pas à suivre la mitraillette et la mitraillette s'énerve à attendre que l'escargot finisse sa phrase. Tandis qu'en se mettant au même niveau de communication, on facilite l'interaction.

Logiquement

La synchronisation logique se fait par la découverte de centres d'intérêt, de goûts, de jugements, de souvenirs communs. Cette technique d'instauration de rapport passe par le jeu du « Moi aussi ! » sur des sujets aussi divers que la famille, les voyages, les objectifs professionnels, les loisirs, les petites manies, etc.

Commencez par des sujets anodins : d'où vient la fille, qu'est-ce qui l'amène dans la boîte, ses centres d'intérêt. Par la suite, approfondissez l'interaction par des tests de personnalité, des exercices d'imagination, des aveux de vulnérabilité, des anecdotes intimes ou l'évocation de ses buts et de ses rêves.

En résumé, de la similarité naît l'affinité. Et de l'affinité, le rapport.

Émotionnellement

Quand vous parlez à une fille qui vous intéresse, investissez-vous à fond dans la compréhension de ce qu'elle pense et ressent. Jouez la carte de l'empathie jusqu'à vous mettre à sa place. Voyez les choses de son point de vue. On a tous tellement envie de rencontrer quelqu'un qui nous comprenne, dans ce vaste monde égoïste.

Le couple assiégé

L'un des meilleurs moyens d'établir un rapport est de s'imaginer que vous avez en commun une chose que personne d'autre ne comprend. Qu'il s'agisse d'une idée farfelue que vous êtes les seuls à partager, de jeux de rôles, de faire croire à tout le monde que vous vous connaissez depuis la maternelle ou que vous venez de vous fiancer. Ces petits défis sont d'autant plus efficaces qu'ils vous mettent en situation de rapport avancé.

EN CAS DE SOUCI

Certaines de ces subtiles stratégies vous demanderont de gros efforts, les premiers temps. Mieux vaut les travailler une seule à la fois, pour bien saisir le fonctionnement de chacune. Vous verrez, par exemple, que le fait de calquer votre respiration sur celle de la fille modifie l'énergie qui vous entoure, et vous rapproche l'un l'autre.

Il peut arriver que le plus grand obstacle à l'instauration d'un rapport ne vienne pas de la fille, mais de vous. Vous craignez de vous dévoiler, de mettre à nu votre vulnérabilité. Conséquence de quoi, la fille n'ose pas se laisser aller. Le rapport se fait dans les deux sens. Il ne peut exister sans confiance et ouverture.

Si vous vous retrouvez dans ce cas de figure, songez à baisser la garde. Oubliez les techniques, parlez à cœur ouvert. Vous risquez d'être surpris.

JOUR 28

MISSION 1 : Votre boussole interne

Il existe une composante de la drague dont on parle rarement et que beaucoup ignorent purement et simplement. Or vous l'utiliserez encore lorsque vous aurez abandonné toutes les techniques apprises depuis le jour 1.

Au-delà de ses applications en matière de drague, cette technique affecte tous les domaines de la vie (entretien d'embauche, attaque à main armée, etc.).

Je vous laisse la découvrir en briefing. Après quoi vous pourrez passer aux missions du jour.

MISSION 2 : Êtes-vous un médium ou un maboul ?

Pour ce premier exercice, adressez-vous plutôt à un groupe d'au moins deux personnes assises, pas trop prise de tête.

Votre objectif est de deviner d'où ils se connaissent ; s'ils sont parents, colocs, collègues de boulot ou de fac, en couple, en rancard.

Étudiez-les bien. Puis allez directement leur demander.

Vos capacités de calibrage vous aideront à trouver la bonne réponse, mais aussi à poser vos questions sans que les gens aient l'impression d'être des cobayes.

Exemple : « Il faut que vous m'aidiez. Avec mon pote, on n'est pas d'accord : on vous regarde parler et lui croit que vous bossez ensemble, alors que pour moi vous êtes des anciens copains de fac. »

Si le groupe vous dévisage d'un air bizarre (ça peut arriver), abondez dans leur sens : « Je sais, c'est zarbe comme question, mais mon pote étudie la psycho. Il passe à vie à ce genre de trucs. Et c'est moi qui me tape le sale boulot. »

N'oubliez pas de sourire et de présenter votre approche sous l'angle de la simple curiosité. Que vos « cobayes » n'aient pas l'impression d'être jugés. Balancez une contrainte horaire.

La mission est accomplie quand vous avez abordé trois groupes ou réussi un calibrage. Le premier cas de figure qui se présente.

Si l'interaction glisse toute seule, et que le groupe vous « absorbe », profitez-en pour inviter de nouvelles têtes à votre fiesta.

MISSION 3 : Décrochez une marque d'intérêt (facultatif)

La mission 2 vous paraît trop fastoche ? Vous voulez travailler le calibrage plus à fond ? Alors ajoutez l'objectif suivant à la mission précédente : provoquer au moins une marque d'intérêt chez l'une des filles du groupe. Familiarisez-vous avec la liste proposée en briefing.

Si vous échouez auprès des trois groupes du jour, abordez-en deux de plus en utilisant votre intro fétiche.

La mission est accomplie quand vous avez provoqué une marque d'intérêt ou abordé cinq filles ou groupes.

Si une fille émet une marque d'intérêt, tentez la conclu-tél et invitez-la à votre soirée.

JOUR 28 – BRIEFING

CALIBRAGE

Pour maîtriser l'art de la séduction, il n'y a que trois éléments à peaufiner :

- qui vous êtes ;

- ce que vous faites ;
- quand et comment vous le faites.

Concernant qui vous êtes, les premières étapes du Challenge doivent vous avoir permis d'y voir plus clair. Demain, vous peaufinerez les détails de votre personnalité.

Quant à ce que vous faites, nous travaillons ce point depuis le premier jour...

Enfin, la question du « quand et comment vous le faites », nous l'avons traitée en examinant le processus de séduction. Ne reste plus qu'un élément à prendre en compte : le calibrage. Un élément plus que capital.

Techniquement, calibrer consiste à ajuster ou corriger la précision d'un instrument de mesure. Pour ce faire, on se réfère habituellement à une norme, par rapport à laquelle l'instrument dévie ou non. En matière de séduction, l'instrument, c'est vous. Et la norme, c'est la fille.

Identifier l'instrument

Face à une fille ou à un groupe, le calibrage doit vous permettre de repérer les dynamiques à l'œuvre au sein du groupe ou chez la fille, afin d'adapter votre approche.

Imaginez : une nana se jette sur vous dans un bar, elle vous caresse la poitrine et vous trouve « trop mignon ». Vous faites quoi ?

Une intro de type « Tu ferais quoi ? », ça risque de la gaver. Une mise en valeur, elle va trouver ça too much. Par contre, le calibrage va vous aider à sauter les étapes superflues pour mieux offrir à votre « conquête » ce qu'elle attend : un roulage de pelle direct ? Un détour par votre appart ? Rendre jaloux un soupirant ? Toutes ces évaluations – à effectuer en une fraction de seconde – détermineront la suite des opérations.

Le calibrage doit se poursuivre durant toute l'interaction. Et ce, car d'infimes ajustements en termes de langage corporel, de contact visuel ou de ton de la voix peuvent influer le comportement, les réactions et le niveau d'intérêt de la nana. Approchez-vous un peu trop d'elle et observez sa réaction. Puis éloignez-vous un peu trop.

Faites des allers-retours. Tentez le contact visuel direct, le gros plan sur ses lèvres, ou le regard lointain.

Apprenez à déchiffrer ses réactions, puis à ajuster votre comportement pour susciter les sentiments qui vous intéressent.

Réglages

Le calibrage peut être un formidable piège. Si vous surcalibrez, si vous vous focalisez exclusivement sur les micro-signaux que la fille vous envoie, vous allez paniquer et ruiner l'interaction.

Quand on rencontre une inconnue, toute une foule d'impressions et de jugements, positifs et négatifs, nous passent par la tête en quelques instants. Pour éviter de paniquer, réglez votre calibreur non pas sur 0 (intérêt neutre) mais sur +2 (intérêt léger) quand vous cherchez à savoir ce qu'elle pense de vous. À chaque approche, dites-vous que la fille qui vous intéresse est également intéressée par vous. Quand vous vous demandez comment interpréter un de ses gestes, envisagez le meilleur. Vous gagnerez en assurance.

Comprendre l'instrument

Une fois l'instrument réglé, il faut savoir déterminer ce que la fille pense de vous, et quoi faire pour l'amener à l'étape de séduction suivante.

En toute circonstance, soyez attentifs à l'une de ces trois réactions :

- feu vert : réponse positive, on continue ;
- feu orange : réponse neutre, poursuivre avec précaution ;
- feu rouge : réponse négative, stoppez tout.

Feu rouge, mauvais calibrage, vous avez foiré. Cherchez à regagner la position Feu orange.

Feu orange, c'est la majorité des cas. Tout peut arriver. Et tout dépend de votre capacité à évaluer où la fille se trouve dans le processus de séduction, vers quelle étape il faut la conduire et comment y parvenir (plus de valeur, plus de charme, plus de confort, plus de confiance, plus de temps, etc.).

Ne lui faites pas voir que vous réfléchissez. À trop se concentrer sur l'observation de la fille, certains dragueurs en deviennent obsédés. Si jamais votre cible s'aperçoit que vous ne cherchez qu'à provoquer une certaine réaction, c'est foutu.

En matière de séduction, tout est affaire de détails et de subtilité. D'autant que, consciemment ou non, la fille vous calibre elle aussi. Et, en général, ces dames sont bien mieux équipées que nous, de ce côté-là...

Lire l'instrument

Certains mecs n'arrivent pas à sentir à quel moment ils mettent leur interlocutrice mal à l'aise, ou au contraire à quel moment ils la séduisent.

Si c'est votre cas, soyez particulièrement attentif aux signaux que les filles vous envoient. Vous accumulerez ainsi une expérience inestimable. À terme, vos intuitions seront si justes que le calibrage se fera tout seul.

Mais, en attendant... voici une liste de signaux indiquant si une fille est intéressée ou pas. On est dans le domaine du subtil, alors ne vous fiez pas au premier feu vert pour passer à l'étape suivante. Attendez d'en avoir trois ou quatre bien nets.

- D'emblée elle vous demande votre prénom, votre âge, ce que vous faites dans la vie, d'où vous venez.
- Vous vous penchez en arrière, elle se penche vers vous.
- Elle a les jambes décroisées (ou croisées dans votre direction), le corps face à vous, les bras décroisés.
- Elle change d'avis sur un film, une chanson ou un événement suivant ce que vous lui dites.
- Vous sortez une blague, elle est la seule du groupe à rigoler.
- Vous la prenez par la main pour l'entraîner ailleurs, et elle vous presse la main. Surtout : vous la lâchez et elle s'accroche.
- Elle dit : « On va pas coucher » ou « Tu me ramèneras pas chez toi » avant même que vous le lui ayez proposé, ou que vous l'ayez laissé penser.
- Elle vous donne de petites tapes amicales sur le bras ou sur la main.

■ Elle ignore ses copines quand elles prennent la parole ou quand elles veulent se casser.

■ Vous vous taisez, la regardez dans les yeux, et elle vous regarde pendant plus d'une seconde.

■ Vous vous tournez vers quelqu'un d'autre, elle attend que vous vous retourniez vers elle.

■ Elle manifeste plusieurs signes de séduction subconscients : s'humecte les lèvres, se tortille les cheveux, dilatation des pupilles, etc.

■ Tout en vous parlant, elle rajuste ses habits ou fait en sorte de vous en montrer plus.

■ Elle tripote une paille, son portable, un bijou, n'importe quoi, sans y faire attention (attention, si elle se met à triturer l'objet, ou à le serrer comme une malade, c'est mauvais signe).

■ Vous vous taisez, elle tente de relancer la conversation.

■ Elle imite vos gestes : se passe la main dans les cheveux, boit une gorgée de cocktail, fait une grimace, etc.

Vous pouvez également émettre des signaux pour tester l'intérêt de la fille. Faites un petit geste et observez sa réaction : une petite tape contre son épaule, par exemple. Si elle vous la rend, c'est bon signe. Si elle se raidit ou se renferme sur elle-même, ça sent mauvais.

Attention, certaines filles sont très « tactiles » dès le premier contact : soit qu'elles recherchent l'approbation du mec, soit qu'elles adorent le pouvoir que ça leur confère sur eux, soit qu'elles friment par rapport à leurs copines. Avec ces filles-là, prudence absolue, soyez hyper regardant au niveau des marques d'intérêt. Tant que vous ne sentez pas de sincérité, restez en mode joueur (« Si tu touches, t'achètes », ce genre de choses).

Raffiner l'instrument

Le calibrage ne sert pas qu'à déterminer vos faits et gestes. Il a une autre application, plus fun. Plus puissante. Application qui fait appel à des éléments de lecture à froid. Elle permet de juger quels tue-la-drague employer, et permet, au final, d'établir un rapport.

Il s'agit de voir en la fille comme avec des lunettes à infrarouges.

En guise d'entraînement, tout en lui parlant, posez-vous les questions suivantes :

- Quel type de personnalité a-t-elle ?
- Où se situe son estime de soi ?
- Sexuellement, est-elle ouverte ou réservée ?
- Que fait-elle dans la vie ?
- Est-elle en couple ?
- A-t-elle des frères/sœurs plus âgés ou moins ?
- Était-elle plus proche de son père, de sa mère ?
- Est-elle plutôt sportive, sentimentale, intello ?
- Qu'est-ce qui l'attire chez un mec ?
- Quels sont ses manques ?
- Où se situe-t-elle dans la vie ; que recherche-t-elle ?

Comme dans le cadre de la lecture à froid, il faut être attentif aux moindres indices : vêtements, maquillage, maintien, gestes, mouvements des yeux, façon de parler, entourage.

Maîtriser l'instrument

La clé du calibrage, c'est l'observation.

Petit exercice : regardez un feuilleton à l'eau de rose en coupant le son. Essayez de décoder au maximum les rapports entre les personnages. Puis remettez le son pour vérifier.

Variante : interroger (poliment) des inconnus. Essayez d'abord de deviner ce qu'ils font dans la vie, de quel milieu ils viennent, s'ils étaient populaires à l'école, s'ils sont aînés ou cadets. Puis, pendant l'interaction, posez-leur la question directement.

Quand vous maîtriserez un peu mieux l'exercice, pratiquez-le avec des potes : sortez en boîte (ou ailleurs), et « étudiez » un groupe d'au moins deux personnes. Essayez de les décrypter au maximum : en plus de ce que nous venons de voir, déterminez les relations qu'ils entretiennent, s'il s'agit de touristes ou non et, plus généralement, qui sont ces gens.

Le calibrage terminé, adressez-vous aux intéressés pour connaître les « bonnes réponses ». N'oubliez pas : le sourire avant tout, qu'il n'y ait pas de malaise, vous n'êtes pas là pour vous moquer d'eux ou les juger. On reste dans le domaine de la curiosité. S'ils vous répondent, vous pourrez encore affiner vos calibrages, établir de meilleurs rapports et devenir un pro de la lecture à froid. Sans parler de l'intro de folie que ça vous fait (à confirmer en mission sur le terrain).

JOUR 29

MISSION 1 : La balance : le retour

On l'a vu hier, il y a trois points à peaufiner quand on drague : qui on est, ce qu'on fait, et quand et comment on le fait.

Aujourd'hui, vous allez creuser votre personnalité. Et faire des progrès durables dans ce domaine-là, c'est pas gagné. Cela dit, quand vous aurez lancé le processus, vous serez comme en autopilote, réglé sur vos objectifs de drague et de vie. Vous n'aurez plus à sortir la routine des bagues pour vous mettre en valeur : votre présence suffira.

La séduction nécessite l'interaction de huit grands traits de personnalité. En briefing, je vous propose de les découvrir et de vous autoévaluer sur chacun d'entre eux.

Si vous vous êtes lancé dans le Challenge en même temps qu'un copain, si vous avez parlé à quelqu'un de vos missions, ou si vous vous êtes trouvé un équipier sur le forum Stylelife, demandez à la personne concernée de vous noter à son tour, dans chaque catégorie.

MISSION 2 : Sprint final

Vous n'avez toujours pas décroché de rancard ? Bougez-vous.

Aucune des inconnues abordées jusqu'ici n'a confirmé sa présence à votre soirée ? Tentez de nouvelles approches.

Le Challenge s'achève *demain*...

Vous possédez les outils qui feront de vous un winner. Il ne vous reste plus qu'à vous en servir.

Pour être sûr de n'oublier personne en route, j'ai prévu une dernière technique : l'intro instantanée.

Prenez un bout de papier. En tête, écrivez « les 10 meilleurs films ». Puis numérotez dix lignes.

Mission du jour, dresser la liste des dix meilleurs films de tous les temps. Pendant votre soirée, vous en passerez un ou deux en guise d'ambiance sonore. La mission est d'importance, vous aurez besoin d'aide...

Donc, rendez-vous dans l'un des endroits ci-dessous, où vous risquez fort de rencontrer des filles sympas et ouvertes d'esprit :

1. épicerie bio ;

2. salon, bar, hall ou piscine d'un grand hôtel ;

3. bibliothèque, cafétéria, foyer d'une fac ;

4. librairie spécialisée dans l'ésotérique, café alternatif, atelier de yoga ;

5. tout événement annoncé dans le journal, susceptible d'attirer de jolies célibataires (casting, dégustation de vin, etc.).

Embarquez votre liste et un stylo. Notez cinq titres, au rang que vous le souhaitez. Laissez les numéros 1 et 2 libres.

Le scénario peut être aussi simple que : « Salut, vous m'avez l'air calée en cinéma. Je suis en train de lister les dix meilleurs films de tous les temps, pour une soirée à thème que j'organise ce week-end, et je sèche un peu. Là, j'en ai que cinq... »

Montrez votre liste à la fille et demandez-lui son aide. Pensez aux tue-la-drague : chambrez-la si elle sort un titre trop nunuche ou évident. Pour instaurer un rapport, voyez quels films vous avez en commun. Quand l'ambiance retombe, balancez une intro de type « Tu ferais quoi », ou la routine des bagues, ou une anecdote perso, n'importe quelle technique apprise ce mois-ci.

L'objectif est de semer la graine de votre soirée, d'y inviter l'inconnue, et de réussir la conclu-tél. On est au jour 29, par pitié, assurez !

Aujourd'hui est le premier jour du reste de votre vie de dragueur.

JOUR 29 – BRIEFING

LE SYSTÈME L.A.S. V.E.G.A.S.

Autoévaluez-vous, sur une échelle de 1 à 10, dans les huit catégories ci-dessous. Prenez en compte également la façon dont les autres vous perçoivent. Essayez d'être le plus honnête et réaliste possible.

Look etc.

Au tout début du Challenge, on a vu que l'apparence a moins à voir avec vos traits physiques qu'avec votre façon de vous présenter. Évaluez-vous aux niveaux allure générale, maintien, contact visuel, impression d'ensemble positive, efficacité de votre style auprès des nanas.

Note :

POUR PROGRESSER : Reprenez les missions du jour 5 : trouvez-vous des modèles en matière de style ; prévoyez une sortie shopping fringues-pompes-accessoires avec des filles.

Adaptabilité

Depuis quand les mecs guindés sont-ils des Virtuoses de la Drague ? Ces mecs-là ne savent pas s'adapter. Et vous ? Vous en êtes où, question goût du risque, spontanéité, indépendance, intelligence sociale, flexibilité, souplesse, capacité à gérer la nouveauté ?

NOTE :

POUR PROGRESSER : Notez quelques objectifs de vie : oubliez le boulot et les filles, pensez aventure – pratiquer la plongée sous-marine, faire un safari, construire un modèle réduit de voiture, participer à un triathlon. Entourez une activité et engagez-vous à vous y mettre d'ici six mois. Marquez la date butoir dans votre calendrier.

Solidité

La solidité, la force, c'est la capacité à protéger une femme, lui procurer un sentiment de sécurité. Chez certains hommes, ça se manifeste par de l'argent ou des muscles, mais ce n'est ni nécessaire ni suffisant. Évaluez votre situation pour tout ce qui est communication, cadre solide, ancrage dans votre propre réalité, faculté à s'occuper des autres, mais aussi d'autres critères comme l'assurance, la domination, le courage, la loyauté, etc.

Note :

Pour progresser : Dans la liste ci-dessus, choisissez un attribut à travailler pour gagner en solidité. Puis mettez-le en évidence en société : choisissez une table de restau pour vos amis et vous ou persuadez une vendeuse de vous laisser entrer dans sa boutique à trente secondes de la fermeture.

Valeur

Depuis le jour 14, vous savez que la valeur est l'un des grands critères que les gens observent lorsqu'ils cherchent à se ranger à l'avis de quelqu'un. La valeur se compose de trois éléments : ce que vous estimez être votre valeur, ce que la fille estime l'être, et ce que des observateurs impartiaux estiment. Autoévaluez vos capacités à être le « chef » d'un cercle social, à faire l'admiration des autres, à leur apprendre des choses, à adopter sans effort des comportements nobles. Autres exemples de critères : être intelligent, intéressant, talentueux, amusant, autonome, créatif, avoir du succès.

Note :

Pour progresser : Citez cinq raisons qu'une femme aurait de vous revoir après vous avoir côtoyé pendant quinze minutes. Basez-vous sur la valeur que vous projetez ou que vous offrez à la fille. Engagez-vous à apprendre une nouvelle technique, à adopter un nouvel attribut à ajouter à cette liste.

Émotion et connexion

Là, on est dans tout ce qui est rapport et autres concepts abstraits, telle l'alchimie. Il s'agit de posséder les qualités grâce auxquelles les autres se sentent excités, liés, à l'aise et compris en votre compagnie. Leur donner l'impression qu'ils viennent de rencontrer un super pote ou une âme sœur. Où en êtes-vous pour ce qui est de vous trouver des points communs avec des inconnus, d'établir un contact profond avec les gens, d'être à l'écoute de vos sentiments, à l'écoute des autres ? Et concernant la compassion, l'esprit positif, l'altruisme et l'empathie ?

Note :

POUR PROGRESSER : La peur, l'insécurité ou encore la méconnaissance de soi vous empêchent d'établir un contact émotionnel avec les autres. Essayez de communiquer davantage, de sentir les choses, de vivre à cœur ouvert et de laisser s'exprimer vos sentiments les plus intimes. Tombez le/les masques, abattez les murs qui vous séparent des autres. En cas de désaccord avec quelqu'un, au lieu d'essayer de faire valoir votre argument, mettez-vous à l'écoute du sentiment de l'autre. Si vous n'êtes pas porté sur la méditation, il est temps de vous y mettre.

Gagner

Dès le jour 1, on a vu que vos buts se définissaient, non par vos actes, mais par vos ambitions et vos capacités. Évaluez à présent la clarté de vos buts, de vos rêves, de votre appétit de vivre. Pour mesurer votre potentiel à réaliser vos rêves, demandez-vous si vous êtes quelqu'un de stable, d'efficace, de persévérant, qui apprend vite.

Note :

POUR PROGRESSER : Reprenez les buts que vous vous êtes fixés au jour 2. Sur une feuille blanche, inscrivez une date butoir pour chacun d'entre eux. Notez les coûts financiers, les complications potentielles. Ajustez ce programme tous les ans, suivant vos progrès ou de nouvelles infos. Et tenez-vous-y.

Authenticité

Est authentique celui qui sait se contenter de ce qu'il est, défauts compris. Et chez vous, y a-t-il un hiatus entre la personne que vous montrez aux autres et celle que vous êtes au fond de vous ? Attention, le fait de posséder, en soi, des traits de caractère contradictoires n'a rien à voir là-dedans. Dualité, contradictions ou complexité peuvent faire votre richesse et votre charme. Tout le contraire de la fausseté et de la fourberie.

Note :

Pour progresser : Sur une feuille, écrivez les qualités que vous vous efforcez de mettre en avant, en public. En regard de chacune, notez, sur 10, le rapport entre ces qualités et votre moi intime. Pour chaque qualité obtenant moins de 7, notez ce qui vous empêche d'être sincère. Exemple : si vous voulez dégager de l'assurance, mais estimez votre niveau actuel à 5, votre obstacle c'est l'insécurité. Si vous voulez mettre en avant votre réussite financière, l'obstacle sera le manque de moyens. Efforcez-vous de surmonter cet obstacle. Cherchez de l'aide dans les livres ou séminaires d'amélioration personnelle, la psychothérapie, ou un changement de boulot, de loisirs ou d'amis. Franchement, le jeu en vaut la chandelle.

Soi

Sans doute l'attribut le plus essentiel – la source d'où jaillissent la plupart des précédents. Évaluez vos performances en matière de confiance et de mérite, évaluez votre absence de craintes et d'insécurité vis-à-vis de vous-même. Jugez votre volonté d'occuper l'espace dans la vie, votre façon d'accepter les compliments, vos réactions quand les gens vous prêtent attention, et en quoi vous méritez qu'une nana géniale s'attache à vous. Croyez-vous vraiment avoir droit à ce que le monde a de mieux à offrir ?

Note :

Pour progresser : Au final (jour 29 oblige...), c'est autour du « Soi » que tourne tout le Challenge. Continuez d'apprendre et de progresser même après le jour 30. Examinez-vous régulièrement, travaillez vos points faibles, surmontez vos blocages, mettez la barre toujours plus haut, développez des relations avec des gens positifs. Plus vous rencontrerez de succès, plus votre moi vous apparaîtra clairement, et mieux vous saurez le mettre en évidence.

Score (total des huit catégories)
Moyenne L.A.S. V.E.G.A.S. (total divisé par 8)

Au cours des prochains mois, votre mission va consister à exploser votre moyenne L.A.S. V.E.G.A.S. Devenez une bête, vous séduirez qui vous voudrez.

JOUR 30

MISSION 1 : Fiesta !

Aujourd'hui, pas le temps d'effectuer une grande mission : vous avez une soirée à organiser. En cas de besoin concernant les derniers préparatifs, reprenez le briefing du jour 24

Si vous n'avez pas réussi à inviter de filles à votre fiesta – ou si vous craignez d'avoir trop peu d'invités – réservez quelques heures à d'ultimes approches.

Opérez dans un centre commercial, un café, n'importe où du moment que des filles s'y retrouvent. Abordez autant que possible. Dès que vous atteignez le point d'accroche, sortez une contrainte horaire et invitez la ou les filles à votre soirée. Si vous rentrez bredouille, n'annulez rien. Vous aurez au moins l'occasion de resserrer les liens avec votre cercle d'amis et d'exercer vos talents de meneur.

Quand vient l'heure H, pas de panique si les invités arrivent à H + x. C'est cool. Profitez à fond. Veillez à ce que votre cible soit à l'aise, sans pour autant délaisser vos autres invités.

La soirée terminée, si le courant passe avec votre cible, demandez-lui de vous aider à tout ranger. Si vous êtes au restau ou dans un lieu public, prévoyez une autre sortie (bar, café, activité de votre agenda, etc.). Si vous êtes venus tous les deux avec votre propre voiture, proposez-lui de rentrer à une seule voiture.

Songez à renouveler l'expérience chaque semaine ou tous les mois pour mettre votre style de vie en adéquation avec ce qui attire votre « cœur de cible ».

MISSION 2 : Vous pouvez être fier

Je confirme : vous pouvez être fier d'avoir survécu au Challenge Stylelife.

Vous avez accompli toutes les missions ? Vous sentez que vous avez fait des progrès ? Félicitations, vous avez gagné. Pensez à tous les mecs qui rament jusqu'à leur dernier souffle.

Si vous avez décroché un rancard, bien joué, vous avez atteint l'objectif du Challenge. N'hésitez pas à partager votre expérience avec les autres vainqueurs sur www.stylelife.com/challenge.

Si, après avoir accompli toutes les missions, vous n'êtes toujours pas sorti avec une fille, connectez-vous sur www.stylelife.com/challenge et écoutez le document sonore *Works in Progress*. Vous y trouverez peut-être la solution à vos blocages.

MISSION 3 : Voyez grand. Toujours.

Vous prévoyez quoi, à partir du jour 31 ?

Franchement, vu comment vous avez progressé en trente jours, je n'ose même pas imaginer ce que ça donnera si vous poursuivez le combat encore un, deux ou trois mois.

D'autant qu'il vous reste pas mal à apprendre : que faire pendant le rancard, les fondamentaux de la séduction, les techniques d'excitation, le rapprochement physique, gérer divers environnements, transformer une copine en amoureuse, concocter l'alchimie, user de persuasion, être un meneur, la dynamique de groupe, l'isolement, le baiser, jouer les équipiers, décoder fissa le langage du corps, techniques sexuelles sélect, et tant d'autres routines et concepts de pointe. En résumé, vous n'en êtes qu'au début.

L'art de la dynamique sociale, c'est comme la muscu : si vous vous arrêtez, votre masse musculaire fond, vos muscles reprennent leur taille normale. Donc, en guise d'avant-dernière mission, je vous demande de vous connecter sur www.stylelife.com/Day31, où vous attend un nouveau programme.

Le Challenge est terminé, pas votre voyage.

On reste en contact !

MISSION 4 : Le miroir traversé

Ultime mission : regardez-vous dans un miroir.

Vous voyez qui ?

J'avais beau avoir passé des années à me corriger, à m'améliorer, il m'arrivait encore, quand je me regardais dans le miroir, de voir le loser que j'avais été. J'avais changé du tout au tout, mais je voyais encore parfois le monde à travers ses yeux.

La même chose est arrivée à certains Challengers.

Conclusion : si vous n'aimez pas le mec qui vous regarde dans le miroir, consultez un ophtalmo. Je ne vous demande pas de voir votre vrai vous dans le miroir – c'est réservé à une poignée d'individus. Mais, au lieu de voir votre ancien vous, essayez de voir la personne que vous êtes en train de devenir. Vous devriez l'apprécier davantage.

N'oubliez pas : la perception est la réalité. Si vous vous voyez comme un handicapé social, vous agirez en tant que tel et les autres vous traiteront de même, quels que soient vos changements extérieurs.

Par contre, si vous arrivez à voir l'individu confiant, positif, gracieux, fun, hyper sociable que vous êtes en train de devenir, alors vous verrez bientôt le monde à travers ses yeux. Et les gens interagiront différemment avec vous.

Donc : faites-vous beau et allez affronter le miroir. Rappelez-vous le jour 4, quand vous vous êtes livré au même exercice. Rappelez-vous tout ce que vous avez appris et accompli depuis.

Soyez attentif à votre posture, à votre sourire, ainsi qu'à l'énergie que dégage votre reflet. Repensez à votre meilleure approche, et à cette fille qui vous adorait. Quand vous verrez votre meilleur moi dans le miroir – ce mec que toutes les filles veulent – mémorisez-le dans ses moindres détails. Et gardez cette image à l'esprit, où que vous alliez. Parce que ce mec-là, vieux, c'est toi.

Bienvenue dans ta nouvelle réalité.

REMERCIEMENTS

Le Challenge Stylelife est le résultat de milliers d'approches et de plusieurs années de fréquentation amicale des Virtuoses de la Drague décrits dans *The Game*. Il doit beaucoup aux rapports de mes étudiants aux quatre coins du monde, à des centaines de livres et d'articles ainsi qu'aux contributions de mon équipe de coachs de la Stylelife Academy.

Deux d'entre eux méritent une attention particulière :

Don Diego Garcia, coach senior à San Francisco. Un cœur, ce DDG. On lui doit le scénario d'une foule de missions et d'e-books parmi les plus respectés. Il a influencé (en très bien) la vie de milliers d'étudiants. Cerise sur mon gâteau, il a relu les épreuves de *30 jours pour séduire*.

Thomas Scott McKenzie, lui aussi coach senior, vit dans le Midwest. C'est un auteur de première. Il a écrit pour je ne sais combien de journaux et de revues (de *Tin House* à *Stuff*). En plus de ses contributions aux pièces jointes de ce livre, il a également participé à la mise en page des grands tableaux du briefing du jour 21.

Un grand merci également à Dessi, Haze, Organizer, Masters, Julia Caulder, Maddash, DJ et, tout particulièrement, à Phoenix et à Rourke qui m'ont aidé aux tout débuts du Challenge. Evolve, Tommy D, Gypsy et Bravo, tous coachs à la Stylelife Academy, ont eux aussi participé à l'élaboration de ce livre. Merci à Exception – le Challenger qui nous a offert l'intro sur les Village People (jour 18). Rourke et Michael Gregus ont également fourni des techniques.

Un merci appuyé aux gourous de la drague qui ont eu une influence sur ma vie ainsi que sur ce livre – de par leurs enseignements et leur amitié. Parmi eux : Mystery (aujourd'hui star de la scène et du petit écran), David DeAngelo (qui s'est lancé dans les affaires), Ross Jeffries (père d'un mouvement qui l'a rendu maboul),

Swinggcat (le magicien derrière le grand rideau) et Juggler (grand écrivain... désormais marié).

Il y a aussi ces deux gars dont je ne peux pas encore révéler les noms car ils font partie d'un projet de livre. Mais c'est à eux que je dois l'idée du Challenge Stylelife. Vous les connaîtrez bientôt. Ce serait quand même salaud de ne pas les saluer. Donc... merci à ces deux gars !

Ont relu les épreuves de ce livre, en plus de plusieurs individus parmi ceux cités plus haut : Anna G., Ersin Pertan, M the G, Todd Strauss, Dr. M.J., Nicole Renee, Aimee Moss, Kelly Gurwitz, Lauren, Evelyn Ng, et Sarah Dowling. Soa Cho et Kristine Harlan se sont chargées de tout ce qui était recherches et vérifications. Elles ont trouvé des articles scientifiques pour étayer toutes les techniques, des contraintes horaires au concept L.A.S. V.E.G.A.S. en passant par l'importance du sourire dans l'approche.

Énormes mercis à la fine équipe de chez HarperCollins : Carrie Kania, Michael Morrison, David Roth-Ey, Lisa Gallagher, Rachel Romano, Chase Bodine, Cassie Jones, Brittany Hamblin et Cal Morgan (l'éditeur le plus rapide de l'Est). Sans oublier Judith Regan, la première à m'avoir suggéré d'adapter le Challenge sous forme de livre.

Et enfin, je tiens à vous remercier d'avoir réussi le Challenge, et d'avoir pris en mains votre réalité. Ce que je préfère, c'est les photos avant/après. Les mecs, vous assurez. Respect.

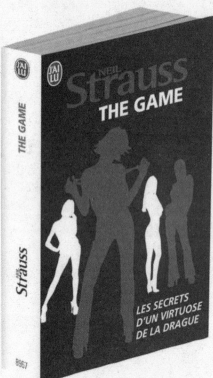

NEIL
STRAUSS

Les règles du jeu

Confessions d'un virtuose de la drague

Traduit de l'anglais (États-Unis)
par Christophe Rosson

J'AI LU

Titre original
THE RULES OF THE GAME

Achevé d'imprimer en France
par MAURY IMPRIMEUR *le 13 mars 2011.*

Dépôt légal mars 2011. EAN 9782290022269

ÉDITIONS J'AI LU
87, quai Panhard-et-Levassor, 75013 Paris

Diffusion France et étranger : Flammarion

LISEZ-MOI

Ah, d'accord. Vous êtes vraiment un faible, alors.

On vous dit « lisez-moi », et vous, hop ! vous vous exécutez.

C'est un bouquin, je lis – c'est ça, le trip ?

Sauf que le livre n'est même pas commencé, là. Et la page de copyrights, vous l'avez lue aussi ? Sans doute que non. Mais si oui, alors bienvenue au club. Je vous rassure, il existe des traitements pour les mecs comme nous.

Je profite de la situation pour vous apprendre une première leçon : pensez par vous-même. Ne vous contentez pas de tourner les pages bêtement.

Ce livre n'est pas un bouquin comme les autres, vous n'avez pas forcément à le lire dans l'ordre, du début à la fin.

Vous avez le choix.

Exemple : si vous cherchez de la lecture, allez aux *Confessions d'un Virtuose de la Drague* (de ce côté) – tout n'y est que drague, amour, désir et fiascos.

Vous voulez apprendre ? Alors passez directement à la partie *30 jours pour séduire* (de l'autre côté), où je vous aide à faire des progrès socialement et sentimentalement. Si vous voyez ce que je veux dire. Et là, libre à vous de piocher, à tout moment, dans les anecdotes des *Confessions d'un Virtuose de la Drague* – pour voir un peu à quoi mes enseignements vous exposent.

Vous cherchez juste un ou deux trucs pour draguer ? Mon conseil : déchirez cette page et faites-en un avion en papier que vous jetterez ensuite à l'autre bout de la librairie. Passez aux pages suivantes, et renouvelez l'opération jusqu'à intervention du vigile.

Plus sérieusement, je reviens sur ce que je disais tout à l'heure : vous n'êtes pas un faible. Je voulais juste attirer votre attention. Ça marche à tous les coups.

Bref, leçon n° 2 : arrêtez la parano. Ce que les gens disent, ou ce qu'ils font, ça en dit généralement plus sur leurs peurs à eux que sur vous.

Merci de me lire...

CONFESSIONS D'UN VIRTUOSE DE LA DRAGUE

LE CÔTÉ OBSCUR DU JEU

Je vous présente ici, aimable lecteur, le récit d'une période remarquable de ma vie. Par le tour que je lui ai donné, il constituera, j'en ai la conviction, un témoignage non seulement intéressant, mais aussi, et dans une large mesure, utile et instructif. C'est dans cet espoir que je l'ai rédigé ; ce qui doit me faire pardonner de m'être départi de cette délicate et louable réserve qui, le plus souvent, nous retient d'étaler en public nos erreurs et nos faiblesses. Il n'est, à vrai dire, rien de plus choquant au cœur anglais, que le spectacle d'un homme qui nous impose ses plaies et ulcères moraux.

THOMAS DE QUINCEY
Confessions d'un mangeur d'opium anglais

LES RÈGLES DU JEU RÉGISSENT NOS VIES, NOS FINANCES, NOTRE BONHEUR.

LES RÈGLES DU JEU OBÉISSENT AUX ÉMOTIONS, PAS À LA LOGIQUE.

LES RÈGLES DU JEU N'ONT JAMAIS VARIÉ AU COURS DE L'HISTOIRE – SANS CONSIDÉRATION DE RACE, CULTURE OU PAYS.

LES RÈGLES DU JEU SONT IMMUABLES.

LES RÈGLES DU JEU PEUVENT FAIRE DE VOUS UN AMANT, UN AMOUREUX, UN MARI, UN DIEU VIVANT.

MAIS AUSSI UN ENNEMI, UNE CIBLE, UNE PROIE, UN CADAVRE.

SOYEZ PRUDENT – EN CES PAGES VOUS NE TROUVEREZ PAS DES CONSEILS, MAIS DES AVERTISSEMENTS.

SOMMAIRE

PRÉFACE

Lui : « Tu vises quoi ?

– Quoi, je vise quoi ?

– Ton but. Si tu ne sais pas où tu vas, tu ne sauras pas y aller..

– Alors je dirais : quantité, qualité, variété. Mon but, c'est d'emballer des inconnues, me faire sucer dans les chiottes des boîtes, coucher avec une nana différente chaque soir et vivre des aventures bizarres avec plein de filles. »

Il ne répondait rien, alors j'ai continué. Je n'avais jamais mis de mots là-dessus, pas même dans ma tête. C'était il y a quelques années, je venais de connaître l'illumination au contact d'une société secrète de cracks de la drague.

« J'ai envie de dépraver des pucelles, de dérider des femmes mariées, de draguer et de me faire draguer par des stars, des étudiantes, des bombes, des businesswomen et des reines du tantrisme. Et après, parmi toutes ces femmes, j'en choisirai une que j'aimerai.

– Tu la reconnaîtras comment ?

– Avec elle, je n'aurai plus envie de voir d'autres filles.

– Ça se tient. »

J'attendais. Je savais qu'il allait trouver une faille dans mon raisonnement.

« Et, au bout de deux trois ans, quand tu ne t'éclateras plus au lit, tu feras quoi ? Ou si vous faites un petit et que ta copine te délaisse ? Ou si c'est la crise et que vous passez votre temps à vous battre ?

– Ça me démangera d'aller voir ailleurs, c'est clair. »

Assis en position de bouddha, il dégageait une aura de supériorité spirituelle.

« Juste, il faudra que je me contrôle. Comme pour les clopes. Je me retiendrai, ça nuirait gravement à notre couple. »

Nouveau temps mort. En attendant l'inévitable question. Le gars

était producteur de musique. Jamais je ne l'ai vu bosser. En revanche, on a passé des heures à discuter du sens de la vie, chez lui, à Malibu. Un majordome nous ravitaillait en eau et en bouffe végétarienne.

« Donc, toi, coucher cinquante ans avec la même nana, ça te va ? »

Il mettait le doigt sur le point faible de mon plan. J'adore entendre rire les filles. J'adore leurs lèvres, leurs hanches, leur peau, leurs caresses, leurs rictus de plaisir. J'aime qu'elles s'occupent de moi, qu'elles s'impliquent dans la relation, qu'elles me comprennent en toute situation. Je ne rêve que de créer une bulle de passion qui nous unisse et nous connecte à l'énergie de l'univers. Plus que tout, je kiffe ce moment, juste après la première fois, quand les dernières limites sont tombées.

« Oui, bon, j'aurai du mal. L'idéal, ce serait d'avoir le beurre et l'argent du beurre.

– Ça me semble raisonnable. Le beurre, l'argent, c'est jouable.

– Tu crois vraiment ? Tu crois qu'on peut vivre une relation sincère tout en couchant à droite à gauche ?

– Je n'ai pas dit ça. Par contre, le beurre et l'argent du beurre, ça doit être possible.

– Je vois mal. Une relation monogame, déjà, c'est toute une histoire. T'étonne pas que 25 % des crimes soient des cas de violence domestique, que le taux de divorce grimpe à 50 % et que la majorité des gens aient déjà trompé leur partenaire. Si ça se trouve, le problème c'est le type même de relation que la société nous impose. »

Il n'avait pas l'air d'accord. J'ai repris :

« Sérieux, tu restes fidèle cinquante ans, tu mates quand même les meufs dans la rue, ou tu feuillettes *Playboy*, ou tu surfes sur des sites de cul la nuit. Et ta partenaire, elle a l'impression de ne pas te suffire.

– Exact. Si ta partenaire n'est pas en sécurité, la relation n'est pas saine.

– C'est bien ce que je dis. Donc, les mecs étant ce qu'ils sont, je vois mal comment rassurer la fille dans la relation.

– Peut-être en ne cherchant pas à avoir le beurre et l'argent du beurre.

– Mais c'est tout sauf naturel. Tu l'as dit toi-même.

– Il va donc falloir trouver le moyen d'avoir le beurre et l'argent du beurre, sans que ta crémière perde le sourire. »

Ce que je pouvais le haïr. Quand il avait raison.

Les jours suivants, j'ai pas mal repensé à notre conversation, je cherchais des réponses. J'en parlais partout, à tout le monde, aux hommes comme aux femmes : « Si tu pouvais zapper la question des enfants et d'une présence pour tes vieux jours, tu te marierais quand même ? »

Les mecs, en général, répondaient non. Les filles, la plupart du temps, oui. C'est là que j'ai compris que le modèle du couple traditionnel est basé sur les besoins de la femme, pas sur ceux de l'homme.

D'où ma nouvelle question :

« Imagine, tu rencontres quelqu'un, ça colle à tous les niveaux et tu as envie de sortir avec elle/lui. Mais elle/il t'explique que, au bout de deux ans, elle/il disparaîtra de ta vie à jamais, sans que tu puisses la/le retenir. Tu l'invites quand même à sortir ? »

La plupart des filles ont répondu non. La plupart des hommes, oui – pour certains, c'était le scénario idéal.

Et le mythe fondateur de notre civilisation, dans tout ça ? Le mythe du « un homme et une femme, ils vécurent heureux et eurent beaucoup d'enfants ». Apparemment, il est bancal. Les instincts naturels des mecs semblent les faire osciller entre des périodes de relations de couple et des périodes de célibat hédoniste. Le tout agrémenté de quelques gamins traumatisés en chemin, histoire de perpétuer l'espèce.

Lors de ma rencontre suivante avec le producteur de musique, je lui ai fait part de ma conclusion. Sa réaction :

« Triste façon de vivre.

– Tout juste. Le hic, c'est que c'est justement comme ça que je vis. Les gosses en moins. Vu que je n'ai pas envie de les traumatiser, j'attends de pouvoir résoudre le dilemme du couple sans léser personne.

– Tu devrais faire de la politique. »

Dans sa bouche, pas vraiment un compliment.

« Toi, t'es le genre de gars, incapable de faire de mal à une mouche

ou d'écraser un cafard, mais qui paie sans sourciller un pro pour désinsectiser son appart.

– Je ne te suis pas.

– Alors je vais traduire, il a fait, en reposant doucement sa bouteille d'eau. Niveau éthique, t'es à la rue. »

Nous vivons dans une société qui n'aime pas la nuance – tout doit être bien ou mal, vrai ou faux, réussi ou raté. Mais l'univers, c'est autre chose. L'univers ne porte pas de jugement. Depuis la nuit des temps, il n'obéit qu'à deux principes : création et destruction. Nous nous arrangeons avec le principe de création (sans ça, où serions-nous ?), mais nous vivons dans la crainte du principe de destruction, car c'est lui qui, un jour, causera notre perte.

Je ne voulais pas vous jeter un manuel de drague entre les pattes en vous disant que si vous suiviez les instructions, au bout de trente jours, vous auriez une vie de rêve. La séduction, elle aussi, a une part destructrice. Plus vous progresserez, plus vous vous y heurterez. D'autant que, plus que tout autre, l'instinct sexuel renferme une part créatrice et une part destructrice.

Pour écrire ce livre, j'ai puisé l'inspiration dans les discussions que j'évoquais tout à l'heure, autour de la réconciliation apparemment impossible entre les besoins sexuels et émotionnels des hommes et des femmes – sans parler de leur répugnance à les reconnaître et à les exprimer. Ces conversations ont également mis en évidence un point commun aux deux sexes : la peur de la solitude – et le cortège de drames et de comédies qui en résulte, sachant que, pour citer Fassbinder, « nous sommes nés pour nous aimer les uns les autres, mais il nous reste à apprendre à vivre ensemble ».

Les onze histoires que vous allez lire sont véridiques. À deux exceptions près, toutes se sont déroulées pendant ma plongée dans la sous-culture des Virtuoses de la Drague, sous le pseudonyme de Style. Contrairement à mon propos dans *The Game*, le but de ces histoires est moins de décrire la drague que la nature du désir. Ces onze récits suivent la trajectoire métaphorique de la vie d'un dragueur. Trajectoire qui s'achève sur la question à laquelle aucun gourou de la drague n'a su répondre : qu'est-ce qu'on fait après l'orgasme ?

Les romanciers ont de la chance : ils peuvent se cacher derrière les défauts de leurs personnages. Ici, le personnage, c'est moi, et les défauts sont les miens. Alors que j'abordais des milliers de personnes pour acquérir une meilleure maîtrise de la séduction et de moi-même, les trois grands moteurs de mon mode de comportement – instincts, éducation familiale et forces sociales – sont entrés en conflit permanent. Conséquence : j'ai blessé des gens, fait de mauvais choix, pris des risques insensés, raté des occasions en or et commis des bourdes irréparables.

J'ai aussi pris mon pied comme jamais.

D'où le conflit.

De chacune de ces expériences, j'ai essayé de tirer une leçon. Pas facile, croyez-moi. Pour la bonne raison que certaines de ces aventures n'auraient tout simplement jamais dû se produire.

RÈGLE N° 1

L'ATTIRANCE NE SE DÉCIDE PAS

Je suis assis sur son canapé, elle attend ma réponse.

Elle me donne des cours de langue.

Elle me colle de trop près. Parle trop lentement. Fait exprès de me caresser le genou par accident.

Elle a envie de moi.

Elle doit avoir la soixantaine – minimum.

Et bizarrement, je me laisse aller.

Je reconnais les symptômes : vertige, exaltation, regard dans le vide, début d'érection.

Je la regarde : franchement, elle est vieille. Et pas au bon sens du terme. Juste vieille. Usée. Cheveux cassants, poivre et sel, ramenés en choucroute périlleuse. Visage passé au crible gros. Corps avachi. Bas de contention. Varices aux jambes. Lunettes de mémé. Moustache.

J'ai envie de fuir. Avant qu'il ne soit trop tard.

« Bon, je vais retourner à ma page blanche... Moi aussi... À plus, alors... Oui, un autre cours, bien sûr... Mais quand... ? Le boulot, hein... Mais sinon, oui, bien sûr... Et passez bien le bonjour à Josh... Merci... Oui, vous aussi. »

C'était moins une.

On vit sur le même palier depuis six mois, à Pasadena. On s'est croisés plusieurs fois dans l'entrée. Elle, toujours avec son fils Josh, autiste. J'ai de la peine pour elle. Une mère célibataire qui a sacrifié sa vie entière pour s'occuper de son fils et entretenir son génie musical. Josh connaît le titre, les paroles, les accords, les dates d'enregistrement et les numéros de catalogue de toutes les chansons des Beatles. Et il n'hésite jamais à les réciter au premier venu. Jamais il n'oublie un visage ou une anecdote. Il a fait vieillir sa mère avant l'âge.

Malgré ça, chaque fois que je la croise dans le couloir ou l'ascenseur, ça me démange. Une onde d'énergie. Je me sens absorbé, hypnotisé. Impossible à décrire plus précisément. Les seules femmes âgées avec lesquelles j'aie couché étaient des vrais pièges à mecs : jambes kilométriques, corps bien ferme, bronzage parfait, cheveux de pub pour shampooing. Jamais je n'avais été attiré par une femme comme elle. Mais de temps à autre, avant de m'endormir, il m'arrive de glisser une main dans mon boxer. Et je me retrouve à penser à elle.

J'habite Los Angeles. Tous les jours, je croise des canons internationaux. À tous les coins de rue, promenant leurs chihuahuas, passant l'après-midi au café (des beautés pareilles, ça ne bosse pas la journée), joggant sur la plage comme si elles auditionnaient pour *America's Next Top Model*.

Et moi, qu'est-ce que je fais ? Je me masturbe en pensant à ma voisine sexa.

Je pourrais fantasmer sur n'importe qui. À ce stade de ma vie, je pourrais *coucher avec qui je veux*. Alors pourquoi elle ?

Deux jours plus tard, je prends l'ascenseur, direction le garage, avec ma partenaire de la veille : Darcy. Sexy, mais pas claire. Elle prétend organiser des soirées pour mecs à Vegas. J'aimerais bien voir ça.

« Hey, Neil ! » Une voix forte, nasillarde, nous accueille à la sortie de l'ascenseur.

C'est Josh. Il a croisé Darcy dans l'immeuble trois semaines auparavant. Il vient de fêter ses quinze ans. L'acné s'est abattue sur lui en même temps que de drôles de pensées vis-à-vis des filles. Il aime bien me parler de branlette et de sa mère qu'il déteste.

« Salut Darcy. Tu as vingt-six ans et tu viens de Newton dans le Massachusetts, pas vrai ? » Il sait bien que si. Frimeur. « T'es trop belle. »

Nancy nous adresse un petit sourire gêné. « Excusez-le. Viens, Josh. »

Je me tourne vers Darcy. Bronzage artificiel. Courbes redessinées à Beverly Hills. Maigreur toxico. Une petite poupée de jeunesse, de sexe et de malheur.

Un coup d'œil à Nancy. Teint pâlot. Corps fatigué. Manque d'exercice. Elle a abandonné la jeunesse, la sexualité, elle s'est abandonnée. L'autiste dont elle a la lourde charge depuis tant d'années l'a consumée, brisée, ravagée.

Pas photo.

« Au fait, Neil, reprend Josh, *The Long and Winding Road*, super morceau. T'en penses quoi ?

– J'aime bien.

– Elle a été écrite le même jour que *Let It Be*. C'est la seule chanson de l'album où il n'y a que Paul McCartney au piano, et pas Billy Preston. À ton avis, qu'est-ce qu'il veut dire quand il chante "crying for the day" ? Pour quel jour il pleure ? »

C'est tout le drame de Josh. Il connaît les faits. Mais les métaphores lui échappent.

« Un jour où tout allait mieux.

– Ça pourrait pas juste être la veille ? »

Il prend tout au pied de la lettre. Il ne comprend pas que si les mots ne faisaient que véhiculer le sens que leur donnent les dictionnaires, ils perdraient leurs qualités expressives. Et donc, plus de Beatles, plus de littérature, plus de poésie. Chaque mot contient un élément qui affecte son expression et son interprétation. Ça s'appelle l'émotion. Josh et Darcy ont en commun d'être incapables de la reconnaître.

« Viens, Josh, Neil est occupé », fait Nancy, déjà dans l'ascenseur, l'index écrasé sur l'ouvre-portes. Puis, s'adressant à moi : « Il est tout excité, il va passer la soirée avec sa prof de piano. »

Les portes se referment. Moi, je me demande ce que Nancy voulait dire.

Est-ce qu'elle s'excusait pour le comportement de son fils ?

Est-ce qu'elle cherchait à me faire comprendre qu'elle serait seule ce soir ?

Je ne sais même pas si elle m'avait déjà envisagé sous cet angle-là. Du reste, après avoir vu Darcy, elle ne pouvait pas s'imaginer m'intéresser.

Tout ceci est ridicule. Par contre, je devine un grand potentiel

chez Josh : j'aimerais lui faire écouter d'autres morceaux. Ça lui ferait du bien d'avoir un mentor plus proche de sa génération.

Le soir même, je me retrouve devant chez Nancy, un CD des Zombies à la main. J'ai beau me répéter que je passe juste déposer un disque pour Josh, histoire d'élargir son horizon musical, je sais parfaitement ce que je fais là : je suis venu voir ce qui va se passer.

En tout cas, si l'occasion se présentait, je ne pense pas que j'en profiterais. Ça ne se fait pas. Simple curiosité. Et Nancy me fait l'effet d'être quelqu'un d'intéressant. Très cultivée. J'ai envie d'en savoir plus sur elle : comment elle était avant Josh, comment elle gagne sa vie, où elle a appris le français, etc.

Quand elle m'ouvre, Nancy n'a pas l'air plus étonnée que ça. Elle porte une robe noire informe et des chaussettes fatiguées. Elle s'est poudré les pommettes. Les manches de sa robe lui compressent les bras au-dessus du coude, on dirait des chipolatas.

Tenant la porte ouverte, Nancy s'écarte. Les règles de la politesse m'obligent à entrer.

Me voilà dans sa tanière. Le changement d'énergie est palpable.

« C'est pour Josh », dis-je en lui tendant le disque.

Elle le prend sans effleurer mes doigts.

« Une tasse de thé ? me propose-t-elle. Je viens d'en faire. »

L'araignée tisse sa toile.

« Volontiers. »

Je m'assieds sur son canapé : toile à sac recouverte d'un plaid jaune et blanc. Il empeste le santal et le cendrier. J'ai du mal à respirer. Ma poitrine se comprime. Coup d'œil en direction de la porte. À des kilomètres, semble-t-il.

Je suis fait.

Ma queue commence à se sentir à l'étroit. Qu'est-ce qu'il se passe, là ?

Je regarde Nancy. Ma grand-mère était plus jolie. C'est n'importe quoi.

Elle m'apporte mon thé. Je l'en remercie.

« *Je vous en prie* », me répond-elle.

J'adore quand elle parle français. Son accent est parfait.

Nous échangeons quelques mots sur Josh, notre unique sujet de conversation. Il répète pour un récital. Il arrive à jouer n'importe quel morceau à l'oreille, sa prof n'en revient pas. J'y suis pas. J'y suis pas. J'y suis pas.

Nancy tient à me faire voir des photos. Elle prend un album sur l'étagère, s'assied près de moi, pose l'album sur ses genoux et l'ouvre de ses doigts élégants. La couverture retombe sur ma cuisse.

« Là, c'est Josh avec sa prof, devant le Shoenberg Music Building. »

Je ne vois rien. Je ne sais pas. Je m'en fous. Son parfum envahit mes narines. J'ai le cœur en mode marteau-piqueur. La pièce se met à tourner. Je dois faire quelque chose.

D'une main, j'écarte une mèche de son visage. Ses cheveux sont raides.

Elle se tait, lève une main et se tourne vers moi. Une bouffée de cendre de santal me fouette la figure. J'ai envie d'elle.

Ma bouche s'écrase sur la sienne. Dans ma tête, c'est comme si le dernier accord magistral d'une symphonie venait d'être plaqué.

Elle a les lèvres rêches et déformées, mais la langue douce et charnue. Elle me la fourre dans la bouche. Immobile, agréable. Cette langue me transmet la lente énergie sensuelle de Nancy.

Je sais que c'est mal. J'ai parfaitement conscience d'avoir franchi la ligne blanche.

Coup de bol, elle sent mon malaise.

« On va dans ma chambre ? »

Ça ne me choque pas. Je trouve même l'idée géniale.

Elle passe la première. Je la suis. Face à ce corps informe, tout en rebondissements, sans rien de sexuel, le charme se rompt. L'espace d'un instant, j'ai l'occasion de m'enfuir. Je ne la saisis pas.

C'est dans ma nature, je finis toujours ce que je commence. Là, je n'ai peut-être pas eu l'occasion de m'enfuir, en fait.

Nancy s'asseoit sur une espèce de lit d'hôpital, relève ses jambes à grand-peine et les allonge sur le matelas.

Je retire mes chaussures et la rejoins. Aucune parole entre nous. Une seule, et tout s'effondrerait.

Elle me serre contre elle. Nos langues se retrouvent. Sa peau sent la vieille dame. Pas envie de traîner.

Je commence à la déshabiller tout en me mettant sur elle, après quoi je me couche et la laisse finir toute seule.

Elle a la peau couleur vieux journal. Son soutien-gorge caresse le haut de sa culotte. Grand format l'un comme l'autre. Dépareillés : culotte blanche, soutif chair. Fonctionnels, pas sexy.

Aucune envie de m'attarder là-dessus. Ni sur autre chose.

D'une main, je dégrafe son soutien-gorge. Puis je prends un sein dans ma bouche. Ça semble être la chose à faire.

Quelques secondes, pendant que je lèche son téton, j'arrive à déconnecter, à l'imaginer désirable. Sur ma lancée, je décide de fermer les yeux et de me concentrer sur les sensations.

Mais au même moment je glisse une main sous sa culotte. Et, au lieu de trouver de la peau, je sens du plastique. Je tâte. Elle a une espèce de sac plastique accroché aux hanches.

La suite est très floue. Je crois avoir été pris d'une sorte de nausée. Je me rappelle avoir continué malgré tout, vu que c'est ma nature. Affaire expédiée en moins de cinq minutes. Minimum syndical de conversation après coup, pour ne pas la vexer. Puis départ.

Les jours suivants, je n'ai plus trop pensé à Nancy. Pas comme avant. Je lui ai téléphoné deux trois fois, qu'elle ne pense pas que je cherche à l'éviter. Alors qu'en fait... Pourquoi je ne fantasmais plus sur elle, aucune idée. Peut-être parce que je l'avais affublée d'une sensualité qu'elle ne possédait pas. Ou alors, le sac plastique.

Un mois plus tard, je déménageais. Pas à cause de Nancy. Je me sentais juste trop isolé et déprimé à Pasadena. Je voulais vivre entouré de gens qui mordaient la vie à pleines dents, qui cherchaient à devenir quelqu'un. C'est ça, la vie. C'est là qu'on rencontre de belles nanas désespérées, si le cœur nous en dit.

J'ai donc appelé Nancy pour lui dire au revoir, avec la promesse de rester en contact et d'assister au récital de Josh.

L'histoire devrait s'arrêter là. Mais non. En fait, elle n'aurait sans doute jamais dû commencer. Sept mois plus tard, je suis passé récupérer mon courrier chez le concierge, et je l'ai revue.

Elle avait perdu pas loin de quinze kilos. Ses cheveux étaient propres, teints en noir, coiffés en chignon. Rouge à lèvres, mascara et ombre à paupière : elle resplendissait.

À son bras, un homme. De son âge. Petit, chauve, pas trop mal. Le genre sûr de lui, bien bronzé et plein de vie.

« Tu m'as l'air en forme, dis-moi, commençai-je.

– *Merci*.

– Et Josh, il est où ?

– Je l'ai installé à un autre étage, m'expliqua-t-elle de cette voix nonchalante qui m'avait autrefois séduit. Il habite au 502, avec un tuteur. »

Elle s'est tue un instant puis m'a souri timidement. Elle s'était même fait blanchir la moustache.

« *Merci* », répéta-t-elle.

Elle dégageait une énergie nouvelle. Pas de la séduction. De la gratitude. J'ai eu le sentiment de lui avoir rendu un service, d'avoir décoincé et libéré un potentiel oublié. C'est peut-être cette énergie que j'avais ressentie alors : une femme exubérante cherchant à s'évader du cachot où elle croupissait depuis la naissance de son fils.

Une fraction de seconde, j'ai cru m'être trouvé une vocation : ange de la baise. Des femmes qui ont renoncé à leur sexualité, il y en a partout. J'en vois dans les aéroports, n'osant pas quitter des maris infidèles qui les traitent comme du mobilier ; à la plage, si affairées auprès de marmots ingrats qu'elles en oublient de s'occuper d'elles-mêmes ; dans des restaus minables, à s'apitoyer sur des ruptures d'il y a trente ans et à fusiller du regard les serveuses sur le mode « un jour tu comprendras ».

Toutes ont eu dix-huit ans un jour. Elles débordaient alors de jeunesse, d'esprit, de sensualité, de potentiel. Autour d'elles, d'innombrables prétendants, dont un, deux, ou peut-être vingt finiraient par leur siphonner toute cette lumière. Je saurais les séduire. Lentement, tendrement, je pourrais me les faire, l'une après l'autre. Leur rendre leurs dix-huit ans. Pas pour moi, pour elles. Pour que leur sexualité, leur passion et leur moi intérieur se réveillent, que ces femmes comprennent qu'elles ont encore la

vie devant elles. Et qu'on n'est pas si heureux que ça, à dix-huit ans.

Oui, je pourrais le faire.

J'ai donc quitté l'immeuble pour regagner mon nouveau pied-à-terre à bord du 4×4 d'occasion que je venais de m'offrir. C'est là que j'ai vu ce qui clochait dans mon plan : je n'ai ni séduit, ni sauvé Nancy. C'est elle qui a tout fait. Depuis, j'ai déménagé. J'ai changé. J'ai mûri.

Cette gratitude que je ressentais, elle venait peut-être de moi.

RÈGLE N° 2

BRISER UN LIEN, C'EST BRISER LA CHAÎNE

Kevin ne va plus tarder. Il veut sortir, rencontrer des filles. Moi, je suis encore en boxer. Je ne me suis plus rasé ni douché depuis... Bref, quand je me regarde dans le miroir, je vois le fantôme d'Arafat.

Avec un livre à rendre dans deux semaines, je ne devrais pas sortir. Mais si je ne bouge pas de devant mon ordi, mes yeux vont fondre dans leurs orbites. Trois semaines que je pianote non-stop. Un peu de vraie compagnie ne me fera pas de mal. Sinon je vais rouiller, niveau interaction.

Bon, accélération maintenant ! Déjà, ma montre fétiche, Vostok, modèle armée rouge : elle a atterri, me demandez pas comment, dans le beurre de cacahuète. À faire : ranger la cuisine – au cas où je ramènerais quelqu'un.

Je devrais noter ça sur ma liste. Faudrait déjà que je la retrouve. Dans la poche de mon Levi's premium boot-cut ? Il est dans « le tas » : là où vont tous les habits déjà portés mais pas assez nauséabonds pour le pressing. Un petit autel qui m'aide à me forger une identité chaque jour.

Hier soir, une idée de livre m'est venue, à inscrire sur ma liste. Comment c'était ? Vivre un an sans technologie, un truc dans le genre.

Argh. La sonnette. Kevin. Je l'avais oublié, et le voilà déjà. Reprends-toi, Neil. Kevin a besoin de toi ; toi seul peux engager pour lui la conversation avec des bombes californiennes.

Ok, Levi's localisé. Reniflage. Diagnostic : mélange de noix de macadamia et de ma chambre après l'amour. Ça le fait.

« Salut ! » Kevin a un demi-sourire quand je lui ouvre. « Tu comptes sortir comme ça ? »

Je passe l'autre jambe de mon jeans immédiatement. Trouver une chemise. Cool, de préférence. Dans le tas, vu que, si elle est cool,

j'ai dû la porter dans les trente derniers jours. Et si c'est le cas, je ne l'ai pas lavée.

Chemise noire. Dans le doute, toujours du noir. C'est la sécurité. Ah, ici la cravate grise achetée à Londres. Elle peluche. J'ai dû la laver par inadvertance ce mois-ci.

Une ceinture. Exploration du tas. Chaque article a tant à dire. Comme ce t-shirt jaunâtre, dégoté il y a sept ans dans une boutique de Boston qui vend des fringues à 1 $ les 500 g.

« Oh, vieux, si on part pas maintenant ça va être bondé. » Kevin. Il se pointe en retard et trouve le moyen de me prendre la tête, comme si je lambinais.

Ok, la cravate en guise de ceinture. Et au cou... Un long collier ? Trop disco. Des lacets ? Trop fins. Ruban rouge de Noël ? Ça roule. On croirait de la soie.

« Prêt ?

– Prêt.

– Sûr ?

– Ça ira. Mon charme fera le reste. »

Kevin est un pote, mais pas vraiment. Exemple : ma bagnole plante, je ne l'appelle pas pour qu'il vienne me chercher. On est juste unis par notre relation aux nanas.

Je déverrouille les portières de ma voiture, il me demande : « Tu te rappelles la fille à qui j'ai demandé de t'appeler l'autre soir ? »

Quelque part sous les bouteilles de Coca et les canettes de Red Bull, il doit y avoir un siège conducteur.

« Je l'ai ramenée chez moi, mais ma mère nous a grillés au moment où on allait passer au jacuzzi. »

Il reste un fond de Red Bull, dans celle-là. Allez, un coup de fouet !

« Bref, on s'installe quand même, et elle me pompe sous les étoiles. »

Kevin s'assoit sur le premier jet de mon bouquin.

J'ai comme du brouillard dans le crâne. Vite, le dissiper. Revenir au présent. Je tape des mains. Je secoue la tête. Test voix :

« 1, 2, 3, test. » C'est bon.

« Tu fais quoi, là ? me demande Kevin.

– Je m'échauffe. »

Trois kilomètres et demi jusqu'au James Beach Bar. Les clés au voiturier. Sourire. Entrée. Faire semblant d'être normal. Des nanas dans tous les coins. Elles boivent. Elles rigolent. Chacune unique, et de plus en plus enivrée par l'odeur de macadamia qui envahit soudain la salle.

Deux filles – sûrement la vingtaine – s'éloignent du bar. Les aborder direct, ou je vais traîner ça toute la soirée. Je sens la main de Kevin dans mon dos, qui me pousse vers elles. Idée : mettre la main de Kevin dans une boîte et la vendre aux mecs trop timides pour accoster.

Je demande aux filles : « Vous connaissez mon ami Kevin ? Il joue dans le seul groupe de rock chrétien 100 % juif du monde.

– De quoi ? » fait l'une. Taille mannequin, longs cheveux blonds, bronzage artificiel, chemisier blanc à boutons arc-en-ciel. Le genre à bosser dans une librairie qui propose de l'encens à la caisse.

Je lui répète que Kevin joue dans un groupe.

Elle : « Moi aussi. » Plutôt sympa. Je ne pensais pas qu'elle me croirait. Les boutons arc-en-ciel, ça doit rendre tolérant.

Sa copine porte un haut blanc moulant, petit corps compact, longs cheveux noirs, visage anguleux. Genre secrétaire de club de sport.

Je devrais m'y remettre, d'ailleurs. Idem pour la bouffe, manger plus sain. Sans oublier le fil dentaire. Je me laisse aller, là.

« C'est du beurre de cacahuète, sur ta montre ? me demande la libraire, en m'effleurant la main.

– Doucement, c'est du beurre vintage, époque soviétique. Je te dis pas le prix. »

Kevin et moi discutons avec la libraire et la secrétaire, on passe en équipage automatique. Pourquoi je m'emmerde à écrire ? Il y a tellement mieux à faire.

« On n'a qu'une vie », je dis à la libraire. Les paroles ne sont pas de moi, mais de Joseph Cambpell, prof de mythologie. Décédé.

« Nos faiblesses, Marx nous dit d'en rejeter la responsabilité sur la société, Freud sur nos parents, et l'astrologie sur l'univers. »

Le brouillard s'est dissipé. Tout m'est revenu tout de suite. Pas croyable. Je ne m'y ferai jamais : les gens ont tendance à se montrer

polis, à condition qu'on n'ait rien à leur demander. Ce qui n'était pas vraiment notre cas.

« Alors qu'en fait, tu ne peux t'en prendre qu'à toi-même, si tu n'as pas eu le courage de t'exprimer à fond, si tu n'as pas écouté tes désirs, si tu ne t'es pas servi de ce que tu avais à portée de main, si tu n'as pas exploité tout ton potentiel. »

La libraire en a les larmes aux yeux. Merci, Joseph Campbell. Je lui prends la main, elle me la serre. J'aurais dû me couper les ongles. À noter sur ma liste. Je tiens aussi une liste mentale des choses à ajouter sur la liste papier.

« Pile ce que j'avais besoin d'entendre, réplique-t-elle en reprenant une gorgée de bière. Je suis enceinte de trois mois, et je me pose pas mal de questions. »

Allez savoir pourquoi, je ne me démonte pas. Me tournant vers la secrétaire, je constate que Kevin lui masse les épaules et lui parle à l'oreille. Sur ses lèvres, je devine « rapport anal ».

La libraire m'apprend qu'elle vit avec son mec et qu'elle l'adore. Que sa copine est carrément mariée et a deux gosses dont elle est folle.

Sombre nuit.

Un soir, dans un bar, on m'a présenté à Prince, et il m'a demandé ce que je faisais dans la vie. Je lui ai répondu, « écrivain ». Il a voulu savoir sur quoi j'écrivais et je lui ai dit, « sur le côté obscur ».

« Pourquoi donc ?

– C'est plus intéressant.

– Le côté lumineux aussi, parfois », avait-il rétorqué, impérieux.

Je voudrais bien l'avoir en face de moi. Qu'il comprenne son erreur. Toutes les aventures à vivre dans cette salle se trouvent du côté obscur. Les gens du côté lumineux dorment à poings fermés, là. Et rêvent du côté obscur. Car plus on cherche à le réprimer, plus il se renforce, jusqu'à finir par faire surface. Moi, je dors comme un bébé. Mes rêves sont peuplés d'angelots, de gros gâteaux et de pandas géants. Le côté obscur, je ne le vois qu'en rouvrant les yeux. Et ce soir, il s'est incarné en amazone new age enceinte qui vit avec son gentil chéri.

Le bar ferme, la secrétaire nous demande : « Vous nous raccom-

pagnez à notre voiture ? On n'aime pas trop marcher seules si tard.

– Il y aura un supplément », fait Kevin. Un bide. « Une seconde, on retrouve nos potes. »

Naturellement, on est venus seuls. Kevin veut juste mijoter un plan en tête à tête. Tant mieux. J'adore les plans. J'entre dans son jeu :

« Ok. On leur dit que nos potes nous ont lâchés, qu'on a personne pour nous ramener.

– Génial. Et ta caisse ?

– On passe la reprendre demain. »

Les filles acceptent de nous raccompagner sans hésiter. Comme quoi, un plan tout bête et on ne rentre plus bredouille.

Et nous voilà dehors, bras dessus bras dessous. On protège les filles des loubards. Elles nous protègent des chauffeurs de taxi. Gagnant-gagnant.

« Hé, regardez, on s'est mis en couples ! » s'exclame tout à coup la libraire. Je lui arrive aux épaules. Mais bon, si elle s'en moque, je m'en moque aussi.

Arrivés devant leur BMW décapotable, je me dis qu'elles auraient eu les moyens de s'offrir le voiturier. Sauf si elles avaient un plan.

La libraire veut me faire écouter sa musique. Petit stress, mais ça va me permettre de passer à la deuxième étape du plan.

« Pas mal... » En fait, ça craint, j'ai envie de trucider des papillons. « Mais avec le vent j'entends mal ce que tu chantes. Prends le disque, on va l'écouter chez moi. »

Elle acquiesce.

Les filles ont aussi une cervelle : elle sait ce qu'elle vient d'accepter. Bref, elle se gare et on se dirige, toujours bras dessus bras dessous, vers mon appart. Ça sent le cocufiage : il fait sombre, et dans l'air flotte un parfum de noix de macadamia.

Je cherche ma clé dans mon jeans.

Pas là.

Je tâte les autres poches, comme si je maîtrisais la situation. Je m'autofouille au corps. Le potentiel de la soirée s'évapore, je le sens bien.

Les filles ont du soupçon plein les yeux. Tous les doutes qu'on avait noyés dans l'alcool et la tchatche refont surface dans leur esprit un peu plus à chaque seconde. Elles flairent un truc.

Ok. Pas de panique. Mes clés, je les ai, vu que je suis allé au bar en voiture. Autrement...

Le con. Non mais quel con. J'ai laissé le trousseau au voiturier. Je suis bloqué dehors.

Une demi-seconde et je cogite un plan. On peut toujours.

M'adressant aux filles : « J'ai oublié mes clés là-haut. Mais c'est bon, je vais passer par le balcon. J'ai l'habitude. »

Habitude, mon œil !

« T'habites à quel étage ? » me demande la secrétaire. Bonne question.

« Deuxième. Bougez pas, j'en ai pour deux secondes. »

Je sprinte jusqu'au côté balcon de l'immeuble, et j'examine la façade. C'est jouable. Comme toutes les énigmes, celle-ci aussi a une solution.

À trouver au plus vite. Je suis en train de les perdre.

Bon, ça devrait le faire. Ok. Si je tombe, j'y reste.

Les filles me rejoignent. La situation leur inspire une moue dubitative. « Je suis vannée, fait la libraire. Je crois que je vais y aller. »

Bon, ça se tient. N'oublions pas qu'elle est enceinte. Coucher avec elle, ce serait très mal.

« Juste une minute, interviens-je quand même. Attendez-moi devant, je vous fais entrer tout de suite. Promis. »

Tout se joue maintenant.

Je grimpe sur la rambarde du rez-de-chaussée. Elle branle. J'avais pas prévu. Accélération.

J'agrippe le rebord du balcon du premier et me hisse. Mes bras tremblent. Aurais pas dû arrêter le sport. Passe les jambes. Mini tour de rein. Souffler un peu, les fesses de mon Levi's dans le vide.

C'est bon, ne reste plus qu'à ramener le haut de mon corps. En douceur. Je réveille un voisin, il appelle les flics. Ou me bute.

Premier étage. Ça roule. Rebelote et je me retrouve chez moi, à tringler la nana et son fœtus.

Je m'étire pour attraper le bas de ma rambarde, puis me hisse et

passe les jambes. Je touche au but. Là, ramener mon corps pour que mon jeans ne reste pas dans le vide.

Petit souci. Je suis bloqué. La cravate-ceinture est prise. D'où je suis, je ne vois rien. Sûrement un clou.

Décide de passer en force. Tire comme un malade sur la rambarde. Bras au bord de la rupture. La rambarde se penche vers moi. Ça sent pas bon.

Solides, les cravates londoniennes.

Réfléchis, Neil. Tu es plus futé que ce clou.

En face de chez moi, il y a un hôtel. Je pourrais faire signe à un client. Et il ferait quoi ? Il appellerait les pompiers, tout le tralala.

Bon, machine arrière. Redescendre.

Je dégouline jusqu'au premier, et ma cravate se décroche d'un vieux clou rouillé.

Une fois sur le balcon du premier, je retire ma cravate-ceinture et la fourre dans ma poche. Mon jeans tombe. Impossible de grimper avec un pantalon sous les fesses. L'enlever.

Je retire d'abord mes bottes, puis mon Levi's, que j'expédie sur mon balcon.

Raté : il atterrit par terre, dans la rue.

Je me penche pour constater les dégâts et aperçois des phares. Une décapotable. Les filles se cassent. Game over. Je savais que je n'aurais pas dû quitter mon ordi. Pourquoi je laisse Kevin m'entraîner dans des machins pareils ?

« T'inquiète ! », s'égosille celui-ci, tandis que je renfile mes bottes. « La mariée revient ! »

Il va finir par réveiller tout le quartier.

« Je crois qu'il y a moyen de se la faire à deux !

– Chut ! »

Une lumière s'allume dans l'appart. Celui dont j'occupe le balcon, en boxer, un pied nu.

Une seule solution : grimper sur la rambarde et retourner sur mon balcon. Tout se passe si vite et dans une panique telle que j'ignore comment j'ai réussi cet exploit. Au moins, c'est réglé, l'homme descend bien du singe. Du coup, un an sans technologie, ça ne devrait pas être si compliqué.

La nuit de merde. Et le souk dans ma chambre. Des fringues partout. Mon cœur en accéléré. Penser à récupérer ma botte chez le voisin du dessous.

Mon jeans dans la rue.

Ma bagnole et mes clés à 3,5 bornes d'ici.

Avant d'ajouter tout ça à ma liste, je consulte mes e-mails. Au cas où, une urgence à gérer. La lumière de l'écran et le ronronnement du disque dur m'apaisent. Je suis dans mon univers. Dehors, c'est la jungle.

Kristen est de passage en ville, elle veut qu'on se voie. Magnus veut me présenter des rappeurs norvégiens. Stephen Lynch veut que je lui envoie des extraits de l'article que j'ai écrit sur lui.

Je dois rendre un bouquin dans deux semaines. Ils vont tous devoir attendre. Je réponds donc à Kristen que j'ai du boulot, mais qu'elle peut rester chez moi du moment qu'elle respecte ma situation. À Magnus, je précise qu'on peut se faire une bouffe vite fait, vu que je dois quand même manger de temps en temps. Et à Stephen Lynch, j'explique que c'est râpé pour le moment.

Sonnette. C'est qui, là ?

« Tu branles quoi, bordel ?

– J'arrive. »

Kevin est assis devant mon immeuble. En pétard. À tous les coups, sa bagnole tombe en rade, il ne m'appelle pas pour que je vienne le chercher.

« Et puis enlève-moi ce ruban, t'as l'air con avec. »

On attend... franchement... longtemps. À son retour, la secrétaire nous explique qu'elle n'en peut plus, qu'elle veut rentrer. Ça me va. Elle est quand même mariée. Partouser avec elle, ça se fait pas.

Les erreurs ont parfois du bon. J'ai un livre sur le feu. Date butoir dans quatorze jours. Plus que treize, en fait.

Un bouquin, ça ne s'écrit pas tout seul. Ça demande d'immenses ressources pour tout ce qui est organisation et prévision. Coup de bol, c'est mon point fort.

RÈGLE N° 3

LE JEU NE CONNAÎT PAS DE FRONTIÈRES

J'écris ceci au cas où il m'arriverait quelque chose.

Si je ne donne plus signe de vie, par pitié, venez me chercher.

Notez bien ce nom : Ali Raj. Un magicien. Il a peut-être un complice. Il se prétend ami du fils du Premier ministre. Alors, au cas où je violerais un tabou local, je préfère tout vous raconter.

J'adore la drague. Je dois être accro, c'est clair. Ça a changé ma vie comme je n'aurais jamais cru possible. Au lycée et à la fac, après les vacances, tous mes potes avaient des histoires de baise à raconter. Moi, au mieux, des coups de soleil. Je n'ai jamais su me laisser aller, m'éclater. Je stressais trop sur ce que les autres pensaient de moi.

Mais une fois intégré à la communauté des Virtuoses de la Drague, tout a changé. L'aventure était au coin de la rue. Exemples : voyage en Croatie – sexe dans la mer avec une mignonne de dix-neuf ans qui ne parlait pas trois mots d'anglais ; séjour dans une petite ville du Midwest pour un article – flirt avec une riche femme mariée, puis sexe avec sa nièce ; première nuit en Suède – un canon me fait un strip sur ABBA en guise de préliminaire.

Là, je me retrouve au Bangladesh. Niveau boîtes, alcool et rancards, c'est Gobi. Mais je garde espoir.

À ceci près que, ne connaissant pas les règles du coin, j'ai un peu peur de me faire tuer.

Je suis descendu au Sheraton de Dacca. Personne ne me connaît, hormis l'illusionniste Franz Harary. Franz a des cheveux blonds mi-longs, il porte le plus souvent des chemises jaunes avec des rajouts pelucheux sur la poitrine. Très sympa.

En ce moment, il me croit malade.

La réalité, c'est que j'attends la visite de Tripti, dans ma chambre, en priant bien fort pour qu'Ali Raj et son acolyte ne la devancent pas.

En deux mots, voilà comment ça a commencé.

Ari Raj avait invité Harary à se produire lors du Festival international de magie. Moi, je travaille sur un livre dont je n'ai parlé à personne. Je parcours le monde à la recherche de personnes dotées de pouvoirs que la science n'explique pas : de la vraie magie, une preuve de l'existence de l'inconnu, une raison de croire. Or, dans un village en banlieue de Dacca, vit une petite tribu dont l'une des anciennes, une aveugle, accomplit, paraît-il, des miracles sur simple demande.

Les autorités locales n'apprécient pas plus le festival que ce village. Pour la société bangladaise, très majoritairement musulmane, tout ce qui a trait à la magie et aux miracles relève du péché. La loi islamiste punit de mort quiconque s'adonne à ces activités. Conclusion, seul un homme aussi riche et proche du gouvernement qu'Ali Raj peut se permettre de faire entrer dans le pays des magiciens du monde entier.

Nous avons fait sa connaissance à la douane. Avec sa silhouette longiligne, ses cheveux bruns à la Ponch de la série *Chips* et son costume sombre, il me faisait penser à un matador en cire. Je ne me rappelle pas l'avoir entendu prononcer le moindre mot. Flanqué d'une troupe improbable de magiciens, d'hommes de main, de parents et d'individus inondés d'eau de Cologne se prétendant marchands, il nous a conduits dans un salon de l'aéroport, pour une conférence de presse.

Les journalistes se sont massés autour d'Harary qui, devant leurs caméras ébahies, a fait disparaître une bouteille de Coca – symbole de l'Amérique. Ali Raj, stoïque, a ensuite fait signe à un de ses sbires (visage bouffi + sac banane) : fin de la conférence.

Les hommes de Raj nous ont alors escortés, Harary, les autres magiciens et moi-même, jusqu'à un monospace. Dans les rues bondées de Dacca, ce n'était que pauvresses édentées aux gencives en sang, bonshommes à la figure couverte de tumeurs et gamins éclopés, vêtus de haillons, qui se pressaient contre notre véhicule à chaque feu rouge pour demander l'aumône. Cela dit, malgré la misère ambiante, ces gens avaient l'air plus heureux que la plupart des Américains moyens. Je me suis dit, qui ne possède rien n'a rien

à perdre – survivre, déjà, c'est un bel exploit. Chez nous l'ascenseur social sans plafond, on considère ça comme automatique.

La première fois que j'ai vu Tripti, c'était le lendemain. Je regagnais ma chambre après le petit déj', je l'ai croisée dans un couloir. Il faut dire que, non contente d'être la seule fille dans les parages, elle portait un sari d'une blancheur immaculée, assorti à un châle pailleté. Elle avait de longs cheveux bruns, les lèvres pulpeuses d'un méga-top model et de beaux seins ronds qui jouaient les montgolfières sous son sari.

Comme elle accompagnait Ali Raj, je me disais qu'elle devait être sa femme, et qu'il valait mieux ne pas mater ses seins.

Fidèle à lui-même, Raj ne disait rien. « Harary ? » demanda Tripti, de sa bouche voluptueuse.

« Dans sa chambre, il prépare une disparition d'hélico », répondis-je. Elle a traduit pour Raj, et nous sommes montés dans l'ascenseur.

« J'aime », dit-elle, en tripotant mes boucles d'oreille.

En fait, il s'agissait de clous argentés, achetés à l'époque où j'avais découvert la théorie du paon. Cette théorie prétend que, de même que le paon déploie sa queue bariolée pour attirer des femelles, l'homme, s'il veut attirer des nanas, doit se démarquer de la concurrence. Sceptique à la base, j'ai vite été conquis, vu l'efficacité des articles, même les plus ringards, dont je m'affublais. Apparemment, ça marchait aussi au Bangladesh.

Indiquant mon crâne rasé, Tripti a demandé : « Je touche ? » Et aussi sec, elle m'a caressé la tête. Au Bangladesh, ce genre de contact femme-homme en public est rarissime. Me toucher les oreilles et le crâne, ça revenait, pour une Américaine, à m'empoigner les parties.

Je les ai donc accompagnés jusqu'à la chambre d'Harary, avant de m'éclipser pendant que ce dernier expliquait à Ali Raj ce dont il avait besoin pour son tour : un hélico, un pilote, un terrain et une bâche de la taille de l'appareil.

Tripti a ensuite passé toute la journée assise à une table dans le hall de l'hôtel à vendre des billets pour le spectacle, assistée par les hommes d'Ali Raj.

Chaque fois que je la croisais, son regard s'attardait sur moi, comme une invitation à mille et un plaisirs.

J'ai donc décidé d'accepter l'invitation :

« Pourquoi vous ne feriez pas une pause, on pourrait aller manger un morceau ? »

Regard de biche, sourire perdu.

Traduction : rien compris.

« Manger ? »

Elle se débattait avec ses bouts d'anglais pour m'expliquer un truc que je ne comprenais pas, lorsqu'un petit Bangladais tout en muscles – cheveux bruns et chemise rouge – est apparu près de nous. Il apportait deux assiettes d'une espèce de bouillie au riz achetées dans la rue.

Je me suis présenté. Sa réponse : « Moi, Rachid, mon ami. Cousin de Tripti.

– Et vous aussi, vous travaillait pour Ali Raj ? »

Il a fait oui de la tête. Qui ne travaillait pas pour lui ?

J'ai proposé qu'on aille tous déjeuner à l'étage. Quitte à oublier le tête-à-tête, autant essayer de gagner la confiance du cousin. Au Bangladesh, je voyais mal ce que je pouvais espérer de mieux.

J'ai donc emmené mes convives dans la chambre d'Harary, on s'est installés sur son canapé. C'est alors que le cousin m'a offert une assiette de riz. Sitôt une mini cuillerée avalée, une espèce de venin magmatique s'est répandu en moi.

« Tu aimes, mon ami ? » C'est marrant, non ? Chaque fois qu'un type vous appelle « mon ami », alors que vous ne l'êtes pas réellement, il y a un petit côté sadique.

« J'adore », suis-je tout juste parvenu à répondre.

Parfois, emporté par la passion, on est tenté de faire l'amour sans capote. Là, je venais d'accomplir l'équivalent gastronomique : tous les guides touristiques vous le diront, au Bangladesh, on ne mange rien de ce qui se vend dans la rue.

Entre l'énergie sexuelle dégagée par Tripti, la virulence épicée du riz et le malaise ambiant, la sueur s'est mise à perler sur mon front. Comment pouvais-je être assez bête pour envisager une aventure avec cette fille ? Nos cultures étaient trop éloignées : nous, on aime le sexe avant le mariage ; eux, les mariages arrangés.

J'ai donc décidé d'en rester là, et d'aller faire une sieste dans ma chambre. Pas envie de risquer la turista pour ça.

Mais à la seconde où je me suis levé, Tripti a murmuré deux mots à l'oreille de son cousin. Il a acquiescé, et elle s'est levée pour me rejoindre.

Dans le couloir, elle me suivait, alors je l'ai conduite jusqu'à ma chambre, sans trop savoir à quoi m'en tenir.

En entrant, j'ai bien veillé à laisser la porte entrouverte, pour que Tripti ne soit pas gênée. Qu'elle voie, aussi, que je respectais les mœurs de sa société.

Je me suis donc assis sur mon lit, et elle s'est mise en position près de moi. Trop près pour une simple conversation. Sur le coup, j'en étais presque à implorer une bonne turista.

Dans tous les films *made in Bollywood* que j'ai vus, ce qui me frappe à chaque fois, c'est que le héros et l'héroïne ne s'embrassent jamais. Au contraire, ils passent même tout le film à se frôler. Du coup, je caressais les cheveux de Tripti. Elle, zéro réaction. Je l'ai regardée dans les yeux, ai approché mes lèvres. Cette fille sentait la muscade, le désir, l'interdit.

Là-dessus, elle m'a repoussé. Elle s'est levée et s'est dirigée vers la porte. J'ai dû aller trop loin, mal interpréter ses gestes.

Sauf que, au lieu de s'en aller, elle a fermé la porte. « J'aime bien toi. » Et elle est revenue s'asseoir.

Au moins c'était sûr, elle préférait Hollywood à Bollywood. D'autant que Bollywood, c'est indien. Bref, je l'ai couchée sur le lit, et on a commencé à se rouler des pelles.

C'est là qu'on a vraiment basculé dans l'étrange. Je me rends bien compte qu'on était déjà dans le pas normal, mais là, ça a sauté de plusieurs crans.

Elle a posé mes mains sur seins dans un torrent de bengalo-anglais. Ça venait par vagues de soupirs, au creux de mon oreille, difficile à saisir. À part deux noms : « Bill Clinton » et « Monica Lewinsky ».

J'étais perdu. Essayait-elle de me proposer une pipe en utilisant les seuls synonymes qu'elle connaissait, ou bien voulait-elle discuter politique US ?

Optimiste de nature, j'ai décidé de m'attaquer à son sari. C'était ma première fois, j'avais du mal.

Tripti, mes tâtonnements la faisaient frissonner de plaisir. Et à chaque fois, elle repoussait ma main. « Je suis bonne fille. C'est ok. J'aime bien toi. »

Traduction : « Ce n'est pas dans mes habitudes, mais en fait si. Juste, ne t'imagine pas que c'est dans mes habitudes. »

Tripti a déboutonné ma chemise et glissé ses doigts sur mon torse. Son autre main posée sur une certaine protubérance. Puis elle s'est mise à murmurer, non-stop, très sensuelle. Au début, je croyais qu'elle disait *cholo*. Mais au bout de la dixième fois, j'ai compris : *chulatay*.

Mon corps tout entier vibrait de désir, tandis que mon cerveau essayait de comprendre ce qui se passait.

Trois *chulatay* plus tard, Tripti s'est dégagée, a rajusté son sari, puis s'est levée comme si de rien n'était. « Pas personne », dit-elle, un doigt sur ses lèvres.

Traduction : soit « N'en parle à personne », soit « Je n'embrasserai plus jamais personne, nous voilà fiancés. »

Aussitôt après, elle a ajouté deux mots qui m'ont glacé d'effroi – « Ali Raj » – avant de mimer un égorgement.

« Bonne fille », répéta-t-elle.

Ça me dépassait. Malgré tout, quelque chose en moi me poussait à avancer. Quoi exactement ? Peut-être la même impulsion qui incite un gosse à franchir le pas quand on trace une ligne imaginaire devant lui en disant, « Si tu la traverses, gare à toi ». Plus qu'un geste de défi, c'est un saut dans l'aventure. De son côté de la ligne, il s'emmerde ; de l'autre, c'est l'inconnu, le « gare à toi ». Le « Ali Raj ».

Ce soir-là, en attendant l'ouverture du festival, j'ai voulu savoir le sens de *chulatay*. Au final, le choix s'est restreint à deux interprétations : « accrocher » ou « j'ai faim ». Ça devait être la seconde.

Les rues autour de la salle de spectacle grouillaient de flics et de journalistes. Le théâtre étant situé dans un quartier universitaire, haut lieu de l'islam radical, plusieurs alertes à la bombe avaient été lancées. Chaque fois qu'un cycliste passait, un paquet sous le bras, j'imaginais la une des journaux du lendemain : « Les

terroristes font disparaître les magiciens. » Malgré tout, j'ai choisi d'assister au spectacle. Plutôt mourir que de vivre dans un monde sans magie.

Là-dessus, je suis tombé sur Tripti, dans le foyer, et je l'ai conduite au dernier rang de la salle. Un illusionniste espagnol – Juan Mayoral – récitait une espèce de monologue d'amour magique à un mannequin en fil de fer. Tripti, elle, m'empoignait l'intérieur de la cuisse. Elle me triturait en murmurant « Comment va Babu ? ». Puis elle s'est mise à me caresser à travers mon pantalon.

Un coup d'œil dans la salle : partout des hommes – des Bangladais – et quelques familles çà et là. Tous bien polis, bien respectueux, bien concentrés sur le spectacle. Sauf cette Miss Islam qui gémissait à mon oreille. Ça vous fait peut-être fantasmer. Moi, clairement pas.

En plus, comme souvent avec les fantasmes, le réel nous a bientôt rejoints. Sous la forme de l'homme de main d'Ali Raj. Le mec de la conférence de presse, avec le sac banane. Tripti a aussitôt retiré sa main.

« Tu es marié ? » me demanda-t-il. Il avait tout compris.

« Non, répondis-je.

– Tu comptes marier elle ?

– On se connaît à peine... »

Est-ce qu'il cherchait à me souffler Tripti ou à la marier à un Américain, je n'aurais su le dire.

Entre deux numéros, j'ai voulu emmener Tripti dans un coin plus tranquille. Ce n'était pas les cages d'escalier et les loges qui manquaient. Mais notre molosse au sac banane s'est levé en même temps que nous...

« Mon ami », m'a salué une voix, à mon entrée dans le foyer. Le fameux cousin. Mon ennemi. Ici, tous les hommes sont mes ennemis.

Il a posé, d'autorité, son bras sur mes épaules. « Écrivain américain », expliqua-t-il à trois hommes près de lui – des parents d'Ali Raj, des sbires d'Ali Raj, voire les deux. Aussitôt, tous m'ont encerclé et ont brisé la glace. Chaque fois que je cherchais Tripti du regard, ils me recadraient sur la conversation. « C'est votre première

visite Bangladesh ? » « Vous aimez comment Bangladesh ? » « Venez manger traditionnel manger Bangladesh à la maison ».

J'ai fini par repérer Tripti : elle semblait ne pas prêter attention à son cordon de sécurité, pour préserver son honneur. J'ai réussi à la ramener dans le théâtre, mais les gardes de son corps nous ont suivis, escortés, encerclés.

On s'est assis. Ils occupaient tous les sièges autour de nous. Sac-banane a fait signe à Tripti de se décaler, puis il a pris sa place. Il a écarté les jambes jusqu'à ce que nos genoux se touchent. Il y avait de l'agressivité dans l'air. Comme si, au lieu de se battre, les mecs d'ici préféraient surjouer l'amitié.

« Tu aimes bien Tripti ? Tu veux connaître son papa maman, peut-être ? »

Pile à ce moment-là, j'ai ressenti comme une décharge dans mon ventre. Je me suis tordu de douleur.

Le riz épicé faisait son œuvre.

Le spectacle terminé, j'ai regagné mon hôtel tête basse. Je me suis enfermé une heure aux toilettes, histoire d'oublier mes besoins de sexe. Le lendemain matin, j'ai pris un Imodium pour assurer la visite au village des miracles avec Harary.

Dans le couloir, j'ai croisé Tripti, installée à sa table de vente de billets. Elle illuminait les lieux dans son sari noir à perles.

« Ali Raj dit rester table », m'expliqua-t-elle en tremblant.

J'hallucinais de voir le mal que se donnaient ces gars-là pour nous éloigner l'un de l'autre. On se serait cru dans un roman d'amour épique : un homme et une femme, de cultures différentes, séparés par leurs familles – et un magicien diabolique.

Mais ces obstacles ne faisaient que décupler mon désir. Et donc, tel un poisson que la faim pousse à gober l'asticot fatal, j'ai tenté une manœuvre désespérée, un des plus grands clichés de l'histoire de la drague : j'ai tendu à Tripti la clé de ma chambre.

« Ce soir, pas de magie. Viens. Je t'attends.

– Mais Ali Raj... »

Ce nom me sortait par les trous de nez.

« Pas de Ali Raj. Toi. Moi. Ce soir. Après trop tard. »

Ça avait un petit côté « dernière démarque avant fermeture », pas vraiment Virtuose de la Drague.

Après quelques secondes de réflexion, elle m'a répondu, d'une voix lente et grave : « Ok, je viens. »

En guise de prétexte à son passage dans ma chambre, j'ai laissé exprès mes lunettes de soleil sur sa table. 50 % romantique, 50 % louche.

Puis j'ai quitté l'hôtel pour rejoindre Harary dans le monospace qui devait nous conduire au village des miracles. Seul souci : le voyage était organisé par Ali Raj. Tout était organisé par Ali Raj. Conséquence : tous mes nouveaux potes se trouvaient dans le monospace. La seule personne que j'estimais digne de confiance était un vieux magicien. Il portait un costume en polyester trois fois trop grand. Son nom : Iqbal.

Sac-banane s'est installé à côté de moi, a posé son bras de pote sur mes épaules, puis, avec petit sourire et clin d'œil : « Bien dormir, mon ami ?

– Pas mal », lui ai-je marmonné.

J'avais envie d'air. Ses conneries de « mon ami », en Chine, ils appellent ça le supplice de la goutte d'eau.

« C'est quoi ? » m'a-t-il demandé soudain, posant un doigt sur ma braguette.

« T'as un problème, ou quoi ? » Je me suis levé d'un bond et ai couru m'asseoir à côté d'Iqbal. J'ai mes limites.

« En Amérique, je lui aurais déjà pété la gueule », dis-je au vieil illusionniste.

Leurs petits jeux à la con, ça me saoulait.

« Dans ce pays, les hommes aiment contrôler les femmes, m'expliqua patiemment Iqbal. Les agressions à l'acide y sont plus nombreuses que dans n'importe quel pays. »

Les agressions à l'acide ?

« Oui, des hommes qui jettent de l'acide à la figure des femmes qui les rejettent. Ça va mieux, maintenant, parce que la loi est plus dure. »

Bien joué, les Bangladais. C'est bon, je flippais comme il fallait, plus question de toucher à leurs nanas. Tripti n'avait pas à se faire

défigurer pour une aventure sans lendemain. De toute façon, je n'étais pas en état : je vous rappelle que mon estomac essayait de digérer un oursin. Bref, il fallait que je trouve le moyen d'annuler notre petit projet du soir.

Au bout d'une heure et demi de gymkhana routier, on est arrivés au village : quelques cabanons aux peintures rudimentaires dans un grand champ. En l'absence de parabole et de revues de mode, le spectacle reposait sur nos épaules – surtout qu'Harary avait fait venir une équipe de tournage pour immortaliser sa rencontre avec les autochtones.

Les femmes arboraient des maquillages splendides. Des pieds à la tête, elles étaient couvertes de bijoux. Pendant que nous visitions le village, j'ai remarqué qu'un groupe d'adolescentes me suivaient. M'observaient. Au bout d'un moment, quatre ou cinq ont trouvé le courage de s'approcher de moi. Elles pointaient du doigt mes boucles d'oreilles, mes bracelets, mes bagues et mon crâne rasé.

J'ai alors demandé à Iqbal d'aller parler aux femmes, pour savoir ce qu'elles avaient toutes après moi. De sa petite enquête, il est ressorti que : « Les femmes, elles t'aiment toutes. » Puis, désignant deux canons pieds nus, recouvertes de bijoux, il a ajouté : « Ces deux-là, elles veulent t'épouser.

– Pourquoi moi et pas Harary ? C'est lui la star qu'on filme. »

Iqbal leur a posé la question. Après quoi, se retournant vers moi, un sourire aux lèvres : « Elles t'aiment toi. »

À cet instant précis, j'ai compris que la drague est universelle. La théorie du paon – se démarquer plutôt que se fondre dans la masse, incarner un style de vie plus excitant que celui auquel les filles sont habituées – la théorie du paon, donc, semble opérer dans toutes les cultures. C'était officiel, j'étais désormais condamné à m'habiller comme un clown tant que je resterais célibataire.

Lorsque, enfin, on nous a présenté la vieille faiseuse de miracles, j'ai découvert que les principes de la magie étaient eux aussi universels. Ses soi-disant miracles n'étaient que des tours de passe-passe originaux, réussis à la perfection. On nous a ensuite montré un charmeur de serpent se mesurant à un reptile neutralisé, puis un bonhomme qui nous a fait un vieux tour de fakir : le gars ava-

lant une corde pour ensuite faire croire qu'il la retirait de son ventre.

Conclusion : au lieu d'un village peuplé d'individus dotés de pouvoirs inexplicables, on a visité un village de magiciens qui se transmettent leurs tours de génération en génération – et qui se produisent, contre espèces sonnantes et trébuchantes, dans les patelins de la région. Bref, le Franz-Harary-village, en très, très cheap.

De retour à l'hôtel, il n'y avait personne à la table des billets. Tripti avait disparu. Je n'avais aucun moyen de la contacter pour annuler notre petit rendez-vous illicite.

Du coup, je me retrouve tout seul dans ma chambre. 20 h 25. J'attends Tripti. Pour patienter, je me vide les boyaux et j'interroge Google sur les agressions à l'acide. Apparemment, on en compte 341 par an au Bangladesh, la plupart visant des femmes. Le produit phare est l'acide sulfurique des batteries de voiture, jeté à la face des victimes. Ces défigurations feraient frémir un fan de film d'horreur. Et encore, attendez de voir le résultat sur celles qu'on force à boire l'acide.

Alors bien sûr, si ça se trouve, j'ai tout faux concernant Ali Raj et ses gorilles. Ce sont peut-être juste de vrais potes qui veulent me protéger de Tripti. M'éviter le mariage qu'elle cherche à m'imposer.

À moins qu'ils n'essaient de me draguer ? Un site Internet prétend que 5 % de la population bangladaise est homosexuelle.

J'en peux plus d'attendre. Le web est trop dangereux pour un gros parano qui a du temps à tuer.

Cinq recherches plus tard, j'entends des bruits de pas. Qui s'approchent. Toc-toc. Je lui ai pourtant donné ma clé ?

Je reconnais sa voix. Celle d'un homme, aussi. Elle n'est pas seule. Mauvais signe.

« Venez tout maintenant ! »

Je vais m'envoyer ce document par mail. Avec un peu de chance, quelqu'un ira consulter ma messagerie et tombera dessus, en cas de pépin. Je devrais peut-être le forwarder à Bernard, on ne sait jamais.

Souhaitez-moi bonne chance. Ou pas. J'ai sûrement pas volé ce qui m'attend.

BEN ALORS, T'ES PAS MORT?
BERNARD...
J'AI EU TON MAIL.
J'AI UN PEU PANIQUÉ.
ON TE CONNAÎT...
TES CROQUIS, ÇA AVANCE?
PLUS QUE 4 PAGES.
ET TOI, RACONTE...

ELLE ÉTAIT AVEC QUI,
CETTE NUIT-LÀ?

ÇA FOUT LES JETONS. ET APRÈS?
RIEN, ON A PARLÉ UN PEU. ET IL LUI A DIT DE PARTIR.
C'EST TOUT?
HM. PRESQUE.
MR. STRAUSS?
Hi Neil how
good girl this. but i like very
and i love you. i send your
love and kiss
Tripti
C'EST QUOI.
BILLET DOUX
FAITES VOIR?
TENEZ.

CHULA, VOUS TRADUISEZ?
ÇA VEUT DIRE BEAUTÉ. JE L'APPELAIS COMME ÇA.
AHA... ELLE SE TAPAIT UN DES MAGICIENS, ALORS!
EN FAIT, TU VAS RIRE, NON.
À TROP CHERCHER LA MAGIE PARTOUT...
... J'AI PAS VU SON TOUR DE PASSE-PASSE.
T'AVAIS UNE ÉQUIPIÈRE SOUS LA MAIN.
SOUS LE SARI, PLUTÔT.
ENTRE 2 MINUTES.
NON, JE TE LAISSE, J'AI MES CROQUIS À FINIR..

RÈGLE N° 4

NE PARTEZ PAS SANS CARTE

Maggie

Toute dégoulinante, Maggie est sortie de la piscine. Elle embaumait le gardénia et le chlore. L'eau formait de petits lagons au niveau de ses épaules, des muscles de son ventre et de ses hanches qui finissaient de perdre leurs rondeurs juvéniles.

Elle m'a rejoint en un éclair hilare, et je l'ai conduite jusqu'à ma chambre. Mes pas écrasaient les longs poils du tapis blanc. J'enviais sa façon de vivre si intensément et si librement l'instant présent. Et je me débattais dans le tourbillon d'angoisses qui cernaient mon esprit tels des loups chassant une biche.

Je l'ai jetée sur le lit, ça l'a fait rigoler – son rire a empli ma chambre de féminité. Elle est restée allongée, attendant une suite qu'elle connaissait. Si j'arrivais à me serrer assez fort contre elle, à caler les battements de mon cœur sur les siens, alors moi aussi je me sentirais jeune, libre et heureux.

Ce que Maggie voulait de moi, de douze ans son aîné, pas franchement au top physiquement et miné par la dernière d'une longue série de dates butoirs – ce qu'elle voulait de moi, donc, je n'en suis pas trop sûr. Peut-être une forme d'acceptation. Sans se douter que ce besoin insatiable est également la cause de la plupart des erreurs que nous commettons. Peut-être voulait-elle la maturité. Sans se douter que ce n'est qu'une cage vers laquelle les adultes incitent les petits à se précipiter, afin qu'ils se retrouvent un jour aussi malheureux qu'eux-mêmes. Peut-être était-elle si insouciante qu'elle ne voulait que donner.

Linda

Linda essuya la larme de sueur qui coulait sur sa tempe. Elle se mordait la lèvre inférieure. Ça me plaisait bien. Elle me chevauchait

prudemment, bras et jambes crispés contre le lit pour éviter de s'abandonner complètement. Elle avait le corps longiligne et souple d'une ballerine, mais des hanches de femme. Une épaisse toison brune dissimulait une nudité qui lui semblait encore sale. Ses lèvres étaient gonflées par nos baisers, ses joues rougies par les interminables préliminaires nécessaires pour la mettre dans cet état-là. Chaque molécule d'air de la chambre – celle où elle avait grandi, mais débarrassée de tout ce qui rappelait la gamine qu'elle avait été – s'emplissait de son énergie, de son intensité, de son excitation nerveuse. On y était.

Elle répétait « va doucement », « sois doux », « juste une minute, peut-être ». Tout ce que dit une fille qui vient de décider de vivre sa première fois.

Puis elle hésita, telle une orange dodelinant une dernière fois sous sa branche avant de briser sa tige. Le temps aidant, elle avait imaginé la scène dans toutes sortes de décors, parée de toutes sortes d'émotions ; elle avait repoussé ses différents prétendants, ne voyant en eux que de vulgaires chasseurs de prime désireux de mettre un hors-la-loi en prison, non pas pour servir la justice, mais pour pouvoir réclamer la récompense. Tout devait être parfait, de sorte que, lorsqu'elle s'en souviendrait, dix, vingt ou trente ans plus tard, elle puisse en revivre la moindre sensation, et se dire qu'elle avait fait le bon choix.

Un petit rire – nerveux, enfantin, féminin, gêné – lui échappa lorsqu'elle se mit en position, bien à cheval sur mes hanches, le dos tourné vers moi. Elle planta son regard dans un miroir rectangulaire posé sur la fragile armoire de pin dans laquelle elle avait caché ses secrets à chaque âge, à chaque étape de sa vie, à chaque métamorphose. Ses yeux suivirent le léger mouvement que décrivit son torse vers la gauche, puis vinrent se river sur son visage, afin de ne rien rater de l'instant d'abandon qu'elle contrôlait si minutieusement. Tout cela ne me concernait pas ; c'était une affaire entre elle et elle-même. Et alors, l'espace d'une longue seconde, une seconde chargée de dix-neuf années passées dans le corps d'une enfant et d'une sœur, la chose se fit.

Moi

Et là, je me retrouve assis entre les deux. À ma gauche, Maggie, dans une petite robe d'été. À ma droite, Linda, dans une jupe en daim. Chacune me tient par la main, convaincue que je vais la raccompagner ce soir.

Leur façon de me tenir reflète ce qu'elles ont en tête : Maggie a sa main délicatement posée sur la mienne, sans inquiétude ni urgence, elle sait que l'intimité viendra plus tard, qu'on aura tout le temps. Mais elle se trompe. Elle ignore que, à quelques centimètres de là, sa cadette comprime mon autre main, possessive, comme dans un complot tacite. Toute en innocence, Maggie a permis à sa fourbe sœurette de l'accompagner au ciné. Autant dire que le drame se joue plutôt dans la salle que sur l'écran. Deux sœurs déchirées par un vaurien. Et comme il en a été pour Ésaü et Jacob, pour Aaron et Moïse, pour Bart et Lisa, la plus jeune va l'emporter. C'est dans l'ordre des choses.

Quant à moi – moi, qui me prenais pour un grand séducteur, moi qui me vantais de coucher avec deux sœurs mannequins, qui trouvais en elles une preuve de ma valeur – quant à moi, disais-je, je n'étais qu'un pantin entre leurs mains.

« Ça a tout de suite collé à un niveau vachement profond, entre nous », m'avait dit Linda, ce fameux premier soir. « Mais après, quand Maggie s'est jetée sur toi, je me suis dit, je m'en fiche. »

Sauf que ça n'avait peut-être pas vraiment collé entre nous jusqu'à ce que Maggie s'intéresse à moi. Peut-être que, tout comme moi, Linda enviait la liberté et la spontanéité qu'affichait sa sœur, et voulait lui prendre quelque chose. Peut-être avait-elle décidé, dans son subconscient, de perdre sa virginité avec les pires intentions qui soient. De sorte à pouvoir, ensuite, avec tout son amour, un sourire aux lèvres et de l'innocence dans le regard, faire passer une fois de plus son aînée pour le mouton noir. Peut-être n'était-elle pas restée vierge si longtemps pour respecter un choix moral, mais pour que sa sœur passe pour une traînée, par comparaison.

L'arme du cadet n'a jamais été la force physique, mais la ruse émotionnelle. Et je me retrouve dans la peau du complice. Je dois jouer mon rôle : Maggie a couché avec vingt-six mecs ; je ne suis

qu'une note de bas de page dans son histoire sexuelle. Par contre, je suis l'histoire sexuelle tout entière de Linda, et son gardien. Je dois conserver son souvenir de cet instant sous une cloche de verre. Si jamais elle se brise, et qu'un éclat vient percer le cœur de Linda, elle ne s'en remettra jamais. Elle est trop maligne : elle a choisi le bon candidat, celui qui possède une conscience. Une conscience qui lui ordonne de ne pas détruire en elle – ni en aucune autre femme – la réputation des hommes.

Du coup, je n'ai pas le choix. Ce soir, quelqu'un doit souffrir : mieux vaut que ce soit la traînée radieuse plutôt que la sainte-nitouche mélancolique.

Maggie ne me le pardonnera jamais, pas plus qu'à Linda. Ce soir-là, tandis que je dors avec sa sœur, Maggie se console dans les bras d'un ex.

Un mois plus tard, avec tout son amour, un sourire aux lèvres et de l'innocence dans le regard, Linda m'apprend – à moi le complice involontaire dont elle a joué – que sa sœur a emménagé avec le mec en question. Trois mois plus tard, il l'a rendue accro à la métamphétamine. Un an plus tard, Maggie le largue parce qu'il la bat. Deux ans et demi plus tard, Maggie n'a plus rien de la jeunette insouciante qui sortait de ma piscine ruisselante de gaieté. Elle a épousé son mec. Telles des bulles d'air prises dans le ciment, les décisions que nous prenons nous hantent le restant de nos jours.

RÈGLE N° 5

ON EST CE QU'ON PERÇOIT

Elle devait passer me prendre dans une vieille épave.

Comme s'excusant à l'avance : « On l'entend avant de la voir. »

Ça a été mon premier coup de foudre automobile.

Un modèle 1972, usé jusqu'aux jantes. Surface toute cabossée et constellée d'éclaboussures de peinture ; pare-chocs rouillés, l'air d'en avoir vu de belles ; intérieur cuir lacéré par des années d'utilisation négligente.

Mais à part ça, une carrosserie divine, tout en courbes et en sinuosités ; les ailes avant, incroyablement bombées, se fondaient dans un capot dont on ne voyait pas le bout depuis le siège passager. Sous le soleil de l'aéroport de Phoenix, elle attirait tous les regards. Elle sortait du lot. Magnifique, fière malgré ses défauts qu'elle savait compensés par sa carrosserie.

« Les Corvette comme ça, ils ont arrêté d'en fabriquer l'année d'après, m'expliqua-t-elle. Après 1972, ils sont passés aux pare-chocs en plastique. »

Elle s'appelait Leslie. On ne se connaissait pas, mais j'allais quand même coucher avec elle. C'était prévu. Justin, son cousin, un de mes étudiants, me l'offrait en guise de cadeau d'anniversaire. Ça dépassait la dévotion. En temps normal, je l'aurais recadré direct... s'il ne m'avait pas proposé autre chose qu'un « coup ». Une éducation.

« Elle étudie le tantrisme depuis des années, m'expliqua-t-il. Elle s'est trouvé un point G au fond de la gorge.

– Intéressant », répondis-je. Dans ma tête, je pensais « bizarre ». « Et ça se passe comment ? Je lui fous un doigt dans la bouche et je masse ?

– Non, pas le doigt... Elle te pompe, un truc de malade. Elle te gobe tout entier et fait jouer les muscles de sa gorge comme t'as pas idée. Une autre dimension. »

Ça m'intéressait. Au sens classique du terme.

Une chroniqueuse du nom de Fanny Fern a écrit que pour gagner le cœur d'un homme, il faut s'occuper de son ventre. Comme quoi, les femmes ne connaissent rien aux hommes. Les restaus, c'est pas fait pour les chiens. En revanche, si une fille veut nous laisser une impression inoubliable, dont on se souviendra encore à quatre-vingts ans, sur notre lit de mort, comme l'un des deux plus grands moments de notre vie, elle n'a qu'à nous offrir la meilleure pipe de tous les temps. Qu'elle laisse entendre qu'elle assure, et on lui courra après toute la soirée. Si en plus elle est à la hauteur, pas de souci, on la rappelle le lendemain.

Quand je pense au mal qu'elles se donnent pour nous comprendre... La vraie difficulté, je me dis, c'est d'accepter notre simplicité.

Pendant que Justin me briefait sur sa cousine, je repensais à toutes les personnes qui m'avaient promis un coup et s'étaient défaussées. Par exemple, ce garde du corps de Marilyn Manson, qui avait soi-disant invité deux filles à lui faire un show lesbien dans sa chambre d'hôtel. Vu qu'il était marié, il ne pouvait pas coucher avec, alors il allait me les envoyer. J'ai attendu des heures, allongé sur mon lit, douché, luttant contre le sommeil au cas où ça pourrirait mon haleine. Guettant leur arrivée. Personne n'est venu.

Moi si, par contre. Tout seul. Comme d'hab.

Du coup, avant de me rendre à Phoenix, j'ai assuré mes arrières en contactant Farah – une Iranienne, yeux marron luisants, longs cils, des courbes comme on les aime. Je l'avais rencontrée lors d'un précédent séjour à Phoenix, elle m'avait parlé d'un bouquin sur le tantrisme. L'une ou l'autre, je ne serais pas volé.

« Là, j'habite chez mon père, à Sedona », m'annonça Leslie, sur la route du James Hotel. « Des fois, je crèche chez mon sponsor, à Scottsdale, mais ces derniers temps ça craint. »

J'avais envie de lui demander sa traduction de *sponsor* : tuteur de désintox ? Vieux protecteur ? Client... ?

Mais le moment était mal choisi. Idem pour toutes les autres questions que j'avais en tête. Notamment, l'affaire « sexe » : était-elle au courant qu'elle devait me pomper ce soir ? Comment lui demander confirmation ?

Leslie n'était pas vraiment mon genre : ni pour coucher, ni même pour discuter. Pour décrire son visage poliment, je dirais qu'il avait du vécu – une teinte rougeâtre, rien à voir avec le soleil, plutôt le style de maquillage qu'adoptent les clochardes des bus. Ses petites dents rapprochées auraient pu être mignonnes, si elles avaient été mieux proportionnées par rapport au reste de sa figure. Là, chaque fois qu'elle souriait, l'horreur.

Par contre, un corps de rêve. Grande. Pas grosse, mais bien trempée. Puissante, pour tout dire. Sa poitrine débordait pratiquement de sa robe, difficile de l'ignorer. Des cuisses épaisses et musclées, du vrai matos de chantier. Enfin, sa façon de se tenir respirait la sexualité et les orgasmes multiples. Ça se voyait à la cambrure de ses reins, qui ne touchaient pas le dossier du siège et projetaient fièrement son imposante poitrine en avant.

Que d'exotisme ! J'ai beau raconter aux filles que je pèse 65 kilos, je n'ai jamais vraiment pu dépasser les 57, malgré tous mes efforts. Jusqu'à récemment, je ne sortais qu'avec de toutes petites nanas mal dans leur peau. Les seules que je pouvais gérer. Là, j'avais une amazone en face de moi, une vraie de vraie, peut-être même prostituée.

Arrivés à l'hôtel, elle a passé un bras derrière son siège et récupéré un petit nécessaire de voyage. C'est bon, Justin lui avait passé le message.

Restait un souci.

« Au fait, tu bosses dans quoi, en ce moment ? » lui ai-je demandé, l'air de rien, pendant le repas.

« J'ai été danseuse. Là, je suis entre deux. »

Au fil de la conversation, j'ai essayé de lui tirer les vers du nez. Tout ce que j'ai pu obtenir, c'est qu'elle avait été strip-teaseuse six ans, actrice dans quelques films X, et qu'elle revoyait depuis d'anciens clients pour des cadeaux, des voyages ou un toit. Ça faisait sûrement d'elle une prostituée, mais pas plus qu'une femme qui fréquente un type ou l'épouse pour son argent.

Le dîner terminé, direction l'ascenseur, puis ma chambre. Entre nous, toujours pas le moindre mot ou geste intime. Certes, elle était venue pour rendre service à son cousin, et pas pour l'argent,

mais la situation n'en demeurait pas moins louche. Certains mecs préfèrent coucher dans un esprit de transaction plutôt que de passion. Moi, j'ai au moins autant besoin que ça colle avec la fille, une forme d'approbation, que de frotter mon corps au sien. J'ai besoin de savoir que ma partenaire a envie d'être avec moi parce qu'elle m'apprécie réellement en tant que personne – qu'elle s'en rende compte en trois minutes ou en trois ans. Faute de quoi, l'abandon mutuel, indispensable au plaisir transgressif du sexe, ne se produit jamais.

J'ai décidé de prendre le temps de créer un lien entre nous, avant qu'elle ne me gobe.

« Si tu devais citer une seule chose au monde qui rende la vie digne d'être vécue, tu dirais quoi ?

– Euuh », a fait Leslie en retirant sa robe. Toujours à fond dans la réflexion, elle a dégrafé son soutif. Des montgolfières, ses seins. J'aurais glissé un dico entre les deux, il aurait tenu.

Elle s'est agenouillée devant moi et s'est mise à défaire ma ceinture.

Le lien pouvait bien attendre.

« Tu voudrais pas te mettre devant le lit ? » m'a proposé Leslie alors que je quittais mon pantalon.

J'ai obéi, comme on obéit à une infirmière. Puis elle a grimpé sur le lit, s'est couchée sur le dos et a penché sa tête par-dessus le rebord. Sans doute une technique à elle.

Je me suis approché, ai placé ma queue devant sa bouche grande ouverte. Ça ressemblait à un jeu dans une fête foraine.

Là-dessus, Leslie a passé ses mains sur mes fesses pour mieux m'accueillir. Elle a ajusté la position de sa tête par petits mouvements, guidant mon membre dans sa gorge comme dans un labyrinthe, jusqu'à avoir les lèvres à sa base.

Une vague d'euphorie m'a submergé. À cet instant précis, j'ai eu la réponse à ma question sur le truc qui rend la vie digne d'être vécue.

Leslie m'a fait coulisser en elle, d'abord doucement, comprimant sa gorge et ses lèvres chaque fois qu'elle m'avait tout entier. Je ne voyais que son cou et son menton, qui m'évoquaient – mais

pourquoi ? – le ventre d'un pingouin. Cette image m'aidait à me retenir, à prolonger la séance.

« Demain, je voudrais amener une fille avec nous », m'a annoncé Leslie, une cigarette aux lèvres, sa performance terminée. « Elle a un corps incroyable. J'essaie de me la faire depuis des années. Tu sauras peut-être m'aider. »

Mon oncle disait toujours : « Quand les cochons deviennent des porcs, on les envoie à l'abattoir. » Je m'apprêtais à ignorer son conseil pour organiser un plan à quatre :

« Ce serait cool. En fait, j'aurais bien invité une Iranienne que je connais, elle s'intéresse au tantrisme. Je lui ai fait ta pub, tu pourrais lui montrer un ou deux trucs après le dîner.

– Ou pendant. » Sourire ; petites quenottes.

Je ne pouvais rêver d'une complice plus bizarre. Je commençais même à l'apprécier, et c'était tant mieux, vu ce qu'on venait de faire ensemble.

Le lendemain soir, après une nouvelle séance pingouin, quelqu'un a frappé à la porte. J'ai ouvert et découvert une fille à longues jambes dans un jeans moulant, ventre plat à l'air, et demi-chemise en équilibre sur de superbes *vrais* seins.

Son visage, c'était autre chose : rides d'expression un peu partout, cernes sous les yeux, le tout encadré par une crinière brune et surmonté par un halo tragique. Samantha.

Ses premières paroles : « Il faut que je vous emprunte un téléphone. »

Copine de Leslie, problème de Leslie.

Samantha s'est donc enfermée aux toilettes avec le portable de Leslie. Elle passait ses nerfs sur le répondeur de je-ne-sais-qui quand le garçon d'étage est venu livrer trois sacs noirs. Samantha s'installait.

Je me suis réfugié dans le couloir le temps d'un coup de fil à Farah. La prévenir que nos copines étaient un peu spéciales. À mon retour, Leslie portait une robe léopard à décolleté plongeant ; Samantha un manteau imitation fourrure, rien en dessous.

Et on est sortis comme ça : un pauvre maigrichon coincé entre deux géantes généreuses habillées comme des tapineuses eighties.

Oui, tout le monde nous regardait. L'espace d'un instant, j'ai cru que Justin m'avait fait une blague. Mais il n'aurait pas eu les moyens d'engager deux nanas. Par acquit de conscience, dans le taxi, j'ai maté en douce la carte d'identité de Leslie, pour être sûr qu'elle était la cousine de Justin. Ça collait.

« J'ai perdu ma carte bleue, s'est plaint Samantha. Ça dérange si je vous emprunte un peu de fric, juste pour ce soir ?

– Compte pas sur moi, petite », lui ai-je répondu. Elle me prenait pour qui, son souteneur ? Pas question de lui brader mon respect.

Farah nous attendait au restaurant, dans une robe du soir sans bretelles. Deux classes au-dessus.

« Farah, voici Leslie, la prof de tantrisme dont je te parlais », lui ai-je annoncé.

Farah lui a souri et l'a saluée. Un léger froncement de sourcils, involontaire, a trahi son incrédulité : elle, un gourou ?

Le maître d'hôtel nous a conduits à notre table, dans le petit jardin. Contre le mur d'enceinte, on projetait un film. Hasard de la vie, c'était le *Dernier Tango à Paris*.

Pour briser la glace, j'ai commandé une bouteille de vin et exécuté deux trois tours de passe-passe que je venais d'apprendre – notamment celui où je fais flotter dans l'air une boule de papier.

En équipière modèle, Leslie s'est tournée vers Farah : « T'imagines un peu, s'il arrive à projeter en toi l'énergie qu'il envoie à ces objets...

– C'est flippant », intervint Samantha. Elle n'ouvrait la bouche que pour geindre. « Je reveux du vin. Vous appelez le serveur ? Je sens que je vais avoir la migraine. »

Le repas n'en finissait plus. Quel que soit le sujet, Samantha trouvait le moyen de le ramener à ses névroses. On parle du film ? Sa télé est en rade, et le réparateur ne vient jamais. On parle de sexe ? Elle sort avec un mec, ça fait une semaine qu'il ne l'a pas appelée. On échange des anecdotes sur nos sorties londoniennes ? Elle se plaint de son frère qui bosse dans une agence de voyage et ne lui fait jamais de réducs.

J'avais mal au crâne rien que de l'écouter. À bout, je lui ai sorti : « Tu vois pas le lien ? Ton réparateur qui vient pas, ton mec qui

t'appelle pas et ton frère qui t'aide pas. Le problème vient peut-être moins des autres que de toi. »

Elle a grimacé, ses yeux ont enflé, et elle n'a plus décroché un mot de tout le repas. Trop occupée sans doute à archiver l'affaire dans son dossier « victime ».

Je venais de saborder notre plan à quatre. Pas grave. Ça ne valait pas une migraine. Après le dîner, j'ai expliqué à Leslie et Samantha que je me rendais à une soirée avec la princesse iranienne. Aucun souci, elles avaient prévu d'aller en boîte.

Cela dit, entre mes petits tours de magie, qui l'avaient à moitié persuadée que je possédais des dons chamaniques, et les donzelles que j'avais ramenées, qui l'avaient à moitié persuadée que j'étais un pervers sexuel, Farah ne baissait pas la garde. Quand elle m'a déposé à mon hôtel, après la fiesta, on s'est roulé des pelles vite fait mal fait dans la voiture. Elle acceptait mes baisers plus qu'elle me les rendait.

Je me suis retrouvé dans l'ascenseur, rejeté. Mon plan à quatre se terminait en séance solo. Tonton avait raison. Quand les cochons deviennent des porcs, on les envoie à l'abattoir.

En sortant de l'ascenseur, je suis tombé sur Leslie, Samantha et une troisième fille, que je ne remettais pas. Elles fumaient dans le couloir, avant de regagner leur chambre. Je n'aurais pas cru qu'elles rentreraient si tôt.

Leur copine a dit s'appeler Dee. Petite, pleine d'assurance, des extensions tressées jusqu'aux fesses ; la peau d'une Latino, les traits d'une Américaine, le cul d'une Afro-Américaine.

Une fois dans la chambre, Dee a sorti une bouteille d'eau de son sac, en a pris une gorgée, puis l'a tendue à Leslie. Celle-ci l'a imitée, puis m'a passé la bouteille.

« GHB », me prévint Samantha.

J'ai repassé aussi sec la bouteille à Leslie. Une fière chandelle pour Samantha.

Leslie a farfouillé dans son nécessaire de voyage et en a extrait une robe verte métallique, avec un découpage ovale depuis le cou jusqu'au nombril. « Essaie-la voir », elle a fait à Samantha. Comme instigatrice, chapeau.

Quelques instants plus tard, Samantha ressortait des toilettes : un sapin de Noël surmonté d'une étoile humaine. « Celle-là est faite pour toi, Dee », a enchaîné Leslie, tirant une minirobe blanche à mailles de son sac.

Dee ne s'est pas embêtée à passer aux toilettes. Elle a retiré son jean et son petit haut, offrant à notre vue un corps de revue pour hommes, puis a enfilé la robe.

« Elle te va trop bien », a minaudé Leslie. Puis, s'approchant de Dee, elle a posé sa main entre ses seins, et s'est mise à l'embrasser.

Une vraie pro.

Une poignée de minutes plus tard, Dee était allongée sur le lit, en étoile de mer, sa robe remontée, la tête de Leslie entre ses cuisses. Moi, j'étais assis à côté d'elles, en tenue de soirée. Pas sous GHB. Tout était cool.

J'ai fini par me joindre à elles, attrapant le premier téton qui se présentait. Leslie s'est tournée vers moi, menton trempé, sourire banane. Un coyote dévorant une charogne.

« Il fait trop chaud, là, a dit soudain Samantha. J'ai besoin d'air. »

Elle voulait dire « d'attention ». « Viens avec nous », a roucoulé Leslie, en se relevant.

« Je vais d'abord faire un peu de rangement. Commencez sans moi. Vous en faites pas. »

La chambre n'avait aucun besoin de rangement.

« Je vous rejoins dans un moment », ajouta-t-elle, mal à l'aise, pas franchement convaincante. « Ça a l'air fun. »

Leslie s'est alors retournée vers moi et m'a déshabillé. Puis Dee et elle se sont occupées de mon cas.

« Vous savez s'il y a une planche à repasser ? » – Samantha.

Ça devenait encore plus *space* qu'un plan à quatre.

« Tu sais quoi ? » lui proposai-je, ignorant à nouveau les conseils de mon oncle. « Tu devrais nous prendre en photo, mon appareil est sur la table. »

Leslie et Dee, ça ne les gênait pas. Qu'est-ce qui aurait bien pu les gêner ? Sous les flashs, tandis que mes deux copines s'incrustaient de manière indélébile dans ma mémoire, j'essayais de ne pas gicler. L'appétit sexuel féminin, quand on le débride, est nettement

plus vorace que celui de l'homme. Si j'éjaculais maintenant, j'étais bon pour finir la nuit en spectateur.

« Où j'appuie pour voir les photos ? » – Samantha encore.

Je n'ai pas répondu. J'avais plus urgent.

« Ça me saoule. Je vais prendre un bain. » – Toujours Samantha.

Leslie, au quart de tour : « Je viens t'aider. »

Samantha avait une idée derrière la tête.

Dix minutes plus tard, Leslie revenait vers nous, l'air de s'être fait jeter, et me demandait d'aller prendre une photo.

Une serviette autour des hanches, je me suis assis sur le rebord de la baignoire.

Samantha était assise, à poil, les jambes repliées comme une petite teigneuse. La baignoire presque vide.

J'ai demandé à Sam : « Ça va ?

– Ça va. Je me sens bien, là. »

J'ai décidé de tenter ma chance. C'est dans ma nature. Je suis un porc.

J'ai retiré ma serviette et grimpé dans la baignoire. On a bavardé. Je lui massais les bras et les jambes. Elle ne me repoussait pas.

Je lui ai caressé les tétons jusqu'à ce qu'ils durcissent, puis les ai léchés. Elle ne m'a pas repoussé.

Puis ma main est remontée le long de sa jambe, jusqu'en haut, et j'ai passé délicatement un doigt sur son ouverture. Là, elle m'a repoussé.

« Non. C'est trop. »

Sur la lancée de mes activités dans la chambre, j'avais oublié de l'exciter. Quelque part, tant mieux. Mieux valait deux dans le lit, qu'une dans la baignoire. Aphorisme à soumettre à mon oncle.

De retour dans la chambre, j'ai découvert Dee affairée sur Leslie. Je l'ai rejointe pour doigter notre partenaire. Ça allait mieux.

Leslie a gémi et cambré les reins. Elle atteignait l'orgasme mais nous implorait de continuer. Dee et moi avons changé de places, et Leslie s'est remise à couiner. Elle en voulait plus. Ça m'a fait l'effet de durer trois quarts d'heure, ces orgasmes répétés. J'avais mâchoire et poignet en feu, je rêvais d'une bonne salade César avec d'énormes croûtons. Leslie, elle, cambrait toujours les reins, nous

demandant toujours plus d'efforts à chaque orgasme. Elle avait beau être gloutonne, je ne m'arrêtais pas. Je voulais la remercier pour la petite soirée.

« Hmm, un bon bain ça fait du bien. » Retour de miss Trouble-fête. « Ça gêne si j'appelle le room service ? J'ai faim.

– Non », lui répondis-je.

Le room service, en pleine action, pas question.

« Non ça gêne pas, ou non j'appelle pas ?

– Non, là, ça va pas le faire. »

Leslie a réussi à se caser un orgasme au milieu de l'échange.

« Je vais faire un peu de thé. »

Rien à battre.

J'ai enfilé une capote, bien jusqu'au bout, puis ai pénétré Dee pendant qu'elle s'occupait de Leslie.

« Ah, tiens, la planche à repasser. »

Elle devait être sous métamphétamine.

« Tu veux que je repasse ta chemise ? »

Ça virait au cauchemar. L'impression de baiser en présence de ma mère.

Au bout du compte, Leslie et Dee ont eu leur compte et se sont endormies. Sans un merci.

« Va te coucher, si tu veux, dis-je à Samantha. Tu risques plus rien.

– T'inquiète. Je suis insomniaque. »

Métamphétamine, aucun doute.

Après une nuit pareille, j'avais du mal à m'endormir. Samantha, bien consciente, s'est alors mise à me raconter sa vie : son père qui se fait sauter la cervelle pendant un dîner de famille, sa mère qui l'abandonne chez une tante et ne reparaît plus, son premier amour qui la bat pendant les dix ans que dure leur relation.

Tu m'étonnes qu'elle ait besoin d'aide et d'attention : tous ceux qui l'aimaient l'ont quittée ou tabassée. Des années plus tard, elle en était encore à chercher la sécurité qu'elle n'avait jamais connue enfant. Sauf que, à agir comme elle agissait, elle finissait par rejouer les rejets de son enfance avec tous les inconnus qu'elle rencontrait.

Elle commençait à me faire de la peine. C'est là que je me suis endormi.

Au petit matin, Dee m'a réveillé en me mordillant le cou. On était seuls dans le lit. Ça faisait vide.

« Elles sont où ?

– Salle de bains. »

Là-dessus, elle m'a caressé et demandé : « Il te reste des capotes ? »

J'en ai enfilé une. Elle s'est mise en levrette, je l'ai pénétrée. Au moment où je me mettais à gémir, Dee m'a murmuré de me taire, comme si elle craignait que Leslie nous entende. Je ne voyais pas le problème. Elle croyait que j'étais son mec ? On violait une règle tacite du ménage à trois ? Elle avait oublié d'apporter un gode ?

Une heure plus tard, nos bagages faits, on quittait la chambre. La traversée du hall de l'hôtel, bien garni, avait quelque chose de gênant. Samantha m'a proposé de me conduire à l'aéroport et, tandis que nous attendions, tous les quatre, que le voiturier approche son véhicule, elle m'a pris par la main.

« T'as la peau vachement douce », me dit-elle, coquette. Ça lui ressemblait si peu que je n'ai pas su quoi lui répondre.

Sa voiture – une petite Malibu des années 1990 toute déglinguée – n'avait pas le charme de celle de Leslie. Carrosserie cabossée, freins grinçants, intérieur négligé, feu arrière cassé – tout en elle trahissait une vie difficile et pas mal de déveine.

Une fois stationnée devant le terminal, Samantha s'est mis du rouge à lèvres, a sorti une enveloppe de son sac puis l'a couverte de baisers. Après quoi elle me l'a tendue. Un dernier regard aux passagères. Elles allaient me manquer.

Finalement, j'avais dû me lier à Leslie – et, autant qu'il m'en coûte de l'avouer, à Samantha aussi.

Dans l'avion qui me ramenait à la normalité relative de chez moi, j'ai ouvert l'enveloppe. À l'intérieur, un bout de papier déchiré, couvert recto-verso de pattes de mouches :

« Appelle-moi la semaine prochaine, ou envoie-moi un mail, stp. Tu m'as grave excitée, comme j'avais pas été depuis longtemps. C'était à la fois relaxant et sexuel. J'avais jamais connu ça. J'aurais

bien aimé être avec toi ! Tu es un mec génial. Je te remercie de m'avoir fait ressentir tout ça, sans même t'en rendre compte. J'avais trop envie de te sucer. »

Le lendemain, en chargeant sur mon ordi les photos que Samantha avait prises, j'ai découvert les clichés les plus compromettants sur lesquels j'aie jamais figuré : on voyait très bien tout l'intérieur de Leslie. Je n'ose imaginer l'horreur si elles se retrouvaient sur le net.

J'ai donc utilisé un programme de suppression efficace, pour en effacer toute trace sur mon disque dur. Je suis resté devant mon écran jusqu'au bout de l'opération – l'élimination totale de cette nuit. Ces filles appartenaient à un autre univers. Et j'y avais trouvé un peu trop facilement ma place.

RÈGLE N° 6

ESPÉRER LE MEILLEUR, SE PRÉPARER AU PIRE

Chère Stacy,

J'adore lire tes mails. Tant d'esprit, de chaleur, de tendresse. J'en arrive parfois à me demander quel effet ça ferait de t'embrasser. J'imagine que tu t'abandonnerais entièrement, que tes baisers, comme tes mails, seraient pleins d'esprit, de tendresse. Je me figure la chaleur de ta bouche, la joie de ce premier contact intime, ta nervosité initiale. Puis tu te détendrais peu à peu, te perdrais dans les limbes de l'instant présent, et alors nos corps, comme le temps et le reste du monde, se fondraient en un seul baiser.

Bonne nuit, Stacy. J'espère que tout va bien pour toi.

– Neil

P.S. Ravi d'apprendre que ta sœur et John se sont fiancés. Transmets-leur mes félicitations, et remercie-les de nous avoir présentés.

Cher Neil,

Ta description de nos baisers me laisse sans voix. Au début, c'est vrai que je ressens de la nervosité, mais ensuite l'amour se diffuse entre nous. Tu me trouveras peut-être cucul, mais voilà comment j'envisage notre baiser : comme le soleil, l'amour réchauffant tout ce qui nous entoure.

Il faut que je t'avertisse : pour tout ce qui est baisers et sexualité en général, je suis une novice.

Sans entrer dans les détails : j'ai lutté pendant des années contre l'anorexie mentale et, du fait de mon extrême maigreur sur une longue période, mon expérience en matière de sexualité n'a jamais décollé. Ce n'est que depuis peu que j'ai décroché de mon mal, et que je commence à réagir aux stimuli sexuels. À vingt-huit ans, il serait temps.

À notre prochaine rencontre, je serai sans doute un peu plus ronde qu'à Chicago. Je pense avoir vaincu la maladie ces derniers mois. Enfin, je m'avance un peu, disons que j'ai mangé pas mal de cookies ces temps-ci.

Bref, sans vouloir te choquer, c'est mon histoire. Je suis quelqu'un de très affectueux, j'ai énormément d'amour à donner, mais pour ce qui est de l'amour physique, mes connaissances sont à −10. Alors pourquoi ne pas m'y mettre, et commencer par le plus beau baiser du siècle ?

Quand allons-nous réaliser ce rêve ? Je dois pouvoir passer à L.A., mais seulement si tu tiens toujours à moi, après ce que je viens de confesser.

Profite bien de la vie, et donne vite de tes nouvelles.

Bises,
Stacy

Chère Stacy,

Je t'écris d'Australie, où je suis arrivé sans encombre hier. Je tenais à te remercier tout de suite de t'être ainsi ouverte à moi.

Et je voulais te dire au plus vite ce que j'en pensais, ne pas te faire attendre. Donc voilà : j'apprécie réellement l'honnêteté et la franchise dont tu as fait preuve. Du moment que tu continues de faire des progrès, je ne changerai pas d'avis. Inutile de t'inquiéter de ce côté-là. Je te promets que je serai un prof patient. Si tu es bien sage, je t'offrirai même des cookies.

J'ai toujours envie que tu viennes, pour t'emmener dans tous les endroits dont je t'ai parlé. Du 21 au 24 février, ça te convient ?

Donne-moi ton adresse, je t'enverrai une carte postale de la plage où j'ai surfé aujourd'hui, sur la Gold Coast. Tu me manques aussi. Et dire qu'on a à peine passé quatre-vingt-dix minutes ensemble !

– Neil

Cher Neil,

Rien de spécial à te dire, juste l'envie de papoter avec toi, vu que je suis raide dingue de ta personne (d'un certain point de vue, oui : je

t'aime). Là, je regarde les stalagtites qui pendent de mon toit comme des lances, et je t'imagine sur la Gold Coast. La côte de l'or. L'or : l'alchimie que nous créons, toi et moi.

Envoie-moi encore des messages – des messages remplis de ta joie, de ton amour, de tout ce que tu as à offrir. Un coup de gueule ? N'hésite pas. Un coup de cœur ? Vas-y. Un gros mot ? Pas de problème. Quoi que ce soit : n'hésite pas. Je saurai te lire et te répondre. Parce que je tiens profondément à toi.

En attendant qu'on se voie, sache que je t'aime un peu plus chaque jour. D'ici au 21, tu vas crouler sous mes sentiments. J'espère que ça ne te dérange pas !

Tendrement,
Stacy

Chère Stacy,

Désolé pour le retard ! Et encore merci pour ton merveilleux nouveau mail. J'ai hâte qu'on se voie, et je t'assure que je n'attends rien de toi, ni de notre entrevue, de même que j'espère que tu n'attends rien de moi. Je dois admettre que tes sentiments m'inquiètent un peu : j'espère me montrer à la hauteur. Vivement la semaine prochaine. Je t'attendrai dans la zone des bagages. Tu me reconnaîtras facilement, j'aurai un chariot rempli de cookies.

– Neil

Cher Neil,

Merci pour ce merveilleux séjour à Los Angeles. Je n'oublierai jamais notre visite du musée Getty, ni ma première leçon de surf.

Je suis un peu déçue que ça n'ait pas mieux fonctionné entre nous, mais le goût de nos baisers et de mes premières explorations sexuelles ne me quittera jamais.

Tu t'en doutes, j'ai senti que tu t'éloignais peu à peu de moi, et je te présente mes excuses pour mon inexpérience sexuelle, pour mon affection étouffante et tout ce qui a pu te faire fuir. Étant donné ma situation, je ne me sens pas aussi bien que je le voudrais dans mon corps.

Tu es un homme à part, je garderai toujours une place pour toi dans mon cœur. Encore merci de m'avoir fait découvrir ton univers.

Je suis triste, mais je prierai pour toi.

Tendrement,
Stacy

Chère Stacy,

J'ai adoré te revoir. Mes sentiments n'ont pas varié. Tu écris les plus beaux mails que j'aie jamais reçus, je les conserverai précieusement toute ma vie.

Je te dois des explications : j'étais vraiment excité de te retrouver, à l'aéroport. Surtout après tous les mails qu'on avait échangés, chacun plus intense que le précédent. Et je dois admettre que, à un moment donné, j'ai eu peur. Quand on est rentrés chez moi, je crois que c'est là, j'ai pris conscience des choses. En découvrant que tu avais toujours ton hymen, j'ai compris que tu n'étais pas une fille comme les autres, que nous ne vivions pas une expérience comme les autres.

Je ne savais pas si je pourrais me montrer à la hauteur de tes attentes, ou simplement te rendre les sentiments que tu nourris pour moi. Alors j'ai préféré en rester là, qu'on reste amis. J'ai pensé qu'il valait mieux que tu vives l'expérience suivante avec le type formidable que tu mérites. Autant, comme amant, je peux être excellent, autant, comme compagnon... J'ignore si j'ai des carences émotionnelles ou si nos univers sont juste incompatibles. Tu vas à l'église tous les dimanches ; j'écris des livres sur Marilyn Manson.

Ton cœur n'est qu'amour, ton âme que bonté, je suis déjà heureux que tu aies pu partager un peu avec moi.

Je ne sais pas si tu connais la poésie de Ryôkan, mais j'avais envie de te faire découvrir un échange de lettres qu'il a eu avec Teishin. Deux bons poèmes pour la nuit, je trouve.

La lettre de Teishin

Vous ayant ainsi
rencontré j'ai ressenti
une telle joie
qu'il me semble n'être point
encor sortie de ce rêve.

La réponse de Ryôkan

Un rêve ce monde
où après le moindre somme
on fait de son rêve
un récit un autre rêve
mais il n'est que de s'y rendre.

Bonne nuit, Stacy,
Neil

RÈGLE N° 7

L'OBSTACLE N'EST PAS UN OBSTACLE

« J'étais chez un ami quand, tout à coup, un orage a éclaté. Des nuages énormes, on aurait dit des serpents dressés. » Sa voix grave résonnait contre les murs de la chambre d'hôtel. « J'avais un petit appareil dans la boîte à gants de ma camionnette, j'ai pris des photos. Quand je les ai fait développer, j'ai vu apparaître le visage de Dieu, sa barbe battue par le vent, au milieu de l'orage. »

C'était l'un des plus grands musiciens du siècle. Au terme de plusieurs années d'approche, je l'avais finalement convaincu de m'accorder une interview de deux heures. Tout s'était bien passé – jusqu'aux dix dernières minutes. Sa petite-fille venait de nous rejoindre. Terminé, impossible de me concentrer sur ce que me disait son grand-père.

La fille – épaisse chevelure noire, longues jambes musclées, grand front, seins proprement incroyables en évidence sous son pull. Une silhouette à distribuer les torticolis à la pelle. À en juger par sa façon de se tenir – fière – et par son air hautain, elle n'ignorait pas l'effet qu'elle faisait aux hommes. Pire que ça : elle semblait s'ennuyer.

Allongée sur le lit, elle s'amusait à retirer des plumes d'un oreiller. Pour elle, je n'étais qu'un journaleux blanc de plus qui venait faire parler son grand-père.

Il fallait changer ça.

« Je suis convaincu de l'existence d'un être suprême. Un être capable de se montrer lorsqu'il en a envie. Mais qui ne supporte pas de nous voir vivre comme nous vivons. Il n'a jamais voulu que nous nous battions les uns les autres, comme ça, comme des chiffonniers. Il voulait que nous cohabitions en paix, que nous nous aimions les uns les autres jusqu'à ce que la mort nous sépare », conclut-il.

Là-dessus, j'ai enchaîné : « Alors dites-moi, vous qui comprenez si bien la nature humaine. » Puis, pour intégrer sa petite-fille à la discussion : « Toi aussi, tu peux m'aider, si tu veux. »

Elle a à peine levé les yeux, moyennement intéressée. « Bon, on dit tout le temps que les femmes sont plus attirées par le pouvoir et le statut social que par l'apparence physique. » Intro ridicule s'il en est. « On discutait de ça, avec un copain, l'autre jour, et il m'a posé une bonne question : "Comment tu expliques que les femmes préfèrent coucher avec Tommy Lee plutôt qu'avec George Bush, alors ? Bush est quand même un des mecs les plus puissants de la planète."

– C'est qui, Tommy Lee ? demanda le grand-père.

– Le batteur de Mötley Crüe, tu sais, celui de la sex tape avec Pamela Anderson, intervint sa petite-fille.

– Ben tout est dit, alors, reprit le vieux sage. C'est parce que le rock'n'roll a une âme. On l'écoute pour se détourner de la politique et de toutes leurs conneries.

– En plus, Bush, il est moche », trancha la petite-fille, trop belle pour examiner la question en profondeur. « Personne n'a envie de coucher avec lui. »

À intro moyenne, réponses moyennes, mais j'avais atteint mon but : la conversation s'était déplacée vers la petite-fille.

« Elle veut s'installer ici, devenir mannequin, m'expliqua son aïeul. Mais ce n'est pas une maigrichonne. Les cure-dents, moi, ça me laisse froid. Il faudrait plus de petites comme Alicia. »

Sur ce, il prit un cachou. « Me suis trompé de tuyau », toussota-t-il.

Voyant cela, Alicia s'est rappelé que son grand-père était âgé, que la vie était courte. Elle lui a massé les épaules, le temps qu'il se remette, puis lui a dit : « N'oublie pas, tu as promis de m'emmener faire du shopping.

– C'est la première fois qu'elle vient à New York. Je vais sûrement le regretter. »

Que d'indices : mannequin, shopping, ville inconnue, grand-père pas chaud pour le shopping. Mais avant de les mettre à profit, j'avais besoin d'un dernier renseignement : « Quel âge as-tu donc pour n'être jamais venue à New York ?

– Vingt et un. »

Le terme « petite-fille » m'avait un peu inquiété.

« Je connais une boutique de mode, Century 21 », annonçai-je, prévoyant de passer plus de temps avec elle. « Ils proposent les plus grands couturiers pour une bouchée de pain. Elle ne voudra plus en sortir. »

L'interview terminée, le grand-père voulait faire la sieste. En vrai gentleman, j'ai alors proposé de m'occuper d'Alicia, de l'emmener chez Century 21.

Dans la rue, elle ne parlait pratiquement pas, ne souriait jamais. Elle découvrait la Grosse Pomme – ses bruits, ses drames, sa crasse, sa culture, son chaos, la vie – en somnambule. Elle semblait vivre dans une cage de verre la protégeant du monde extérieur. Plus que tout, je rêvais de briser cette cage.

Un jour que je racontais l'histoire de la *Belle au bois dormant* à une de mes petites cousines, elle m'a demandé : « Comment il peut tomber amoureux d'une fille qui dort, le prince ?

– Bonne question. Elle est peut-être belle, mais ils ne se sont jamais parlé. Si ça se trouve, c'est la reine des connes. »

Après, je peux comprendre que mes proches me tiennent à l'écart de leurs gosses.

Sur le moment, je n'ai pas su quoi lui répondre. Aujourd'hui, je sais : il l'aime pour la simple raison qu'il a le pouvoir de la réveiller.

Chez Century 21, j'essayais de flirter avec Alicia : je lui dénichais les fringues les plus atroces et insistais pour qu'elle les essaie. Mais j'avais beau me démener, elle restait sur sa réserve. Elle me voyait toujours comme un collectionneur de vieilleries venu fouiller le grenier mental de son papy.

Deux heures plus tard, Alicia ressortait de la boutique avec une robe de satin violette, une jupe en dentelle et un polo XL pour homme. Pour son mec, le polo, précisa-t-elle.

Ça m'aurait moins gêné si le polo avait été L ou M. Voire XS.

Ce soir-là, je devais retrouver Emily, une styliste avec qui je couchais. On s'était parlé deux trois minutes lors d'une soirée. Après quoi, elle avait trouvé mon adresse internet sur le Web, et m'avait écrit pour m'inviter à prendre un café.

« Tu es comme l'héroïne », m'annonça-t-elle d'emblée. Le shopping avec Alicia m'avait un peu retardé. « Toutes mes copines me disent de te fuir, parce que je suis en train de craquer pour toi. »

Quand elle s'est mise à me déshabiller, j'imaginais les mains d'Alicia à la place des siennes ; les lèvres d'Alicia sur mon corps ; la crinière d'Alicia dans mon poing.

J'ai couché trois fois avec Emily, ce soir-là ; chaque fois en fermant les yeux pour mieux penser à Alicia.

Emily et moi n'avons jamais fait autant d'étincelles.

Le lendemain soir, après le concert du grand-père d'Alicia, je suis allé le féliciter en coulisse, et inviter Alicia à une soirée, dans la foulée, au Tribeca Grand Hotel. Alors, avec la même lenteur, la même langueur avec laquelle elle m'aurait passé le sucre à la fin d'un très long repas, elle a accepté : « Ok, passe me prendre à mon hôtel quand j'aurai ramené Grand-Père. »

Comme je devais quitter New York le lendemain, j'avais invité Roxanne, au cas où Alicia refuse. Roxanne : un mètre cinquante-sept, l'une des filles les plus sexe que je connaisse.

Une heure et demie après la fin du concert, Alicia est sortie de son hôtel. Elle portait la robe moulante de chez Century 21. Chauffeurs de taxi, étudiants, cyclistes – tous les mecs de la rue chopaient le torticolis.

« Fallait que j'appelle mon mec, s'excusa-t-elle. On ne s'était plus parlé depuis une semaine. Il est chiant. »

À moi de réveiller la Belle au bois dormant. XL ou pas, maintenant, je m'en tape.

Roxanne nous attendait dans le hall du Tribeca, vêtue d'un haut qui laissait voir son joli petit dos. Elle m'a serré bien fort contre elle et m'a mangé du regard – les yeux surchargés de mascara noir. Il y avait un je ne sais-quoi de maléfique dans ses yeux, son sourire, sa façon d'être, quelque chose qui disait « Prête à tout, quand tu veux ».

J'avais fait sa connaissance pendant un concert, lors de ma précédente visite à New York. Roxanne était modèle à mi-temps pour des illustrateurs – son corps s'était retrouvé un peu partout, sur des boîtes de biscuits comme dans des kama-sutra. Elle sortait

avec le batteur d'un groupe local qui se produisait ce soir-là. Elle m'avait invité à l'after, dans l'appart du chanteur.

Roxanne, son mec et moi avons passé la majeure partie de l'after couchés sur le lit du chanteur, lui-même assis sur une chaise. Roxanne et moi bavardions. Tout à coup, son copain s'est levé, est passé dans la pièce d'à côté et a ramené une blonde complètement bourrée. Deux secondes plus tard, il lui roulait une pelle. Deux minutes plus tard, il l'avait déshabillée.

Apparemment, Roxanne n'y voyait pas d'inconvénient. Sans doute trop occupée à flirter avec moi : contacts superflus, insinuations lourdes, langage corporel évident. À moitié sûr, j'ai mordu à l'hameçon. Pendant qu'on s'embrassait, j'ai regardé par-dessus son épaule, voir ce qu'en pensait son mec. Il doigtait la blonde.

Un couple ouvert, quoi.

Je me suis donc engagé plus à fond avec Roxanne. Elle me pétrissait à travers mon pantalon, tandis que son homme se tapait l'autre. Il avait une espèce de bijou à la queue, une breloque qui tintait à chaque coup de reins. C'est là que le chanteur nous a laissés.

Tout du long de nos galipettes, Roxanne ne pouvait s'empêcher de jeter des coups d'œil à son mec – moins parce qu'il s'envoyait une autre que parce qu'il l'ignorait totalement.

Du coup, elle m'a baissé mon futal pour me pomper violemment. Puis, sortant une capote de son sac, elle m'a enfourché à la hussarde et s'est activée pour donner une leçon à son mec. Elle se déchaînait, se doigtait l'anus, couinait à réveiller tout l'immeuble. Leur façon à eux de se faire une scène.

Au final, expérience moyenne, mais toutes les expériences n'ont pas à être géniales. Juste des expériences.

Roxanne et son batteur ont cassé quelques mois plus tard. Si Alicia se refusait à moi, je comptais bien m'envoyer la petite nerveuse dans des conditions plus normales. Un homme a toujours besoin d'une fille délurée comme il faut quand il se sent délaissé.

« J'ai apporté de l'ecstasy », annonça Roxanne après avoir payé la première tournée, au Tribeca. Elle a sorti un pilulier de son sac et en a extrait un comprimé blanc.

Je ne suis pas trop fan des drogues psychédéliques, notamment parce que leurs effets sont trop durables. Un vrai trip, comme en avion, pas moyen de descendre avant l'atterrissage. Et surtout, je me voyais mal séduire Alicia si je passais les six prochaines heures à enlacer un haut-parleur.

Roxanne a cassé le comprimé en deux. Une moitié s'est effritée aussitôt dans sa main. Sans me demander mon avis, elle m'a plaqué sa paume sur la bouche et m'a flanqué le contenu à l'intérieur.

J'ai essayé de garder mon calme, mais j'avais le regard d'un possédé. Il me fallait absolument trouver le moyen de stopper ce trip. Cracher à même le sol ? Injouable. Du coup, les cinq minutes qui ont suivi, chaque fois que je portais mon verre à mes lèvres, au lieu de siroter mon whisky Coca, je me débarrassais de la drogue par petites quantités. Après quoi, je suis allé vider mon verre dans les toilettes. Une heure plus tard, j'étais encore limite parano, je me demandais si je n'avais pas ingéré d'Ecstasy.

C'est alors que j'ai repéré Roxanne en train de masser Alicia, sur un canapé, à l'étage. Elle était déjà arrivée plus loin que moi avec la Belle au bois dormant. Aucun souci de mon côté : d'une, ça me prouvait que j'avais réussi à éjecter l'ecstasy – Roxanne était de toute évidence dans un état second, très tactile, pas moi. Et de deux, il y avait du changement de plan dans l'air. Je n'aurais peut-être pas à choisir entre Roxanne et Alicia.

« Mon pote Steven a un grand loft, c'est lui qui m'héberge », leur annonçai-je, une fois leur séance pelotage terminée. « Avec ses colocs, c'est fiesta tous les soirs, on devrait aller y faire un tour. »

Et nous voilà tous trois, Roxanne, Alicia et moi, dans un taxi, direction la piaule de Steven. Arrêt ravitaillement : cabernet, biscuits apéritif et sandwichs à la dinde pour tout le monde.

Arrivés au loft, on s'est rendu compte que la fête était bien finie. Non seulement Steven et ses colocs étaient endormis, mais deux autres gars squattaient les canapés du salon. Manque de pot, je n'avais pas de chambre à moi : je dormais dans un futon à même le sol, à côté des canapés.

Avec Roxanne, on s'est donc assis sur le futon d'amis. Alicia s'est installée à une table pour attaquer son sandwich. J'admirais sa

faculté à rester indifférente en toute situation. Mais le temps pressait. En cas d'urgence, il devait bien y avoir une vitre à briser.

« Alicia... murmurai-je (surtout ne pas réveiller les squatteurs). J'ai une vidéo trop cool à te montrer avant que tu partes. »

Mon ordi, mon fidèle équipier.

Ma cible est donc venue s'asseoir sur le bord du futon, ses bras enserrant ses genoux. Je lui ai fait voir un petit film sur des oiseaux exécutant un moonwalk sur une branche d'arbre. Bon, cool n'était peut-être pas l'adjectif le plus approprié, mais au moins, Alicia s'était rapprochée.

Le moment était venu d'embrasser la Belle au Bois Dormant. Faute de quoi, elle rentrerait se coucher à son hôtel.

J'ai donc expliqué à mes copines que j'avais récemment vécu une expérience incroyable : deux masseuses s'occupaient de moi en même temps, leurs mouvements parfaitement synchrones. Cette technique, le massage d'induction, m'avait aidé à instiguer plus d'une fois un plan à trois.

On a donc commencé, Alicia et moi, à masser Roxanne. Puis j'ai retiré ma chemise et les filles m'ont massé. Enfin, j'ai demandé à Alicia de baisser le haut de sa robe et de s'allonger sur le ventre.

Normalement, pendant le massage, l'énergie présente dans la chambre se modifie, et le caractère inévitable d'un plan à trois, sain et satisfaisant, apparaît à tout le monde.

Sauf que, cette fois, l'énergie stagnait. Au lieu de se laisser aller sous nos mains, d'envisager les possibilités sexuelles, Alicia se contentait d'accepter gentiment notre performance. Moi, j'éprouvais autant de satisfaction que de frustration – comme si je sentais le parfum du pain frais sans avoir accès à la boulangerie. Je craignais qu'elle n'attende poliment le bon moment pour s'en aller, nous prenant pour un couple d'échangistes habitués à ce scénario.

La séance terminée, Alicia s'est relevée, a remonté sa robe et filé aux toilettes. Elle n'avait pas l'air ravi. Ni bouleversé. Ni quoi que ce soit.

Au moins, j'aurai tenté le coup. En plus, Roxanne et moi en princesse et prince charmant, je rêvais. On ressemblait plus à de sinistres personnages dont Alicia devait se mettre à l'abri.

« Qu'est-ce qu'elle en pense, à ton avis ? demandai-je à Roxanne.

– Aucune idée.

– On tâte le terrain quand elle sort des toilettes. Si ça ne le fait pas, on lui appelle un taxi. »

De retour parmi nous, Alicia s'est posée sur le futon, à la même place qu'avant, l'air d'attendre qu'on lui demande de partir. J'étais allé trop loin.

« Écoute, tu as un avion demain, tu dois te reposer. On va t'appeler un taxi. »

Là, elle s'est allongée près de moi, m'a serré bien fort en guise d'adieu, et m'a dit merci.

À la seconde où elle m'a pris dans ses bras, j'ai senti une possibilité. Le changement d'énergie tant attendu.

Je l'ai embrassée aussitôt, de crainte qu'elle s'en aille. Elle a fondu en moi. Je sentais sa vitre-en-cas-d'urgence chauffer et se fendiller sous mes doigts. Elle tombait par pans entiers. De faibles murmures de plaisir passaient ses lèvres.

Roxanne s'est couché derrière moi. Je me suis retourné, l'ai attirée à moi et l'ai embrassée. Puis on s'est mis à masser les seins de notre partenaire, à les lécher à travers sa robe. Alicia se laissait aller, elle levait les bras comme pour nous indiquer de retirer sa robe.

Si Alicia avait du mal à donner, en revanche elle savait très bien recevoir. Son dos qui se cambrait, ses hanches qui s'assouplissaient, son corps si parfait que sa propriétaire était, de fait, une partenaire de qualité.

Je lui ai ôté sa culotte – trempée –, avant de courir chercher une capote dans ma valise. Après quoi, j'ai demandé aux filles de se coucher sur le dos, et j'ai pénétré Alicia tout en embrassant Roxanne. Puis le contraire.

À ma grande surprise, ni l'une ni l'autre n'a hésité une seule seconde, malgré la présence des squatteurs – dormaient-ils vraiment ? – au premier rang. Un de mes potes m'a expliqué que, lorsqu'il couche avec une jolie fille, il se dit « Je le mérite ». Moi, je me répétais en boucle « putain j'y crois pas ». Elles sont aveugles ou quoi ?

Il y a aussi ce couple d'échangistes qui me racontaient tous leurs

plans à trois. Des petites étoiles dans les yeux, le mec me parlait de sa position préférée : le triangle.

À mon tour d'essayer. Je me suis donc allongé sur le dos et ai demandé à Alicia de m'enfourcher. Puis à Roxanne de s'asseoir sur ma figure, face à Alicia, afin qu'elles puissent s'embrasser.

Bizarrement, à aucun moment je n'ai ressenti le courant sexuel cosmique dont me parlait mon pote l'échangiste. Plutôt un mélange de cécité et d'étouffement. Roxanne était assise sur mes yeux.

Pas que je me plaigne.

Après l'orgasme, c'est Alicia qui a parlé la première, toute calme :

« Je n'avais jamais fait un truc comme ça, avant.

– Le plan à trois, ou être avec une fille ? » À mon avis, elle ne parlait pas du triangle.

« Les deux.

– Et ça te fait quoi... ?

– C'était... » Une pause. « C'était bien. »

Elle et les mots, hein...

Après ces aventures, Alicia et moi sommes restés en contact. On se parlait des heures au téléphone, ses murs de verre continuaient de s'effondrer, révélant une personnalité fofolle et un sens de l'humour tout en ironie.

« Grand-père t'aime bien, m'annonça-t-elle un soir. Ça lui ferait plaisir que tu viennes. »

Huit jours plus tard, je passais le week-end chez eux, et comptais en profiter pour reprendre mon interview dans des conditions que peu de journalistes ont dû connaître. Alicia était venue me prendre à l'aéroport.

« Je ne fais pas ça avec tout le monde », tonna le grand-père, à mon arrivée.

Je l'ai regardé travailler en studio toute la journée. Le soir même, Alicia se glissait dans mon lit.

Le lendemain, six heures du mat, Grand-père faisait irruption dans la chambre. Nous découvrant recroquevillés sous les draps, il n'a rien trouvé de mieux à dire à sa petite-fille que : « J'étais sûr que tu t'envoyais cette aspirine. »

Sur ce, il a éclaté de rire puis, s'adressant à moi : « Viens voir, j'ai un truc à te montrer. »

Je l'ai suivi jusqu'au jardin. Un doigt levé vers le ciel matinal, il m'a dit : « Regarde ça. Tu vois quoi, là ?

– Des nuages.

– Regarde mieux. Dans les nuages. »

Des volutes de fumée, voilà ce que je voyais, mais je ne voulais pas le décevoir. « Dieu ?

– Là, fit-il en indiquant un nuage vertical. On ne sait jamais ce qu'Il nous réserve. Ses voies sont impénétrables.

– C'est clair. »

RÈGLE N° 8

ÉMOTION ÉGALE RAISON

Une vraie connerie.

L'autre soir, j'avais bu, je crois bien que je me suis marié.

Du coup, j'angoisse à l'idée de ne plus jamais la revoir. Ou de la revoir un jour, au contraire. Je ne sais pas ce qui serait le pire.

J'ignore quel âge elle a, où elle habite, comment elle s'appelle.

En fait si, je connais son nom de famille maintenant...

Je ne suis pas du genre à me défausser sur les autres, mais sur ce coup-là, franchement, Ragnar Kjartansson n'est pas net. Deux choses, à son sujet : un, c'est le chanteur du seul groupe de country d'Islande ; deux, c'est le premier mec à être sorti diplômé de Husmadraskolinn – une école pour femmes au foyer.

Il me sert de guide, à Reykjavik. Un guide assez médiocre, je n'ai pas peur de le dire.

Ce soir-là, on a commencé par se rendre au Tveir Fiskar – selon le moment de la journée où vous le demandez à Ragnar, ça se traduit par « Deux Poissons » ou « Trois Imperméables ». C'est l'une des seules tables du pays à proposer du steak et des sushi de baleine. Ils proposent aussi du requin rance, que l'on mange par petites bouchées arrosées de Black Death. Le requin a un goût de peluche du nombril, le Black Death de produit vaisselle.

« Buvons... bredouilla mon guide en me tendant un troisième Black Death,... à notre médiocrité. »

Ragnar se cuitait ainsi depuis des mois, depuis que Disa, sa copine, l'avait quitté en emportant la télé. En l'absence totale de distraction télévisuelle, m'expliqua-t-il, il pensait sans arrêt à son ex.

« J'aurais dû l'épouser. L'amour parfait ne se présente pas deux fois. »

Après le dîner, Ragnar m'a proposé d'aller boire un coup. Il se battait avec un pull en laine rouge qui refusait de se laisser enfiler.

« On ne fait que ça depuis le début de la soirée... dis-je.

– J'appelle pas ça boire. Attends un peu de voir comment on écluse, en Islande. »

À ce que j'ai compris, l'Islandais qui boit vomit aussi sous la table, pisse sur un bus, se castagne avec un ado et s'évanouit sur un passage clouté. Ragnar n'a dérogé à aucune de ces règles au cours des trois heures qui ont suivi.

« Debout », tentai-je de le bouger. En plein mois d'octobre, dans les frimas du nord, son pull rouge était un peu léger. « Reste pas comme ça, tu vas crever.

– Continue sans moi, marmonna-t-il. Les bars de Reykjavik ont besoin de toi. »

Du fin fond de sa cuite, il essayait encore de me faire marrer. Je l'ai donc aidé à se relever et l'ai raccompagné jusqu'au trottoir. C'est là que j'ai aperçu la fille que je devais épouser le soir même.

Elle se trouvait au milieu d'une vingtaine de touristes, tous venus pour Iceland Airways, le festival musical que j'étais chargé de chroniquer. Repérant parmi eux un photographe que je connaissais, je me suis arrêté pour lui parler.

Il m'a présenté à ses amis. Le seul nom que j'ai retenu : « Veronika ».

Elle me faisait penser aux chanteuses new wave sur lesquelles je fantasmais dans les années 1980. Petite, cheveux bruns hérissés, ombre à paupières bleue à la truelle, regard pétillant, lèvres charnues découvrant des dents d'une blancheur parfaite. Sitôt que je l'ai vue, j'en suis tombé amoureux.

« Il va tenir le coup ? me demanda Veronika en parlant de Ragnar.

– Oui, il a juste le cœur brisé.

– J'aimerais bien être dans le même état quand j'ai le cœur brisé.

– Exact, il a l'air plutôt ravi, pour un gars qui a perdu le parfait amour.

– Ça, moi, je n'ai jamais connu. Je ne saurais même pas le reconnaître.

– C'est inutile. Tu sauras. »

L'une des leçons que j'ai retenues de mes tournées avec des groupes de rock – en plus de jouer à la console dans un car, survivre

une semaine sans me doucher, et dormir à moins d'un mètre de cinq types qui ne se sont pas lavés depuis une semaine –, c'est qu'un groupe se déplace à la vitesse de son membre le plus lent. Or, la plupart des collègues de Veronika étaient bourrés. J'ai donc proposé à mon coup de foudre de nous éclipser, de trouver un truc intéressant à faire, puis de les rejoindre plus tard.

« Et Roméo, on en fait quoi ? fit-elle.

– Il nous tiendra la chandelle. Dans un rancard, ça sert toujours. »

Un coup d'œil à ses amis, puis elle a accepté d'un sourire. Nous nous sommes retirés sans un mot, Ragnar nous suivait tant bien que mal.

« *It's hard to be loved*, beuglait-il. *Baby, I'm unappreciative.*

– Pas étonnant qu'elle l'ait quitté », s'esclaffa alors Veronika. Elle me plaisait. Mais pour l'avoir toute à moi, j'allais devoir renvoyer mon guide. Il comprendrait, j'en étais certain – du moins, il ne s'en souviendrait plus. Conclusion, je l'ai fourré dans un taxi.

Au moment où je fermais la portière, Ragnar saisit un pan de ma veste : « Ne dis pas non à l'amour, baragouina-t-il. Ou tu seras un minable comme moi.

– Il me fait de la peine, m'avoua alors Veronika.

– Ne t'en fais pas pour lui. Être un minable, c'est tout un art chez lui. Dans sa famille, ils ont tous réussi, alors il se distingue en ratant tout ce qu'il tente : il ne sait ni boire, ni chanter, ni garder sa copine, ni faire une bonne femme au foyer.

– Il y a une forme de dignité, là-dedans. »

Le centre de Reykjavik, les soirs de week-end, c'est Grozny : bouteilles éclatées contre les murs, embardées de voitures sur les trottoirs, hordes d'ados pétés zigzagant dans les rues. Aucune méchanceté dans l'air, juste un lâchage total, comme en Angleterre après un match de rugby.

Veronika et moi nous sommes réfugiés dans la file d'attende d'une boîte. J'ai tout juste eu le temps d'apprendre de Veronika qu'elle était tchèque, qu'elle avait passé l'année précédente à New York, quand l'échange s'arrêta : une espèce de mec, lui aussi à cheveux bruns hérissés, en pardessus grand ouvert, la figure rougie par le froid, s'est pointé derrière nous. Un sac à dos jeté sur une

épaule et un grand sourire niais d'alcoolo aux lèvres, il s'est incrusté dans notre conversation :

« Ok, ok. D'où est-ce que tu résides ?

– Les States.

– C'est joli pour le ciel très vaste », déclara-t-il le plus sérieusement du monde, comme si ces paroles devaient lui valoir l'approbation de n'importe quel Américain. « Et puis-je demander si vous êtes amis des deux sexes ?

– On vient de se fiancer, là », répondis-je, dans l'espoir qu'il fiche la paix à Veronika.

« Quelle nouvelle de haute qualité. » Sourire dégoulinant.

À Reykjavik, la plupart des gens parlent un anglais quasi parfait. Lui, non. À croire qu'il l'avait appris à travers les manuels techniques, les cartes de vœux et les documents officiels. « Depuis quel quota de temps vous fréquentez-vous ?

– Sept ans », affirma Veronika, prise au jeu. « Tu le crois, toi, qu'il lui a fallu tout ce temps pour sauter le pas ? Il a peur de s'engager. » Une fille pour moi.

« Elle est tout le temps après moi : "Sors les poubelles", "Arrête de fumer", "Parle-moi de tes ex".

– Je peux vous aider, décida le mec. Je peux vous aider. Je me prénomme Thor. Je vais vous unir dans les liens du mariage sacré.

– Riche idée », fis-je.

Quel meilleur moyen de créer un lien avec Veronika ?

« Ok, ok, pour la cérémonie, j'ai le besoin d'alliances », reprit Thor. Se mettant à farfouiller son sac, il demanda : « Vous êtes sûrs ?

– Je réalise un rêve, là, soupira ma future.

– Ok. Ça va être ok. »

Là-dessus, Thor sortit une bouteille de vodka de son sac, en retira le bouchon, puis s'acharna sur la bague métallique du goulot. Elle se brisa.

« Attendez un peu. » Pas le genre à se laisser abattre, il récupéra son téléphone portable et en retira une boucle de métal – un porte-clés.

Il avait l'air vraiment déterminé, excité. Ça nous faisait un spectacle marrant. On l'aurait cru envoyé par une puissance supé-

rieure pour évacuer la gêne qui trouble généralement les premiers rancards.

Thor a ensuite prononcé quelques mots en islandais à deux types derrière lui, et ces derniers sont venus se placer de part et d'autre de lui. Puis, après s'être éclairci la voix :

« Mes chers bien-aimés, nous nous réunissons ce jour sous Dieu et la présence de témoins pour unifier un couple heureux dans les liens du mariage sacré, ok, ok. Couple heureux, je vous prévois un avenir de bonheur éternel. Votre amour est comme le soleil du matin. Il fait la lumière du monde. »

À la base, je croyais qu'il faisait le clown, mais plus ça avançait, plus il paraissait s'efforcer de donner du sens à cette cérémonie, en y mettant tout le sérieux et la poésie dont il disposait.

Cinq minutes de discours grandiloquent plus tard, il me glissa en douce son porte-clés, et me demanda : « Acceptez-vous cette femme comme votre épouse dans les liens du mariage sacré ? Lui garantissez-vous de l'aimer, de l'honorer et de la protéger jusqu'à ce que la mort vous partage ? Lui garantissez-vous de l'aimer exclusivement, dans le bien-être et dans la richesse, ok, ok ?

– Ok.

– Prenez-vous cet homme en mariage ? Garantissez-vous de lui faire toutes les choses que je lui ai mentionnées, ok, ok ?

– Ok.

– Je vous prononce homme et femme, annonça-t-il à voix bien haute. Vous pouvez embrasser de la mariée. »

J'ai alors roulé une pelle Veronika, plein de gratitude envers Thor, qui s'affairait déjà à sortir un nouvel objet de son sac à dos.

« J'insiste sur la joie de vous offrir votre premier cadeau de mariage, ok, ok », dit-il en nous tendant à chacun un petit croissant de lune en chocolat, enveloppé dans de l'alu bleu argenté, après quoi il prononça un nouveau speech interminable, saturé de ok.

Veronika et moi l'avons remercié pour la passion qu'il avait insufflée dans la cérémonie. Il rayonnait, tout fier, et c'est alors qu'il a pris un stylo et un carnet. Toujours dans son sac à dos.

« Veuillez, s'il vous plaît me donner votre adresse électronique, ok, ok », nous demanda-t-il.

Nous nous sommes exécutés, pensant qu'il voulait se faire des correspondants.

« Veillez bien à noter vos noms avec correction. »

Puis il a plié le papier, l'a rangé dans sa poche et nous a annoncé : « J'enverrai les certificats de mariage dans un e-mail, ok, ok. »

J'ai blêmi deux secondes, avant de me dire qu'il parlait sûrement de cartes de vœux. Il s'était laissé emporter par son élan. Mais par acquit de conscience :

« Que veux-tu dire par-là ?

– Je suis prêtre, naturellement », fit-il, comme si la chose avait été évidente dès le départ. « J'ai un certificat avec l'Église. C'est ok. Nous acceptons toute religion. »

Veronika et moi avons échangé un regard, la même pensée en tête : qu'est-ce qu'on vient de faire ?

Mais bizarrement, ni elle ni moi ne lui avons dit de ne pas préparer de certificats. Il était trop fier – un gosse qui vient de faire caca sur les WC des grands pour la première fois – on ne voulait pas le décevoir. En plus, si c'était vraiment un prêtre, ainsi qu'il le soutenait, c'était de toute façon trop tard.

Une fois dans la boîte, nous avons payé une bière à l'homme d'Église en échange de ses services, puis nous sommes éclipsés direction le salon à l'étage. Le premier rancard le plus romantique de ma vie – et pas le dernier premier rancard, si la chance est avec moi.

Comme nous n'avions envie de parler à personne, nous avons préféré aller chercher l'aventure ailleurs.

Sortis de la boîte, nous sommes tombés sur les amis de Veronika, à l'endroit même où nous les avions laissés. Nous leur avons parlé quelques minutes, mais le courant passait moyen. Ils étaient restés là à ne rien faire, tandis que nous avions vécu tant de choses. Nos vies avaient peut être changé du tout au tout. Nous leur avons donc faussé à nouveau compagnie.

Elle m'a pris délicatement par la main, et nous sommes entrés au Borg Hotel comme un couple de jeunes mariés. Nous nous sommes affalés sur notre lit, sachant parfaitement où tout cela nous menait.

« Je me suis éclatée », me confia-t-elle entre deux baisers.

J'avais le cœur à cent à l'heure. J'éprouvais la même chose qu'elle. Elle reprit : « Cette soirée est trop parfaite. Ça peut pas être réel. »

Nouveaux baisers. Puis : « Il faut que j'y aille. »

Et : « C'est trop, là. »

Enfin : « Je savais que tu allais essayer de faire ça. »

Tout était clair. Le spectre du sexe nous casait dans des rôles stéréotypés. Moi, l'homme, cherchant le plaisir ; elle, la femme, fuyant la douleur. La peur qu'éprouvent les mecs quand ils abordent une nana, les nanas la connaissent quand elles franchissent le point de non retour, niveau sexe, avec les mecs.

Pas uniquement à cause des répercussions biologiques – grossesse, accouchement, naissance, éducation. Il y a surtout que, à un moment ou à un autre, presque toutes les filles ont souffert à cause d'un mec. Par conséquent, avant de se risquer à donner libre cours à de puissantes émotions qu'elles ne contrôlent guère, elles tiennent à s'assurer que leur partenaire ne triche pas avec elles, et qu'il va leur rendre ce qu'elles lui offrent – pour une nuit ou pour la vie. Ce que la majorité des nanas veulent, en secret, c'est se jeter dans les flammes de la passion quand elles éprouvent de l'amour, sans risquer de se brûler ou de se blesser. Cela dit, tant que les scientifiques n'auront pas mis au point la capote émotionnelle, les rôles resteront les suivants : avant, pendant et après, l'homme doit rassurer la femme, lui faire comprendre qu'elle ne s'est pas trompée. Et ce, par les sentiments.

« Avant que tu ne partes, dis-je à Veronika, je voudrais te raconter une histoire. »

Cette histoire n'est pas de moi. Elle parle d'un homme et d'une femme qui se croisent un beau jour dans la rue. Dans la seconde, tous deux sentent que l'autre est leur partenaire idéal. Miracle de la situation, ils trouvent le courage de s'adresser la parole.

Ils passent des heures ensemble, et s'accordent à merveille. Mais peu à peu, un doute s'immisce dans leurs cœurs. Tout ça est trop beau pour être vrai. Alors, pour s'assurer qu'ils sont réellement faits l'un pour l'autre, ils décident de se séparer sans se donner aucune coordonnée. De se fier au destin. S'ils se croisent à nouveau, c'est qu'ils sont faits l'un pour l'autre et ils se marieront sur-le-champ.

Un jour passe, puis une semaine, un mois, un an sans qu'ils se revoient. Ils finissent par se mettre à fréquenter d'autres personnes, qui ne sont pas leur partenaire idéal. Des années plus tard, ils finissent par se croiser à nouveau dans la rue, mais cette fois il s'est écoulé trop de temps, ils ne se reconnaissent plus.

« Tu vois, conclus-je alors, ces amoureux-là ont eu la chance que le destin les fasse se croiser une fois. Douter de leurs sentiments revenait à déchirer un billet de loto gagnant et en attendre un autre pour être sûr d'être fait pour gagner. »

Silence. La métaphore faisait son œuvre. Nous avons passé la nuit à parler de tout et de rien en goûtant chaque parole, à batifoler mais sans rien de vraiment sexuel. Donc merci à Thor pour le mariage, mais merci aussi à Haruki Murakami pour la lune de miel.

Le lendemain matin, je n'étais pas complètement réveillé quand Veronika me disait au revoir. Reykjavik est une petite ville, nous devions assister aux mêmes concerts, nous nous sommes donc promis de nous revoir le soir même. J'ai passé tout l'après-midi à rêvasser. Sur ma possible épouse, sur notre relation si inattendue.

Ce soir-là, nous sommes descendus au Gaukar a Stong, l'un des plus anciens pubs d'Islande. Comme tous les soirs – du moins, à ce qu'il semblait – le mélange alcool fort, musique hallucinatoire, air pur et population charmante se saisit de moi, je me suis abandonné à l'aventure que m'offrait cette ville.

Ça a commencé au moment où je me suis commandé une autre bière. À ma droite, une voix de femme : « Vous êtes américain ? »

Je me suis retourné et ai découvert une fille : taches de rousseur, cheveux courts platine, rangers, bas déchirés, sweat-shirt noir avec en logo un éclair argenté.

La conversation est passée rapidement à des anecdotes sexuelles, elle me parlait d'une orgie à laquelle elle avait participé récemment. J'ai vite compris qu'elle cherchait moins à raconter qu'à m'exciter.

Efficace.

On en était à se rouler des pelles au bar lorsqu'une fille lui a tapoté l'épaule. Veronika.

« Je me casse, dit-elle à Taches-de-rousseur, tu viens ?

– J'arrive », répondit l'autre en récupérant son sac. Puis, s'adressant à moi : « D'habitude, elle n'est pas comme ça. Désolée. C'était quand même sympa. »

Tout s'est passé si vite, sans prévenir, que je n'ai même pas eu le temps d'expliquer quoi que ce soit à Veronika. J'ignorais qu'elle se trouvait dans le bar ; elle ignorait que je m'y trouvais. Jusqu'à ce qu'elle me voie embrasser sa copine. Alors je n'aurais sans doute rien pu lui dire de bien intéressant, si ce n'est qu'elle avait raison de penser que notre première rencontre était trop belle pour être vraie. Je l'avais déjà blessée.

Dans l'avion qui me ramène à Los Angeles, je me repasse le film dans ma tête. Je ne sais pas comment la retrouver – j'ignore si nous sommes réellement mariés. Seul souvenir tangible, j'ai un chocolat dans la poche de ma veste.

Les jours passent, les semaines, les mois, sans que j'aie de ses nouvelles. Impossible pourtant de me la sortir de la tête. Je me suis pris mon allégorie en pleine tronche : j'ai réussi à me convaincre que Veronika et moi avions vécu la petite histoire d'Haruki Murakami.

J'essaie de la localiser sur MySpace, mais il y a trop de Veronika sans photos à New York. Je contacte le photographe qui nous a présentés, mais il ignore comment la joindre. Et le fameux certificat de mariage qui n'arrive pas. Finalement, c'est plus un soulagement qu'une déception.

Je conserve le chocolat sur mon bureau, le symbole de ma culpabilité, de ma soumission à mes élans les plus bas, du fait que c'est moi, et non elle, qui ai si imprudemment déchiré le billet de loto gagnant qu'on nous avait remis.

Et puis un soir, un an plus tard, au cours d'un séjour à New York, je tombe sur elle – ma partenaire idéale. Elle est au Barramundi, dans le Lower East Side, assise à une table avec des potes.

Les mots « Mais c'est ma femme » m'échappent. La conversation s'arrête aussitôt à sa table, tout le monde se retourne vers moi.

« Mon petit mari », s'exclame Veronika, le sourire jusqu'aux oreilles.

Je me joins à eux. Nous voilà à nouveau ensemble, finalement.

Je suis sorti avec beaucoup d'autres filles depuis elle. Pour sa part, elle m'apprend qu'elle vit une relation sérieuse. Malgré ça, on s'accorde à la perfection.

« Je m'en veux, finis-je par avouer. Tu sais... d'avoir embrassé ta copine. C'était une belle connerie. Pas un jour n'a passé sans que je le regrette.

– Tu es comme les autres. » Soupir.

« Tu veux dire que mon comportement est excusable eu égard à mon sexe, ou que je t'ai déçu en ne valant pas mieux que les autres ?

– Les deux. » Elle prend une gorgée de cocktail. Vodka-canneberge. « J'aurais dû te dire que j'avais un mec quand on s'est rencontrés.

– Ta relation sérieuse ?

– Oui. Mais pas le parfait amour.

– Alors pourquoi tu ne le quittes pas ?

– Sans doute que... » Pause. Réflexion. Décision. « Sans doute que ça m'arrange. »

Une heure passe. Nous nous retrouvons chez Jen, la fille qui m'héberge. Je montre à Veronika le cadavre de poisson rouge que Jen conserve sous plastique dans son congélo. Puis, vannés et pompettes, nous nous endormons sur le canapé-lit.

Au petit matin, nous couchons ensemble pour la première fois. La perfection. Puis nous nous rendormons dans les bras l'un de l'autre.

À mon réveil, elle n'est plus là. Je cherche un mot dans le salon, la cuisine, les toilettes. Rien. Une fois de plus, je me retrouve coincé. Et j'ai dans l'idée que ça lui convient.

Le problème avec le parfait amour, c'est que parfois, il tombe mal.

Une semaine plus tard, de retour à Los Angeles, je cède à la tentation. J'ai taffé toute la nuit, il n'y a strictement rien à manger chez moi. Je défais l'emballage alu du chocolat que Thor nous avait offert en cadeau de mariage. Des lamelles de chocolat décoloré tombent par terre. Le chocolat, vieilli, se fendille, il a perdu sa forme, a viré au grisâtre. À quoi bon le conserver encore ? Il ne fera qu'attirer des fourmis.

RÈGLE N° 9

L'AMOUR EST UNE VAGUE, LA CONFIANCE SON OCÉAN

« Je vais vomir. »

Je lui demande : « C'était pas frais, ce que t'as pris hier soir ?

– Si. On a pris pareil. Ça va, toi ?

– Ça va.

– Ok. »

Cette fois c'est sûr, elle ne m'appelle pas pour un câlin. Le coup de fil cauchemar de tous les célibataires – et de plus d'un homme marié.

Je lui demande : « Ça ne serait pas une intoxication alimentaire ? »

Pas facile d'appeler un chat un chat. Trop gros impact.

« Peut-être.

– Tu veux que je t'apporte de l'Emetrol ? »

Je joue aux devinettes.

« Ce serait sympa. Merci. » Pause. Roulement de tambour. « Prends un test de grossesse, en même temps. »

Quand on sait qu'on va se prendre une baffe, elle fait encore plus mal.

Je raccroche, me brosse les dents, m'asperge la figure d'eau (une ex m'a expliqué un jour que la savonnette deux fois par jour c'est mauvais pour la peau), et attrape mes clés de voiture.

Le pire trajet qu'un homme ait à faire.

Au drugstore, je prends des biscuits apéro, des sodas et de l'Emetrol, un antinauséux. Puis je passe en revue les tests de grossesse. Le E.P.T. Pregnancy Test semble être le plus facile à utiliser. Un coup de pipi sur la tige blanche, et on attend de voir ce qui apparaît : un moins égale liberté, un plus égale servitude. J'opte pour le paquet avec deux tests. Au cas où je voudrais un deuxième avis.

À la caisse, on voit très bien ce que je suis venu chercher.

Franchement plus gênant que d'acheter des capotes. En même temps, il y a pire – genre Préparation H, ou de la vaseline avec des quilles en plastique.

La caissière en a sûrement vu d'autres.

Je fonce chez Kathy. Elle vient m'ouvrir en t-shirt et rien d'autre. Visage blême, cheveux blonds défaits, son petit corps couvert de sueur. Quelle allure. Sans blague.

Je déballe mes courses. Elle se jette sur les sodas.

Je pose mon regard sur le test, histoire de voir si elle est prête, mais Kathy l'emporte aux toilettes avec le remède. Elle préfère sûrement attendre. Ça fait trop d'un seul coup.

Elle n'en parle pas. Moi non plus. Elle m'a déjà dit cent fois qu'elle ne se résoudrait jamais à avorter. Fin du débat. Soit on l'a dans l'os, soit on ne l'a pas.

Kathy passe le plumeau dans son salon pendant que je me demande comment on est censé faire. Le mieux est sans doute d'aller aux toilettes ensemble. Je reste près d'elle, détournant poliment la tête pendant qu'elle inonde la tige. Puis on s'assied sur la lunette et on poireaute. On a le temps d'imaginer tous les scénarios qu'on veut.

Je pourrais l'épouser, je me dis. Au début de notre relation, j'ai cru que c'était la bonne. Tout le monde raconte qu'on le sait. Moi, pour la première fois, j'ai su. Je me souviens, notre deuxième rancard, je l'embrassais sur son canapé en me disant « J'aime cette fille », tout en sachant que j'allais devoir attendre au moins un mois avant de le lui avouer. Je me revois la regarder dormir et comprendre que je l'aimerai toute ma vie, malgré toutes les rides qu'elle pourra prendre.

Mais ces derniers temps, Kathy a viré jalouse. Elle ne supporte pas que je parle à d'autres nanas en soirée, même si je la présente au préalable comme ma copine. Elle ne supporte pas que je réponde à mon portable quand je suis avec elle – même en semaine, après soixante-douze heures de cohabitation non-stop, et si c'est pour le boulot. Et quand on est couchés et qu'elle me regarde dans les yeux, si j'ai le malheur de penser, une fraction de seconde, que j'ai du linge à récupérer au pressing, elle me le fait payer sur le mode « comment

oses-tu penser à autre chose qu'à moi ». Impossible de passer le restant de mes jours avec la police mentale à mes basques.

Pourvu que le test soit négatif.

Kathy allume sa télé, et insère un DVD dans le lecteur. *Sex and the City*, saison 3. Elle a vu tous les épisodes une dizaine de fois minimum. Elle en parle tout le temps.

Elle me répète sans arrêt qu'elle m'aimera toute sa vie, mais comment peut-il y avoir d'amour sans confiance ?

L'angoisse joue sur ma vessie, comme la bière, et je file aux toilettes. En me lavant les mains, l'opération terminée, je repère le test de grossesse sur une étagère. Kathy l'y a déposé, prêt à l'emploi. Trop mignon.

Je le prends pour l'examiner de plus près. Je n'en avais jamais vu auparavant. Un petit moins apparaît sur l'écran de contrôle.

Première réaction : elle n'est pas enceinte. Ooouf.

Deuxième réaction : elle a fait le test sans moi ?

Je sors des toilettes, Kathy est allongée par terre, devant sa télé, telle que je l'avais quittée. Elle mate l'épisode dans lequel Charlotte et Trey décident de faire une pause.

« Tu aurais pu me dire que c'était négatif. »

Elle me regarde, hausse les épaules : « Je ne voulais pas t'embêter. »

Puis elle se retourne vers la télé. Je sais comment l'épisode se termine. Comment tous se terminent. Charlotte et Trey rompent. Ils se remettront ensemble par la suite. Avant de casser à nouveau. Quand ça veut pas, ça veut pas.

RÈGLE N° 10

ZONE DE CONFORT, DANGER MORTEL

Premier jour

« Tes couilles vont gonfler comme des baudruches, tu vas hurler de douleur, me dit-elle.

– Mais non. Je peux le faire.

– Tu préfères pas attendre deux trois jours ?

– Ça va aller. Enlève ta culotte. »

Gina s'exécute, puis je la couche sur le canapé. Plus elle sera proche de l'orgasme, moins j'aurai de mal.

« Pas de blague, hein ? la préviens-je en la pénétrant. Quand je dis stop, tu t'arrêtes. »

Ça change tout. Je n'avais jamais eu l'esprit aussi clair pendant le sexe. Je ne cherche même pas à enregistrer la chose dans mon disque dur mental, dossier « Fantasmes ». Je suis détaché des frissons et de la passion. Les secousses s'intensifient, mon corps s'allège et se dissout.

Gina jouit par vagues lentes et profondes. Aussitôt après, elle s'agite de droite à gauche, comme si la sensation physique était insupportable et qu'elle avait besoin de quitter sa peau le temps que ça passe.

« J'ai envie de faire du surf » – ses premières paroles une fois revenue parmi nous. Deux ans qu'elle n'en avait plus eu envie, depuis que son meilleur ami s'est noyé. On dirait que Gina vient de voir le visage du Seigneur.

On n'a jamais aussi bien pris notre pied ensemble, pas de doute.

Tout ça parce que je tente l'Expérience des 30 jours.

Deuxième jour

Coup de fil de Linda : elle est en ville. On ne s'est plus parlé depuis deux mois. À croire que j'envoie un signal psychique à l'univers tout

entier, genre : « Le sexe, ces jours-ci, ça va être grave pénible pour moi ; n'hésitez pas à venir me tenter. »

Dès que nos lèvres se touchent, je bande. Mais pas comme d'habitude – il y a une urgence, un côté indépendant, je sais que ça n'ira nulle part. Linda s'en rend compte, elle aussi : « Je peux toujours faire ça », comme si c'était à cause d'elle.

Elle m'explique qu'elle ne veut pas coucher cet après-midi, et c'est tant mieux. Rien que de s'embrasser et de se frotter, mon système nerveux est prêt à craquer. Ça se complique un peu plus chaque jour.

Je lui demande de m'excuser et m'éclipse aux toilettes. Je m'asperge le visage d'eau froide, puis retourne briefer Linda sur l'Expérience des 30 jours.

Le soir même, j'appelle Kimberly. On s'était échangé des mails sur MySpace, deux semaines plus tôt. Avec sa frange noire et ses grands yeux innocents, elle me faisait penser à un tableau de Mark Ryden. Elle habite New York, on se parle la nuit. C'est toujours un plaisir. Plus j'en apprends sur elle, plus je l'apprécie. On est tous les deux fans de garage rock sixties, on aime tous les deux – chut, c'est un secret – se faire balader en caddie ; mais par-dessus tout, Kimberly est l'une des personnes les plus gentilles et authentiques que je n'aie pas encore rencontrées. Ces derniers temps, je me réveille en pensant à elle, et dans la journée, je consulte ma messagerie régulièrement, au cas où j'aurais raté un de ses sms.

Je me demandais si elle ressentait la même chose pour moi. Ce soir, je l'ai su. Après avoir raccroché, elle m'envoie un sms : « Je me caresse grave en pensant à toi. J'espère que ça ne te dérange pas que je te le dise. »

Je lui réponds que ça ne me dérange pas. Six messages plus tard, je connais sa position préférée, ses mouvements préférés, son tempo préféré. Au beau milieu de ce rapport électronique, je reçois un message de Linda : « J'ai envie de sexe. Oublie tes trente jours. Tu recommenceras demain. »

La voilà intéressée, tout à coup.

Puis Kimberly : « Mes hanches sont comme folles, ma main aussi. J'ai envie de t'avaler en même temps. Ça te gêne ? »

Puis Linda : « Chéri, je veux baiser. Rien qu'une heure. »

Ce genre de truc n'arrive jamais.

Tsunami sanguin dans mon bassin. Je vais m'évanouir.

Troisième jour

Mes potes me prennent pour un malade : « Pourquoi tu t'infliges ça ? »

Ma réponse : « Pourquoi escalade-t-on une montagne ? Pourquoi marche-t-on sur des charbons ardents ? Pourquoi lit-on *Finnegans Wake* ? »

Je m'inflige ça, avant tout, pour voir si je suis capable de le supporter.

L'idée me vient de Rivers Cuomo, chanteur et guitariste du groupe Weezer : il venait de prononcer le vœu de célibat dans le cadre d'un programme de méditation bouddhique. Traduction : abstinence des rapports ET de la masturbation. En conséquence de quoi, il m'expliquait éprouver un regain d'énergie, de créativité et de clarté d'esprit.

Sur le moment, j'ai pris la chose moins comme un conseil que comme la confirmation de sa chtarbitude. Sauf que, huit jours plus tard, Billy Corgan – des Smashing Pumpkins – me racontait qu'il interdisait à ses musiciens tout rapport sexuel ou orgasme le jour d'un concert, de sorte qu'ils puissent décharger toute leur énergie sur scène.

Enfin, la semaine dernière, lors d'un dîner, j'ai lancé le sujet et un réalisateur m'a affirmé qu'il n'avait jamais aussi bien bossé que depuis qu'il pratiquait l'abstinence.

Un de mes éditeurs me répétait tout le temps qu'une décision demande trois facteurs. Là, j'avais trois personnes, nettement plus brillantes que moi – sans compter un reste de culpabilité adolescente. L'Expérience des 30 Jours était lancée : zéro éjaculation pendant un mois.

Aujourd'hui ? Une torture. Les filles avec lesquelles je couche ou ai envie de coucher m'appellent sans arrêt. Pire, Kimberly décide de passer du sexe électronique au sexe téléphonique.

En pleine discussion sur le réalisateur russe Timur Bekmambetov, j'entends sa respiration se faire plus profonde.

Je lui demande : « Tu fais quoi, là ?

– Je me caresse à travers ma culotte. » Sa voix – sucrée, timide, joueuse – suffit à m'exciter. Dès que j'entends son « Allô ? » j'ai le barreau – il m'en faut peu, en ce moment. Mais là, c'est trop.

Au lieu de me sortir des cochonneries, elle se contente de gémir en se touchant. C'est plus sexe que la plupart des rapports téléphoniques, vu qu'on a vraiment l'impression de le faire ensemble.

J'arrive au bord du gouffre et m'arrête, puis prends de grandes inspirations. Après quoi j'y retourne. Ses gémissements sont plus forts, plus aigus, sa respiration s'emballe. J'ai trop envie d'elle. Comme si un cordon d'énergie partait de mon corps pour la rejoindre à New York. Le sexe au téléphone, ça ne m'avait jamais fait ça. Sans doute parce que je me concentrais trop sur mon propre orgasme.

Après plusieurs cycles de plaisir/frustration, j'ai découvert autre chose : le bas de mon ventre et le dedans de mes cuisses (juste au-dessus et juste au-dessous de la zone sensible) se mettent à me picoter. Une sensation de chaud et froid m'envahit à ces endroits, comme si j'y avais appliqué une crème antidouleur.

« Tu as joui ? » me demande Kimberly, son orgasme passé.

« Impossible.

– Comment donc ? »

On dirait que ça la touche.

J'hésite une seconde avant de prendre le risque de lui expliquer l'Expérience. Ça la laisse sans voix. Elle doit me prendre pour un barjot.

« Je veux que tu jouisses. J'ai l'impression de ne pas être à la hauteur.

– Tu étais géniale. On ne m'avait jamais excité autant au téléphone. »

Elle raccroche, dégoûtée. J'ai déconné avec l'ordre naturel des choses. Les femmes sont tellement habituées à ce que les mecs jouissent que, lorsque ce n'est pas le cas, quand bien même elles atteignent l'orgasme, elles ressentent un manque.

Je n'ai encore jamais rencontré cette fille et je commence déjà à détruire son estime de soi.

Deux heures plus tard, j'ai l'impression qu'on me plante des aiguilles froides dans la peau brûlante du haut de mes cuisses et du bas de mon ventre.

Quatrième jour

Douze fois douze, cent quarante-quatre.

Dix-huit fois dix-huit, trois cent vingt-quatre.

Vingt-trois fois vingt-trois, cinq cent vingt-neuf.

J'arrive à trouver le carré de tous les nombres de dix à vingt-cinq en un clin d'œil. Je suis devenu une calculette humaine. Conséquence imprévue de l'Expérience des 30 jours.

Avec Crystal, le sexe c'est pas du tout cuit. Au bout d'un moment, j'ai beau faire des carrés dans ma tête, ça ne suffit plus à endiguer le plaisir. Je lui demande de tout stopper alors qu'elle frise l'orgasme, pour la simple raison que j'en suis au même point. Ça lui plaît *très* moyennement.

« T'aimes pas jouir ou quoi ? me demande-t-elle.

– Si, j'adore. C'est de l'héroïne naturelle. Et justement, je veux voir si je peux décrocher. »

Maintenant je sais ce que ressentent les junkies. Pas une seconde ne passe sans qu'on pense au flash. Chaque cellule du corps la réclame. Plus on s'en passe, plus le désir s'intensifie, jusqu'à noyer toute autre pensée.

Je me dis que c'est aussi pour ça que je tente l'Expérience. J'ai beau avoir fréquenté quelques-uns des junkies les plus gratinés du rock, je n'ai jamais été accro à quoi que ce soit : même pas aux clopes et au café. Je pensais que ce n'était pas mon genre.

À mieux y réfléchir, je me suis rendu compte que j'étais bien accro à un truc. Aussi loin que je me rappelle, avec une nana ou par mes propres moyens, j'avais eu au moins un orgasme par jour.

Cerise sur le gâteau, en bon junkie, j'étais rongé par la culpabilité. Ado, je croyais qu'un homme avait droit à quelques milliers d'éjaculations dans toute sa vie, et je craignais de gaspiller mon stock. À la fac, chaque fois que je giclais, je me disais que je m'épuisais.

Et depuis, chaque fois que je me branle, non seulement je me sens sale, mais j'ai l'impression de perdre en charme et en désirabilité quand j'aborde des femmes par la suite.

L'Expérience des 30 jours était donc incontournable. Une nécessité. Je devais savoir si j'avais la force et la détermination de briser cette addiction – de dissiper les superstitions qui me hantent depuis la puberté.

Ça va sans dire, tout ça aurait été nettement plus facile sans le sexe. Mais en apprenant à apprécier le voyage plus que la destination, je fais des progrès au lit. Du moins, je le crois.

« Salaud. » Crystal me frappe le torse pour rigoler et descend de cheval. « J'ai pas eu le temps de finir.

– Tu ne serais pas accro à l'orgasme, par hasard ? »

Crystal, 1,80 m, est étudiante en psycho. Elle me mettait la pression pour que j'accepte d'être son mec. Quand je lui ai annoncé que mes sentiments n'étaient pas aussi forts que les siens, elle a arrêté de coucher avec moi. Pour protéger ses sentiments.

Un mois plus tard, elle changeait d'avis. « Tu es trop bon, je peux partager », m'expliqua-t-elle. La semaine suivante, je lui présentais Susanna et elle vivait son premier plan à trois. Depuis, elle a été d'accord pour tout essayer au moins une fois.

« Parle-moi de ton histoire d'orgasme, là, que je comprenne ce que tu cherches à faire », me demande-t-elle alors que je sors une bouteille d'eau du frigo. Autre avantage de l'Expérience, je ne m'endors plus après le sexe. Ça me regonfle plutôt que de me crever.

J'explique donc le principe de l'Expérience à Crystal. Elle réfléchit trente secondes puis me demande : « Ça marche aussi pour les filles ? »

Cinquième jour

Petit à petit, Kimberly remplace la branlette, dans ma vie. Chaque jour, j'attends nos conversations nocturnes avec un peu plus d'impatience. Ce soir, elle m'avoue ses sentiments, ça ne m'effraie pas. « J'ai envie de te connaître à fond, me dit-elle. Je veux être capable de dire que telle photo, telle chemise, telle brosse à dents est à

toi rien qu'en la voyant. Je tiens réellement à toi. Ce que tu vis, ce que tu ressens, ça compte pour moi. »

Je lui annonce alors que je dois intervenir lors d'un séminaire à New York dans six jours, et que je resterai un peu plus, qu'on puisse se voir plus longtemps. On imagine notre première nuit dans les moindres détails, et Kimberly finit par hurler mon nom. Ce cri me touche plus profondément que la plus belle symphonie, l'oiseau le plus émouvant ou le ronronnement de mon disque dur qui charge.

Mais ensuite, j'atteins un nouveau palier de malaise. Le triangle de chair au-dessus de ma queue me fait mal. Pour chier, c'est la galère : dès que je contracte mes muscles, je me paye des coups de poignards au-dessus des parties. La peau y a l'air gonflé. En même temps, je ne regarde pas tout le temps, c'est peut-être normal.

Cette fois c'est clair, je m'y prends mal. Dans *Mastering Your Hidden Self* – un de mes livres d'amélioration personnelle préférés –, l'auteur, Serge Kahili King, nous apprend que la volonté seule ne suffit pas à vous faire perdre une habitude. Quand on cesse de faire quelque chose, affirme-t-il, on crée un vide subconscient. Vide qui doit être comblé par une nouvelle activité. Voilà pourquoi les gens qui arrêtent de fumer passent au chewing-gum.

Mais je vois mal comment un chewing-gum pourrait me débarrasser de mes douleurs et du sentiment d'urgence. Ma nouvelle habitude devra être quelque chose de plus physique, du genre à soulager la douleur : me baigner les parties dans de la crème fraîche, par exemple.

Je me laisse aller au sommeil, en rêvant de pollution nocturne. Ça ne m'est jamais arrivé, sans doute à cause de mes branlettes à répétition. Là-dessus, le téléphone sonne.

« Je veux le faire avec toi. » – Crystal.

« Là, tout de suite ? » répliqué-je, totalement paniqué, pour la première fois de ma vie, par la perspective d'un SOS sexuel.

« T'es bête. L'Expérience des 30 jours, je veux la faire avec toi. »

Une partenaire de retenue, cool. Je lui explique que je cherche une habitude de remplacement, et on se décide pour quelque chose de constructif : le sport.

Conclusion, ces vingt-cinq prochains jours, chaque fois que je serai excité, au lieu de me branler, je ferai des pompes. Et je maîtriserai mon moi caché.

Sixième jour

Tout m'excite. Tout le monde m'excite. L'expression « pervers polymorphe » me revient à l'esprit pour la première fois depuis la fac.

Je passe vingt minutes à chercher dans le répertoire de mon portable des numéros de nanas que je trouve moyennement belles. Grosse envie de leur envoyer des textos cochons, qu'elles rappliquent chez moi.

À plat ventre, trente pompes. Le sang recommence à irriguer tout mon corps au lieu de se concentrer au même endroit.

Quelques heures plus tard, je regarde *South Park* sur Comedy Central et tombe sur une pub pour *Girls Gone Wild*. Premier stimulus vaguement pornographique depuis le début de l'Expérience. Vu l'état d'affaiblissement dans lequel je me trouve, ce montage de nibards censurés et de filles en tenue de collégienne me fait l'effet d'être le plus grand film de divertissement jamais produit par notre culture.

Je me repasse la pub, avec arrêts sur image sur les plus beaux spécimens. Glissant une main sous ma ceinture, je reçois l'illumination : si je me caresse sans éjaculer, je ne me sens ni coupable ni sale. Conclusion : ce n'est pas la masturbation qui me faisait culpabiliser, mais l'éjaculation. Ça se tient carrément. L'idée du caractère sacré du sperme nous est inculquée très tôt, on la retrouve dans la Bible comme chez les Monty Pythons. Au IIe siècle, le philosophe Clément d'Alexandrie mettait en garde les candidats à l'onanisme en ces termes : « De par son institution divine pour la propagation de l'homme, la semence ne doit être éjaculée en vain, ni abîmée, ni perdue. »

Je ne suis donc pas fou : si je gaspille des litres de sperme, je mets en péril l'avenir de mon espèce. Ou j'y contribue. Selon à qui vous demandez.

Trente pompes.

Retour de *South Park* : ouf. Les gamins sont en voiture avec la mère de Cartman, qui la traite de traînée, de putain.

Je la regarde, dessinée toute en ronds et en rectangles, et je me dis que j'adorerais me la faire.

Une main sur mon pantalon. Je dois perdre les pédales : je fantasme sur la mère de Cartman, ou du moins sur le type démographique de *desperate housewife* qu'elle représente.

Trente pompes. Dans deux semaines, je suis Schwarzy.

Coup de fil de Kimberly. Elle a bu. Je lui manque. Elle me manque aussi, même si on ne s'est jamais vus. On se fait une séance de sexe par téléphone jusqu'à ce que, tous mes nerfs tendus, je sois sur le point d'exploser. Je m'imagine me retirer d'elle et éjaculer sur son corps comme un tube de dentifrice frappé par un marteau.

Désolé pour la comparaison. Mais à trop tirer sur la corde, il faut bien que mon corps se venge.

Nouvelles pompes. Jusqu'à plus de forces.

Ça ne peut pas durer.

Si ça se trouve, il faut autre chose que de nouvelles habitudes. L'Expérience se base peut-être sur une mauvaise interprétation de la sagesse de Rivers Cuomo. Qui sait, la bascule d'énergie magique provient peut-être de l'absence de désir, plutôt que de l'absence d'éjaculation. Après tout, c'est ce que recommandent les plus hautes autorités spirituelles. Pour paraphraser le Bouddha, le désir entraîne la souffrance. Et là, je souffre, pas de doute. Quand je pense que je n'en suis qu'au sixième jour...

Septième jour

Crystal m'appelle pour un compte rendu sur sa première journée. Contrairement à moi, elle y a mis du zèle. Grâce à Google, elle a découvert un pilier spirituel de l'Expérience que j'avais complètement négligé – plus par paresse que par ignorance.

« Tu te retiens, c'est pas sain, commence-t-elle.

– À qui le dis-tu ? Rien que de m'asseoir ça me fait mal. J'ai trop peur de choper le cancer de la prostate, un truc dans le genre.

– Tiens, tu vois ? Tu es censé en retirer de l'énergie, pas la retenir en toi.

– Et tu y arrives comment ?

– Il te faut une partenaire. »

Là-dessus, Crystal me maile des liens vers des sites taoïstes et tantriques où je trouve des renseignements sur des gourous du sexe. Des gens comme Mantak Chia, Stephen Chang et Alice Bunker Stockham. Ma recherche sur Stockham m'apprend une nouvelle expression, *coitus reservatus* : le sexe sans éjaculation. Avec Mantak Chia, je découvre qu'il est possible d'avoir un orgasme sans éjaculer. Enfin, Stephen Chang m'initie à l'exercice du cerf, basé sur l'observation par les moines taoïstes du comportement de cet animal : sa façon d'agiter sa queue pour faire travailler les muscles de sa croupe. Ce rituel est censé diffuser la semence à d'autres parties de son corps. Je m'y mets sans tarder.

Assis sur le trône, mon portable allumé à mes pieds, je suis les instructions : je me frotte les mains pour générer de la chaleur ; puis je prends mes boules d'une main tandis que je pose l'autre juste au-dessous de mon nombril et décris de petits cercles. Puis je change de mains et recommence. Allez savoir pourquoi, je vois mal un cerf en faire autant.

Suite de l'exercice : je contracte mes fessiers, comme si j'inspirais par l'anus et retenais l'air. Puis je me détends, et je reprends. Comme des pompes, mais avec les fesses.

La douleur persiste, teintée de gêne à présent. Plutôt me faire surprendre en pleine branlette que dans cette situation.

Avant de me coucher, j'appelle Kimberly pour tenter la méthode de Mantak Chia – l'orgasme sans éjaculation – dans l'espoir d'y trouver un peu de soulagement.

Mais lorsque ma partenaire sort un gode de son chevet et me décrit ses moindres gestes en détail, c'est *too much*. J'appuie sur mon périnée, comprime mon pubo-coccygien, et fais trois pompes fessières. Ça ne fait que contenir la crue. Pas d'orgasme sec pour autant.

« Oh mon Dieu quel pied, s'extasie Kimberly. Et toi ?

– C'est trop tôt. » Tout ça n'aura servi qu'à décupler la douleur. Je suis maso ou quoi ?

Silence au bout du fil. Silence gêné.

« Je vais te dire, interviens-je. Dans quatre jours, je suis à New York, on se voit, et là je vais éjaculer. Ce sera formidable de clore cette expérience avec toi.

– Et ton histoire de trente jours ? » demande-t-elle, plus soulagée qu'intéressée.

Aux chiottes, les trente jours. Je vais foirer cette expérience au profit de ce qui pourrait bien être de l'amour. En fait, la première excuse sera la bonne.

Huitième jour

J'en suis à tenter un nouvel exercice à la con proposé par Crystal – la méditation de la paille, qui consiste à imaginer que l'énergie orgasmique est aspirée par le crâne via la colonne vertébrale – lorsque je me mets à repenser à la nuit où j'ai appris à me masturber.

C'était pendant une sortie nature, dans le Wisconsin. Pour une raison qui m'échappe et que je ne comprendrai jamais, deux frimeurs qui partageaient notre chalet avaient décidé de nous montrer comment se branler.

J'occupais la couchette du haut. Alan, lui, était allé faucher de la mousse à raser chez nos accompagnateurs. Il s'est installé au centre de la pièce, en chemise bleue et slip blanc cradingue. On aurait dit qu'il préparait un one-man show. Puis il s'est adressé aux neuf autres jeunes ado du chalet Axeman 2.

« Vous vous en étalez dans la main. Et puis vous faites comme ça. » Alors il a fourré son poing dans son slip et commencé la démo. Matt, son fidèle disciple, est descendu de sa couchette, s'est servi une noix de mousse puis a imité son maître.

À l'époque, on ne savait pas encore que la masturbation était une activité intime, qu'on s'exposait aux pires moqueries et à l'ostracisme en la pratiquant en public. Dans mon cerveau d'alors, c'était une activité de groupe comme une autre – un genre de tir à l'arc ou de course d'orientation.

Hank, l'efféminé chétif de la bande, a ensuite distribué de la crème à tout le monde. Et tout le monde s'est activé.

Quand j'y repense, on avait bien l'air cons. Et dire que certains veulent retrouver leur innocence : l'innocence n'existe pas. L'igno-

rance, par contre... Et le sort des ignorants n'a rien d'enviable : ils sont les dindons d'une farce dont ils n'ont pas conscience.

Je n'ai ni éjaculé ni éprouvé beaucoup de plaisir. Je ne me souviens pas de ce qu'il en a été pour les autres. Par contre, Alan affirmait que c'était le but du jeu. Une course, quoi. Quelques temps après cette sortie, Hank a gagné. Dans une lettre, il m'écrivait, tout excité, qu'il s'était branlé et que « quelques gouttes de sperme sont même sorties ».

Près d'un an plus tard, dans mon lit, je me suis mis à me caresser. Je repensais à une histoire qu'un pote m'avait racontée : il était allé au ciné avec une nana de l'école, et elle l'avait branlé. Je lui avais demandé tous les détails : à l'époque, je n'avais encore jamais embrassé de fille, loin de là.

Ce soir-là, donc, en me caressant, j'imaginais que c'est moi qui me faisais branler au ciné. Et bientôt, la pression à commencé à monter, j'ai senti que je me déconnectais de la réalité. J'avais le souffle coupé, le corps comme pris de rigidité cadavérique, et puis d'un coup c'est venu. Une petite mare s'échappant du bout. J'ai allumé délicatement la lumière, pour ne pas tout salir. Puis j'ai examiné la chose. D'après la description de Hank, je m'attendais à un truc plus clair, comme des gouttes d'eau. En fait, j'avais sur le ventre une petite flaque visqueuse troublée de tourbillons blanchâtres et de quelques transparences.

En écrivant ces lignes, je me rends compte que mon grand fantasme (m'éclater dans des lieux publics – boîte de nuit, cinéma, soirée – où personne ne voit ce qui se passe) me vient de l'image qu'il me reste de mon premier orgasme.

« Viens, faut que tu voies ça », avais-je dit à mon petit frère (neuf ans), le lendemain. « Suis-moi. »

On s'est retrouvés dans les toilettes. Je suis monté sur la cuvette, j'ai baissé mon caleçon puis, en projetant bien mes hanches en avant pour ne pas rater le lavabo, je me suis mis au boulot.

Mis à part la sueur et les larmes, j'ignorais que mon corps pouvait produire autre chose que des déchets. J'étais fier. J'étais un adulte, à présent.

Neuvième jour

Je me réveille auprès de Gina. Elle est passée chez moi après le boulot, pour un petit câlin. Sauf qu'il était 3 h du mat – elle est barmaid – et que, non content d'être crevé, je n'éprouvais aucun désir. Elle l'a pris pour elle.

« C'est fini pour toi, pas vrai ? me demande Gina.

– De quoi tu parles ? » Je sais parfaitement de quoi elle parle. En plus de ma tentative de restriction du désir, depuis que je « discute » avec Kimberly, je me suis fait plus distant. « C'est parce qu'on n'a pas couché ? Dans vingt-et-un jours tout redeviendra normal.

– C'est pas ça. Je t'aime, mais il faut que j'arrive à m'aimer suffisamment pour comprendre que tu n'en as pas envie. »

Au-dessus de mon lit, j'ai accroché un petit tableau qu'elle m'avait fait quand tout allait mieux. Elle le décroche, le pose sur ses genoux. Je la regarde. Elle est assise dans le lit. Les mains tremblantes, elle essaie de retirer la toile du cadre. Les attaches sont trop petites et rétives pour ses mains nerveuses.

Gina finit par décoincer les attaches et retirer l'arrière du cadre. Mais au lieu d'en extraire son œuvre, elle déchire le papier noir collé contre le fond. Dessous se trouve un petit mot qu'elle avait écrit. Je l'ignorais. Elle me jette le fond de tableau sur le torse, puis sort de chez moi. Je lis :

« Tu feras un mari formidable, le jour où tu seras prêt, et où tu auras trouvé celle qu'il te faut. Tu feras un père génial pour des bébés-Neil tout mignons et intelligents. Tu vas me faire du mal. Mais je t'aimerai toujours. »

J'ai comme la figure qui gonfle, les yeux et le nez qui s'échauffent et rougissent, puis, tout à coup, des larmes.

Elle va me manquer. Je la respecterai toute ma vie : le coup du cadre est l'œuvre d'une Virtuose de la Rupture.

Dixième jour

Demain, je vais enfin rencontrer Kimberly. Alors que mes autres relations ont capoté, Kimberly m'est restée fidèle. J'ai l'impression qu'on se connaît déjà, qu'on a déjà couché ensemble, qu'on s'est déjà

baladés l'un l'autre dans un caddie. Des fois, je crois même que je l'aime, mais il ne s'agit que d'un mélange d'attirance, d'obsession et de curiosité, je le sais bien. Je suis persuadé qu'elle éprouve la même chose à mon sujet.

Enfin, jusqu'à ce coup de fil. Elle m'apprend qu'elle doit se rendre à Miami de toute urgence, un boulot d'assistante de production, et qu'on ne pourra pas se voir à New York.

« Je n'ai pas le choix », précise-t-elle. Elle a un petit accent d'hostilité et d'autodéfense que je ne lui connaissais pas. « J'ai besoin de ce fric. Il doit me rester dans les treize dollars sur mon compte, là. »

Merde. J'ai fait une telle fixette sur notre rencontre que je ne me vois pas à New York sans elle. Je commence à le lui expliquer.

« Attends, me coupe-t-elle. Je suis coincée.

– Je suis pas vexé », dis-je, vexé. « C'est juste que je ne m'y attendais pas. Pas la fin du monde non plus. Je peux faire un crochet par Miami en quittant New York.

– Je vais peut-être devoir disparaître quatre ou cinq jours. » Sa colère passe aux larmes. « Il faut que je réfléchisse à nous. »

Plus on se parle, plus elle est dans l'émotion. Plus elle est dans l'émotion, plus elle s'éloigne de moi. « Je résume, tu ne viens pas me voir à New York et tu ne peux rien prévoir pour Miami, c'est ça ? » J'ai l'impression qu'elle m'a écrasé une cigarette sur le cœur. « J'ai besoin de savoir qu'on va se voir.

– Tu me fais pleurer. » Elle hurle, à présent. Il est question d'émotions, là ; la logique est hors-jeu, ma colère contreproductive. Il ne reste plus en moi que frustration, paranoïa et dégoût dans chaque cellule de mon corps. Mon corps qui attendait la fin de l'Expérience des 30 jours pour demain, et le début d'un conte de fées.

« Si tu as besoin de prendre du recul, insisté-je, dis-moi quand on pourra se voir, que j'aie un but. Autrement, tout ça n'aura été qu'une relation fantasmée.

– Fantasmée ? » Mauvaise pioche, encore. « J'avais grave envie de toi et tu le sais parfaitement. Je voulais être ta copine. » Elle s'interrompt, en sanglots, puis frappe mon point faible. « C'est pas de ma faute. C'est pas moi qui suis impuissante au téléphone. »

Pour conclure sur une note plus positive, après avoir raccroché, je m'effondre par terre et m'aperçois de ceci : je n'ai pas eu mal aux couilles de toute la journée. Le plus dur est sûrement derrière moi.

Onzième jour

Le lendemain après-midi, je me retrouve dans un taxi, direction l'aéroport de LA où m'attend un vol pour New York. À la même heure, Kimberly fait route vers l'aéroport JFK où l'attend son vol pour Miami. Ni elle ni moi n'avons dormi. On a passé la nuit à se chamailler, à exposer à l'autre nos pires défauts. Et là, nous nous envoyons les plus atroces textos d'adieu au monde : « Sois heureux/heureuse dans la vie. »

Dans l'avion, je suis en vrac. Pas dormi, pas rasé, le teint blême. Je passe l'intégralité du vol la tête entre les mains, à me rejouer notre conversation de la veille. Je regrette les conneries que j'ai proférées et me demande dans quelle mesure Kimberly n'a pas fait exprès de saboter notre relation. Elle a peut-être peur qu'on se voie, peur de me décevoir ou peur que je la laisse tomber. Peut-être n'a-t-elle jamais eu l'intention de me retrouver à New York parce qu'elle a un copain à Miami, ou qu'elle ne couche que par téléphone, ou qu'elle a triché sur MySpace et ressemble à une nageuse est-allemande.

Aucune de ces hypothèses ne soulage ma peine. J'ignorais que j'éprouverais tout ça pour une fille sans avoir fait sa connaissance.

Un grand lit vide emplit ma chambre d'hôtel comme une accusation. J'avais passé tant de nuits à m'imaginer là, avec Kimberly, découvrant nos corps nus, réalisant tous nos fantasmes téléphoniques, puis nous réfugiant sous les draps pour discuter jusqu'à s'endormir dans les bras l'un de l'autre. Je me sens con de lui avoir fait confiance, d'être tombé amoureux d'elle, d'avoir passé toutes ces heures au téléphone à bâtir avec elle un avenir dont elle savait qu'il n'existerait jamais. Et dans le même temps, je me demande si ma fixette sur elle n'a pas été la conséquence de l'Expérience des 30 jours : une addiction en remplaçant une autre.

Je décide de me rendre à l'Amalia, son bar préféré, pour y

rencontrer une fille qui lui ressemble. Au lieu de quoi, je fais la connaissance de Lucy, une jeune Brésilienne bien potelée, un cheveu sur la langue, vêtue d'une robe (trop !) moulante, et qui se moque pas mal du garage rock et des caddies.

Elle me colle aux basques, me tripote à la moindre occasion. Du coup, sans me soucier de ce qu'elle en pensera, je lui sors : « On devrait se ramener une de ces nanas-là. »

Présomptueux au possible. Je me prépare à ce qu'elle rétorque : « Où t'as vu que je rentrais avec toi, ce soir ? »

Mais en fait, elle réplique : « Pourquoi pas cinq, plutôt ?

– Laquelle tu préfères ? »

Elle m'indique une grande perche toute fragile, teint pâle, longs cheveux auburn, grand sourire plein de dents.

Deux heures plus tard, mon lit affiche complet. Lucy nous passe un clip de Shakira sur mon ordi. Puis elle se lève, suit les paroles en zozotant, et bouge ses hanches en douceur. La grande gigue – Mary, actrice off-Broadway – est à plat ventre sur le lit, elle observe. Le spectacle terminé, elle s'est retournée, on s'embrasse.

Elle frissonne dès que je lui mordille le cou et se laisse un peu plus aller chaque fois. Si bien qu'elle finit par me dire : « J'ai envie de voir ta queue. »

Tant d'audace me désarçonne. On la dirait moins excitée que partie dans un trip jeu de rôles.

« À poil, ordonne-t-elle. Fais-moi voir. »

Pris au jeu, je me retrouve bientôt tout nu. Lucy et Mary ont gardé leurs habits. Sans les miens, sans vrai désir, je me sens mal à l'aise. Kimberly me manque.

« Branle-toi entre ses seins. »

Ça aide, quand on a un truc à faire. Lucy nous rejoint sur le lit et retire sa robe. Je la chevauche, place mon membre entre ses nichons, les serre bien fort, puis me mets à coulisser. Tout sauf sexy.

« Ça me plaît, commente Mary. Je veux te voir gicler sur elle. »

À ces mots, je perds le peu d'excitation que j'avais :

« Faut que je vous dise... »

Les filles se crispent, imaginant le pire.

« Non, c'est pas ça. »

Une fois que je leur ai expliqué l'Expérience, on se remet à batifoler. Mais le cœur n'y est plus. Mary finit par se rhabiller et partir. Lucy s'endort tandis que je m'occupe de son cas.

Le pire plan à trois de toute ma vie – mais je m'en fous. J'ai dépassé le stade du désir. Pas celui de la solitude.

En consultant ma messagerie, je tombe sur un texto de Kimberly. Mon cœur se serre. Je ressens de l'excitation, de l'angoisse, de la curiosité, de la peur et, en découvrant le message – « On peut parler ? » – du soulagement.

Prenant bien soin de ne pas réveiller Lucy, toujours à poil, bras et jambes écartés, sur les draps, j'enfile un jeans, un t-shirt et sors de la chambre en douce. Il y a une petite lucarne, près des ascenseurs, je m'y installe pour appeler Kimberly.

« Salut », dit-elle. J'adore sa voix. C'est le son de la gravité m'aspirant dans son monde. Je croyais ne plus jamais l'entendre.

« Ça m'a fait plaisir, ton texto. » Je voudrais lui dire que je la veux auprès de moi, mais je connais sa réaction. « Excuse-moi d'avoir réagi comme ça. J'avais tellement envie qu'on se voie.

– Moi aussi. J'étais certaine qu'on se retrouverait, vraiment unis, tu vois. Mais la nuit dernière a tout changé. J'ai vu une autre facette de ta personnalité.

– Je comprends. Notre relation est allée aussi loin que possible au téléphone. Après, ça ne pouvait que décroître. »

On passe une heure à essayer de retrouver notre relation passée. Et ça marche. « J'aimerais être près de toi, là », murmure-t-elle.

Quelques minutes plus tard, je m'empoigne à travers mon jeans. « Je t'imagine me giclant à la face. Tu me tires les cheveux et tu me la fourres dans la bouche, à fond. Et puis tu me doigtes par-derrière. »

Physiquement, ça paraît compliqué, mais j'ai l'impression de redevenir l'ado de treize ans qui chipait les *Penthouse* de son père pour lire le courrier des lecteurs. Je déboutonne mon jeans et passe une main sous mon caleçon.

J'imagine la nuit telle qu'elle aurait dû se dérouler. Kimberly dans ma chambre d'hôtel, son corps pâle sur les draps froissés, ses lèvres gonflées, son menton rougi par nos baisers, ses cuisses humides...

L'ascenseur ronronne, des gens rigolent. Je ne m'arrête pas. Je ne suis qu'à moitié caché. La pression monte, je me déconnecte de la réalité. *Cuisses humides...* C'est la nuit où tout aurait dû s'achever, la nuit du dentifrice et du marteau. *Ses cuisses humides...*

Je m'abaisse en elle. Je pourrais m'arrêter. Je devrais m'arrêter. Je ne peux m'arrêter. Elle jouit. Je jouis.

J'observe la giclée. Ce n'est pas le geyser auquel je m'attendais et que, d'un certain point de vue, j'espérais. Juste ça sort et va former une gigantesque mare, comme ma toute première fois – sauf que, cette fois, au lieu de fantasmer sur un lieu public, je me *trouve* dans un lieu public.

Une immense vague d'apaisement se répand à toutes mes terminaisons nerveuses, mes yeux s'emplissent de larmes de joie, et un feu d'artifice immaculé éclate sous mon crâne.

« Tu as joui ? me demande Kimberly.

– Oui. » Je culpabilise déjà : moins de m'être masturbé que de ne pas avoir tenu plus de onze jours.

« Je n'en reviens pas qu'il m'ait fallu tout ce temps. » Elle s'interrompt, je l'entends inspirer. La cigarette post-sexe par téléphone. « Tu me fichais un complexe. Je me disais : j'assure pas. J'excite pas ce mec alors qu'il me donne tant d'orgasmes. »

Je suppose qu'elle avait besoin d'une fin. Et moi aussi. On avait construit toute une relation au téléphone : rencontre, coup de foudre, sexe, dispute, rupture – le tout sans jamais se rencontrer. Ce soir, c'était juste pour se rabibocher.

De toute évidence, on ne se verra jamais. Comme l'idée même de rester trente jours sans éjaculer, notre relation n'était qu'un doux rêve.

Avant d'aller au lit, j'appelle Crystal, à Los Angeles. Son Expérience se passe très bien : aucune douleur, aucune angoisse, aucun fantasme sur un personnage de dessin animé. C'est le privilège de l'autre sexe, celui qui souffre plus souvent après l'orgasme qu'avant.

Je lui parle de ce que l'Expérience m'a apporté de positif. J'étais moins fatigué le jour, j'ai sans doute séduit plus de nanas, et j'ai économisé pas mal de kleenex. Puis j'évoque le négatif : mon échec.

Tandis qu'elle tente de me consoler, je me rends compte que j'ai tout fait pour échouer. J'ai commencé un régime, mais suis allé au restau tous les jours.

Les bouddhistes ont raison. C'est le désir qui me mène. Je passe le plus clair de mon temps à m'y adonner. Quand je ne couche pas, je drague. Quand je ne drague pas, je fantasme. Dans ma tête, je me suis tapé des dizaines de milliers de nanas. Maintenant que l'Expérience est terminée, elles vont revenir. Toutes. La parade des innocentes. L'étudiante qui se tortille dans les allées de la supérette. La secrétaire qui pose au carrefour quand je passe. La fêtarde dans une baignoire dans une émission de télé-réalité. Les folasses déchaînées. La mère de Cartman. Kimberly. Si je ne peux pas me les faire pour de vrai, ce sera par la pensée.

Je suis accro.

Je suis un homme.

RÈGLE N° 11

ON NE GAGNE JAMAIS TOUT SEUL

I

L'amour est une prison de velours.

J'ai cette pensée tandis que Dana s'allonge sur moi. Ses yeux brillent, ses lèvres sourient juste ce qu'il faut. Elle n'est même pas obligée de le dire, mais :

« Je t'aime. »

Je sens les barreaux se planter autour de moi. Ils sont en velours. Physiquement, je peux m'échapper ; émotionnellement, je n'en ai pas la force. Ce velours est plus épais que du fer. Contre du fer, au moins, j'aurais pu me cogner la tête.

Dana me regarde, elle attend une réponse. Je suis incapable de la lui donner. Je lutte pour garder les yeux ouverts. J'ai envie de dormir. Ses émotions pèsent sur moi. Un mauvais regard, un mauvais mot, un mauvais geste suffiraient à la blesser profondément.

Elle est nue, ses yeux cherchent quelque chose dans mon regard. Si elle n'y trouve pas l'amour, il lui restera l'espoir. Et donc, je suis fait. Dans cette prison de velours.

II

« Qu'une de tes pétasses s'avise encore d'appeler et de me raccrocher au nez, je la bute. »

Jill l'avait mauvaise.

« De quoi tu parles ? » Je ne savais jamais dans quel état j'allais la retrouver. « Qui t'a fait quoi, là ?

– Une de tes putains. Elle a appelé. Soi-disant un faux numéro. Et elle a raccroché.

– Tu ne t'es pas dit que ça pouvait *vraiment* être un faux numéro ?

– Tu parles ! Elle savait que c'était moi, cette pute ! »

Alors je suis sorti, j'ai sauté dans ma voiture et je suis parti bouffer des kilomètres sur la Pacific Coast Highway. Jill, je l'avais déjà vue entrer dans une rage pareille à propos des salopes et des putains avec qui j'avais pu coucher. À en avoir l'écume aux lèvres. Je devais reprendre le contrôle de ma vie.

J'avais pour habitude de raconter aux nanas que, si les relations étaient un entonnoir, je voudrais vivre avec une fille qui fasse le voyage avec moi jusqu'à la partie évasée. C'est durant cette balade sur la PCH que j'ai compris mon erreur : les entonnoirs ne vont que dans un sens, vers le bas.

III

Roger, on le sent venir trois rues à l'avance. D'ailleurs, il dort dans la rue, à Waltham (Massachussetts), et passe ses journées à engueuler les lampadaires. Des gens s'occupent de lui – le personnel d'une bibliothèque. Ils m'ont raconté qu'il avait failli devenir joueur de base-ball professionnel, au début des années 1970. Sauf qu'un jour, un crétin lui a versé de l'acide dans sa bière, pour déconner, et Roger ne s'en est jamais remis.

Roky, lui, a signé un demi-tube à la fin des sixties. Arrêté en possession d'un joint, il a plaidé la démence pour éviter la prison. Conséquence, il s'est retrouvé en institution, où des années d'électrochocs et de Thorazine lui ont sabordé l'esprit. En 1981, il a déclaré par écrit et sous serment qu'un martien possédait son corps. À quarante-quatre ans, réduit à l'état d'épave mentale et physique, il a été placé sous la tutelle de son frère cadet.

Ma grand-mère a eu une attaque quand elle avait dans les soixante-dix ans. Par la suite, elle a régressé jusqu'à l'âge de trente-deux ans. Elle ne reconnaissait plus ni mon frère ni moi, et passait ses journées à attendre que sa mère l'appelle de l'hôpital. Sa mère était morte à l'hôpital quarante ans plus tôt.

Le fil qui nous relie à la réalité n'est pas épais. Ma plus grande peur, c'est qu'un jour il se casse et que je finisse comme Roger, comme Roky ou comme ma grand-mère.

Parce que, contrairement à eux, personne ne viendra prendre soin de moi.

POSTFACE

« Plutôt cynique, la fin, tu ne trouves pas ?

– Je ne dirais pas cynique, non. Triste, peut-être. Ou paniquée.

– Vu comment tu t'es comporté avec toutes ces filles, tu ne voudrais pas, en plus, que j'aie de la peine pour toi, si ?

– Non, non, t'inquiète, surtout pas venant de toi. »

Les années avaient passé, le décor restait le même. Le producteur, son domestique, son chien – personne ne semblait avoir changé. Le producteur était un homme pétri d'habitudes, dont l'une consistait à repérer les incohérences de mes pensées.

« Donc c'est juste toi qui t'apitoies sur ton sort ?

– Ça tourne plus autour de la confusion. J'ai écrit ces histoires après l'échec de deux relations. Par la suite, j'ai parlé avec des centaines d'hommes et de femmes mariés qui se sentaient malheureux ou coincés. Je cherche juste à prendre les bonnes décisions.

– Je vois. » Le manuscrit de mon livre trônait sur une couverture posée sur ses genoux, comme un dessin inoffensif réalisé par un gamin. « Pourquoi elles ont foiré, tes dernières relations ?

– Sans doute parce que les filles ont adopté des comportements qui m'ont amené à douter de la possibilité d'une relation durable avec elles.

– Et je suppose que tu n'avais rien à voir avec le développement de ces comportements. »

Je l'avais ramené à sa supériorité morale.

« Bien sûr que si. Toujours pareil, on est deux.

– Et depuis, tu as décidé de demeurer seul et malheureux toute ta vie ?

– Je me suis vraiment démené pour que ces relations marchent.

– Explique-moi un peu.

– J'ai été honnête. Fidèle. J'ai rompu avec toutes les autres filles

que je voyais. Je n'ai jamais menti, ni flirté, ni fait quoi que ce soit dans leur dos.

– Et c'est comme ça qu'on réussit une relation ? En ne sortant pas avec d'autres filles ? Autant dire qu'on apprend à nager en entrant dans l'eau. Que c'est donné. » Le soleil plongeait dans l'océan, derrière sa fenêtre panoramique. « Tu ne t'es jamais demandé pourquoi tu ne te donnais pas vraiment à fond ?

– Comment ça ? » Son domestique déposa un bol de cerises devant lui, puis alluma un bâton d'encens Nag Champa. Je filais droit vers un piège.

« Tu as travaillé très dur pour apprendre la séduction. Tu as lu tout ce qu'il y avait à lire, tu as rencontré les experts du monde entier, tu as passé des années à faire d'innombrables approches pour parfaire ton art.

– Je crois que je vois où tu veux en venir.

– Ah, vraiment ?

– Oui. Je devrais peut-être apprendre à bâtir une relation de la même façon que j'ai appris la séduction. »

D'un geste à la fois lent et triomphal, il prit une cerise. « Au bout du compte, tu vas devoir faire un choix, à un moment donné. Veux-tu trouver une femme avec laquelle passer le restant de tes jours et fonder une famille ? Ou préfères-tu continuer à laisser libre cours à des envies, collectionner les aventures sexuelles et les relations plus ou moins longues tant que tu le pourras ?

– Tu appelles ça un choix ? »

Il s'est envoyé la cerise, puis s'est rassis, content de lui. Les premiers temps, je croyais que ses mouvements lents et son calme exagéré étaient une pose, un signe de spiritualité en toc. Mais depuis, j'ai appris à envier sa tranquillité d'esprit.

« Admettons que je choisisse quelqu'un avec qui passer le restant de mes jours, repris-je. D'après toi, il faudrait que j'envisage notre relation comme un projet et que je consacre la même énergie que je déployais autrefois pour draguer les filles pour mener ce projet à bien.

– Oui.

– Oui et... ? » Il me cachait quelque chose.

« Et le défi consiste à trouver une partenaire à aimer, qui non seulement t'aimera en retour, mais sera prête à collaborer avec toi dans ce projet de vie.

– Plus facile à dire qu'à faire. Comment on sait que c'est la bonne partenaire ?

– Quand tu es avec quelqu'un dont tu te rapproches un peu plus chaque jour au lieu de t'éloigner. Beaucoup de gens commettent l'erreur d'essayer de défendre des principes dans leurs relations. Moi, je vise le bonheur à long terme. Je fais donc des choix qui ne mettent pas ce but en péril. Même si je dois, pour cela, renoncer à une part de liberté.

– Flippant, dis donc. »

Il gagnait, ça me faisait chier. Ça me saoulait que la solution passe par le mot « collaboration ». Ça me gavait de devoir prendre une décision me coupant d'autres possibilités et d'autres expériences.

« Ou excitant. Comme pour tout apprentissage, ce sera difficile, tu rencontreras des obstacles, mais tu finiras par le maîtriser. Et alors tu découvriras une force et une assurance que dix mille ans de coups d'un soir et de plans à trois ne sauront te donner.

– Peut-être, mais il reste un problème. » Il m'écoutait très attentivement. La résolution de problème, c'était sa spécialité. « Qu'est-ce qui se passe si, au bout de quelques années de couple, j'entends l'appel de la nature et j'ai envie de coucher avec une nouvelle partenaire ? Comment je contrôle tout ça ? Comment je fais pour ne pas haïr ma partenaire parce qu'elle me prive de toute nouvelle expérience ?

– Déjà, commença-t-il patiemment, tu envisages les conséquences que cela aura sur le projet auquel tu as consacré ta vie. Les employés de banque fauchent rarement dans la caisse. Ils peuvent avoir besoin d'argent sur le moment, mais leur futur compte davantage à leurs yeux. »

Ces dernières années, j'ai interrogé pas mal de mecs en couple. La plupart succombaient à la tentation et trompaient leur partenaire. Ça ne mène qu'au chaos. Même si leur copine ne découvre jamais le pot-aux-roses, la culpabilité, le secret, le mensonge et leur petit manège finiront par détruire l'amour qui unissait le couple. Alternative honnête : le couple ouvert. Cela dit, les couples ouverts que j'ai rencontrés, non contents de vivre les mêmes drames, n'étaient plus amoureux non plus. Juste co-dépendants.

Heureusement, il existe d'autres options.

« Je me dis que si je voulais encore le beurre et l'argent du beurre, je pourrais tenter l'échangisme, la polygamie ou me trouver une bisexuelle.

– Si ça lui va, pourquoi pas ? » Il s'interrompit, se frotta le menton. J'aperçus une lueur dans son regard. « Mais avant cela, tu dois savoir quelque chose.

– Quoi donc ?

– Quand je lisais ton compte rendu de notre discussion, j'ai compris un truc. » Il but un peu d'eau. Pas qu'il avait soif, non, plutôt l'expression d'une certitude : ses prochaines paroles allaient mettre au jour ma crétinerie intégrale. « Cette histoire de beurre et d'argent du beurre, regarde-la de plus près.

– Oui...

– Je m'explique. L'idée, c'est d'être heureux d'avoir la chance de posséder du beurre. Plus la peine de le contempler, ou de chercher à récupérer l'argent. Et même le sourire de la crémière. Profite du beurre. C'est fait pour être mangé. »

Ce que je pouvais le haïr. Quand il avait raison.